Einbandmotiv »Der lachende Buddha«

Der Buddhismus entstand zwar nicht in China, der lachende Buddha jedoch soll der Legende nach der chinesische Mönch Qieci gewesen sein. Er lebte im 10. Jahrhundert in der heutigen Provinz Zhejiang, war ein wenig exzentrisch, aber von Herzen gut. Heute symbolisiert er Zufriedenheit, Großzügigkeit und Wohlstand.

Seinen Bauch zu streicheln soll Glück bringen, und das scheinen die zumeist atheistischen Chinesen auch zu glauben, so blank geputzt wie jener meistens ist.

1. Auflage
© 2010 Conbook Medien GmbH, Meerbusch
Alle Rechte vorbehalten.

www.conbook-verlag.de

Einbandgestaltung: David Janik, Linda Kahrl
unter Verwendung des Bildmotivs ©istockphoto.com/russaquarius
Druck und Verarbeitung: Ebner & Spiegel GmbH, Ulm

Printed in Germany

ISBN 978-3-934918-54-2

Dieses Buch ist auch als eBook erhältlich
unter der ISBN-Nummern 978-3-934918-61-0

Weitere Informationen unter www.conbook-verlag.de/ebooks

FETTNÄPFCHENFÜHRER

CHINA
Der Wink mit dem Hühnerfuß

Anja Obst

China ist in aller Munde. Touristen, Geschäftsleute und Studenten fallen ein in das riesige Land – und nicht wenige dabei auch kräftig auf die Nase. Zum Beispiel, wenn sie sich jene putzen, herzhaft Hände schütteln oder sich selbst Bier nachschenken. Dass die Chinesen sich durch Drängeln, Rülpsen und Spucken offensichtlich nicht besser benehmen, ist etwas ganz anderes, denn ihr Verhalten ist völlig normal. Jedenfalls in China.

Das lernt auch Peter, ein junger Student aus Bremen. Ein halbes Jahr will er in Peking bleiben und muss dabei schnell einsehen, dass jeder Tag des chinesischen Alltags ein einziger Kampf ist.

Das Kaufen einer Heizung dauert Stunden, beim Frühlingsfest jagt ein Aberglaube den nächsten und der Verkehr ist eine reine Todesfalle. Dazu dann noch diese Sprache, bei der ein Wort wie das andere klingt! Wenn dann selbst ein entspannender Ausflug an die Große Mauer zum Eklat wird, geht doch sämtliche Lebensfreude verloren, oder?

Nein, auf keinen Fall! Denn Peter ist nicht nur zäh, sondern vor allem offen und wissbegierig. Schritt für Schritt erklimmt er seine ganz persönliche Chinesische Mauer und lernt in diesem halben Jahr nicht nur, wie die Chinesen ticken, sondern auch warum sie so ticken, wie sie ticken.

Irgendwas mit Sprachen wollte Anja Obst, 1967 in Lübeck geboren, machen. Sie war nicht wählerisch und studierte, ganz unbedarft, das Erstbeste, was sich ergab: Wirtschaftssinologie. Das Studium und später die Arbeit führte sie nach China, seit 1998 lebt sie nun in der sich ständig wandelnden Hauptstadt Peking.

Sie stolperte noch auf ein paar Umwegen herum, arbeitete halbtags für die ARD, machte sich nebenbei mit einer Wirtschaftsberatung selbständig, bis sie endlich den Mut fand, ihrem Herzen zu folgen und sich der brotlosen Kunst des Schreibens hinzugeben. Sie sattelte um zur Journalistin und begann, für Tageszeitungen und Magazine zu schreiben.

Seit 2009 ist sie Chinakorrespondentin für den FOCUS.

Inhalt

Inhalt

Inhalt

1 Míng Bù Xū Chuán*

Einen Namen zu Recht tragen

Nach neun Stunden Flug ist Peter Auer froh, endlich wieder festen Boden unter den Füßen zu haben. Ein halbes Jahr Studium in Chinas Hautstadt Peking liegen vor ihm und er ist ganz aufgeregt. Und dank seiner, wenn auch noch recht dürftigen Chinesischkenntnisse, versteht er sogar die Ansage aus dem Lautsprecher: ›Herzlich Willkommen auf dem Flughafen Peking, Terminal drei.**‹

Oh Schreck, Terminal drei! Er soll doch abgeholt werden und hatte vergessen, Bescheid zu sagen, wo er landet. Dummerweise besitzt er weder eine Adresse, noch chinesisches Geld. Letzteres kann er zwar mit Sicherheit am Flughafen tauschen - aber wie soll er bloß seine Universität finden?

Noch grübelnd steigt Peter in die Flughafenbahn, welche die Passagiere von den Flugsteigen zur Ankunftshalle transportiert, sammelt dann sein Gepäck ein und geht zum Ausgang. Völlig verdutzt starrt er auf das Schild mit seinem Namen und dem

---

* Die Chinesen lieben Sprichwörter! Ein *chéngyǔ* besteht meistens aus vier Silben, die in der Regel als Metapher dienen und oft sehr blumig sind. Das kommt durch ihren Ursprung aus alten Legenden. Einige, wie gleich das erste, sind wörtlich gemeint.

** Lange Zeit, knapp 40 Jahre bis zum Jahr 1999, kam Peking mit nur einem Terminal aus. Steigende Zahlen der Touristen und Geschäftsleute machten einen Umbau notwendig, und es entstand Terminal 2, nur ein paar Meter um die Ecke. Mit dem Zuschlag, die Olympiade 2008 auszurichten, musste Peking die Infrastruktur ausbauen. Mittlerweile war die Zahl der Fluggäste von 20 Millionen im Jahr 2000 auch schon auf 54 Millionen im Jahr 2007 gestiegen. Um den Ansturm der zu erwartenden Besucher gewachsen zu sein, baute Norman Foster das drachenförmige Terminal 3, welches im März 2008 den Passagieren seine Türen öffnete.

dazugehörigen kleinen Chinesen.

»Hallo, ich bin Peter Auer«, sagt er auf Englisch.

»Guten Tag, ich bin Xiao Li«, kommt es in fast perfektem Deutsch zurück.

Peter kommt aus dem Staunen gar nicht heraus. Weder hat er die glückliche Fügung erwartet, einen Fahrer hier anzutreffen, noch dass dieser so gut Deutsch kann.

»Ich studiere Deutsch und Literatur an dem Institut für Fremdsprachen«, erklärt der Chinese und beschämt Peter sogleich. Hatte dieser ihn doch für einen Fahrer gehalten. Mit beiden Händen hält Xiao Li dem jungen Deutschen seine Visitenkarte hin, die Peter mit links - rechts trägt er seinen Koffer - annimmt und gleich in seiner Jackentasche verschwinden lässt.* Xiao Li entschließt sich, dieses Verhalten auf die Unwissenheit Peters zu schieben und übersieht die Taktlosigkeit.

Xiao Li lotst ihn zu einem wartenden Auto, und los geht Peters erste Fahrt in Peking.

»Woher wussten Sie eigentlich, an welchem Terminal ich lande?«, fragt Peter den neuen Kommilitonen.

»Ganz einfach«, antwortet Xiao Li, »jedes Terminal wird von festgelegten Fluggesellschaften angeflogen. Und da ich ja Ihre Flugnummer hatte, wusste ich, dass Sie auf T3 landen.«

Im wilden Zickzack um die anderen Verkehrsteilnehmer herum brausen sie auf der sechsspurigen Autobahn, die von kahlen Bäumen gesäumt ist, Richtung Stadt. Peter fühlt sich erschlagen von den vielen Eindrücken. Die Regel, rechts fahren, links überholen, scheint hier nicht zu existieren. Jeder fährt, wo Platz ist und wo es am schnellsten erscheint. Die Fahrer nehmen dafür gerne in

---

* Der Kleine Li ist höflich genug, ihm diesen ersten faux pas zu entschuldigen. In China gibt man Visitenkarten mit beiden Händen aus und empfängt sie auch ebenso. Außerdem darf man diese nicht sofort wegpacken, sondern sollte sie erst einmal interessiert studieren, auch wenn das Interesse nicht so groß sein sollte.

Kauf, dass sie fast sekündlich die Fahrbahn wechseln. Auch dass die Bäume alle wie mit dem Geodreieck angepflanzt sind, fällt dem Deutschen auf.* Das ständige Hupkonzert macht es zudem schwer, sich auf die Erklärungen Xiao Lis zu konzentrieren.

Xiao Li, genau! Plötzlich ist Peter neugierig, was denn eigentlich auf der Visitenkarte des Studenten draufstehen mag. Umständlich kramt er sie hervor und liest:

Li Caibo
Wissenschaftler für Sprache und Literatur
Fremdsprachen Institut Peking

Dann folgen noch die Adresse und eine Telefonnummer.** Komisch, denkt Peter, hatte er nicht gesagt, er hieße Xiao Li? Warum steht denn das *Xiao* hier gar nicht? Und merkwürdig, dass er sich mit dem Vornamen vorstellt und *Sie* sagt.

Um diesem Mysterium auf den Grund zu gehen, bleibt Peter nichts anderes übrig, als zu fragen.

Xiao Li steht ihm gern Rede und Antwort und erklärt: »In China steht der Nachname immer zuerst. Ich heiße also *Li* und mit Vornamen *Caibo*. Das *xiǎo* ist ein oft benutzter Zusatz. Es bedeutet klein. Es gibt auch *lǎo*, das bedeutet *alt* - oder besser *ehrwürdig*. Aber ich bin noch nicht so ehrwürdig, also nennen mich alle *Xiao Li*, Kleiner Li.«

Jetzt ist Peter noch beschämter. So eine leichte Vokabel wie

---

* In Peking gibt es nur wenig natürlichen Baumbestand. Aus vielen Gründen, Platz- und Holzmangel sind nur zwei, wurden früher die meisten Bäume gefällt. Als man merkte, dass die Stadt immer mehr versandete, weil keine Wurzeln die lose Erde festhielten, pflanzte man wieder neue Bäume. Und weil alles seine Ordnung haben musste, schön in Reih und Glied.
** Visitenkarten sind in China ein Muss. Wer keine hat, ist auch nichts. Und scheuen Sie sich nicht davor, auch mal Manager zu sein. Je hochgestochener Ihre Position, desto mehr Eindruck machen Sie. Natürlich muss dies im Rahmen der Wahrheit sein - ein Student der Sprachen forscht ja aber auch so manches Mal nach dem richtigen Wort. Warum soll er sich dann nicht *Wissenschaftler* nennen?

klein hat er natürlich schon längst gelernt. Dass er da nicht von selber drauf gekommen ist!

»Sie können die Leute auch mit ihrem Titel anreden«, fährt der Kleine Li fort, »wie Meister, *shīfu*, oder Lehrer, *lǎoshī*. Davor steht der Nachname, nicht wie im Deutschen danach. Also *Wang shīfu*, Meister Wang. Vornamen benutzt man nur im Familien- und ganz engen Freundeskreis.«

Nach dem Schreck einer Vollbremsung des Fahrers, weil sich ein anderes Auto ohne zu blinken bei voller Fahrt direkt vor sie gesetzt hat, nimmt der Kleine Li das Thema wieder auf. »Ich war so frei, mir für Sie auch schon mal einen Namen auf Chinesisch zu überlegen. Was halten Sie von *Ai Hua*? Es klingt ja so ähnlich wie Auer.«

Peter wiegt den Kopf überlegend hin und her. Oder wackelt der wegen des schnellen Zickzack-Kurses des Fahrers?

»Es bedeutet ›*China lieben*‹«, übersetzt der Kleine Li ungerührt der Schaukelei. »Viele Ausländer übersetzen ihre Namen einfach nur phonetisch, aber sie achten nicht auf die Bedeutung. Die ist genauso wichtig wie ein guter Klang. Viele Namen sind ja richtig kompliziert für Chinesen, wie *Schmitz* zum Beispiel.«

Peter schaut verwundert auf den Kleinen Li und stößt sich, dank einer plötzlichen Bewegung, den Kopf am Haltegriff. Schmitz ist doch so ein simpler Name!

»Um Schmitz phonetisch zu übersetzen, braucht der Chinese vier Zeichen: *She mi te se**.«

Und schön klingt es auch nicht, denkt Peter.

»Und schön klingt es auch nicht«, sagt der Kleine Li. »Und es fehlt ja noch der Vorname! Ihr Name klänge phonetisch übersetzt auch eher seltsam. Eventuell so was wie: *Peite'er Aoer*. Oder *Bide*

---

* Im Chinesischen gibt es keine Silben, die einen mehrfachen Konsonanten hintereinander haben. Außer bei der Endung »ng«, wie z. B. bei *ming* oder *bang*, werden alle Konsonanten von einem Vokal begleitet. Diese Endung ist neben »n«, wie z. B. bei *lan* oder *wen*, auch die einzige Variante, die nicht mit einem Vokal abschließt. Darum erfordern phonetische Übersetzungen, wie bei dem Namen *Schmitz*, mehrere Silben, also auch Schriftzeichen. Es gibt übrigens keine Silbe, die länger als sechs Buchstaben ist.

Aoer. Bide ist praktisch die chinesische Übersetzung von Peter.«

Und hört sich an wie *Bidet*, fügt Peter im Stillen hinzu. Nein, nein, er braucht keine weitere Überredungskunst. Ob er es tatsächlich tun wird, stellt sich zwar erst irgendwann heraus, aber sein chinesischer Name soll es ruhig schon prophezeien: Er wird ›*China lieben*‹ heißen.

Namen sind nicht Schall und Rauch

Ganz im Gegenteil! Da die Anzahl der Nachnamen sehr begrenzt ist - es gibt nur rund siebenhundert davon in China - legen die Eltern großen Wert darauf, ihren Sprösslingen sowohl wohlklingende als auch bedeutungsschwangere Namen zu geben. Einige gehen so weit, einen Wahrsager aufzusuchen, der sie bei der Namensgebung beraten soll. Dieser versucht dann, anhand der Geburtszeit und des Sternzeichens etwas Passendes zu finden. Glück soll es verheißen und große Dinge herbeizaubern. Auf dem Namen des Kindes kann also eine große Last liegen: Die Zukunft soll vielversprechend sein, dem Reichtum die Türen geöffnet werden oder das Kind eine wünschenswerte Eigenschaft entwickeln.

Auf dem Land werden Töchter zum Beispiel gerne *Zhaodi*, ›einen kleinen Bruder suchen*‹, genannt. Kinder in der Stadt sollen durch ihre Namensgebung reich und intelligent werden, wie zum Beispiel auch der Kleine Li. Sein Vorname, *Caibo*, bedeutet ›Reichtum und Welle‹. Seine Eltern hoffen, dass er irgendwann auf der Woge des Geldes dahin schwimmt.

---

* Das Thema Kinder und damit die Ein-Kind-Politik Chinas ist ein langes, eigenständiges Thema, siehe dazu auch Kapitel 16 »*Jié Wài Shēng Zhī*«. Daher nur kurz: Bauern auf dem Land, aber auch noch viele Menschen in der Stadt, hoffen darauf, dass ihr einziges Kind ein Sohn sein wird. Töchter verlassen mit der Heirat das Haus der Eltern, Söhne bleiben, bringen sogar eine weitere Arbeitskraft nach Hause und sichern somit den Lebensabend der Eltern. Ist das Erstgeborene eine Tochter und darf die Familie ein zweites Kind bekommen (wie überall bestätigen Ausnahmen die Regel), ist kein Name besser für die Tochter als »den Kleinen Bruder suchen«.

Früher, als China in verschiedenen politischen Turbulenzen steckte, waren entsprechende Vornamen aktuell. Kinder, die um 1949, zur Gründungszeit der Volksrepublik China, geboren wurden, hießen oft *Jiefang*, Befreiung, oder *Guoqiang*, Landesverteidigung. Zugegeben, keine sehr liebevolle Namen. Während der Kulturrevolution, die 1966 begann, waren dann Namen wie *Hong*, rot, oder *Geming*, Revolution, sehr beliebt.

Irgendwann kam die Idee auf, den Kindern auch sehr spezielle Namen zu geben, was sich vor allem auf die Schreibweise bezog. Dieser Kreativitätsschub warf allerdings ein unvorhergesehenes Problem auf: Bei der Umstellung der Behörden auf elektronische Datenverarbeitung fehlten ihnen diese ungewöhnlichen Zeichen in ihrem Schreibprogramm. Ihre Computer waren nur mit den gebräuchlichsten Zeichen ausgerüstet, die Ausstellung eines Personalausweises wurde somit zu einem unmöglichen Vorhaben. Bei der Frage nach der Problemlösung zuckten die Beamten meist nur mit den Schultern. Sie empfahlen, den Namen zu ändern. Umsonst war somit die Mühe, einen verheißungsvollen Namen gefunden zu haben.

Darüber, ob sich deswegen das Schicksal des Trägers zum Schlechten gewendet hat, gibt es aber keine Informationen.

2 Yì Kǒu Tóng Shēng

Wie aus einem Munde

Obwohl es bitterkalt ist, entschließt sich Peter, den Campus und die nähere Umgebung des Spracheninstituts zu erkunden. Dick eingemummelt stapft er los und ist schon nach wenigen Metern überrascht, wie viele Chinesen trotz der Kälte draußen ausharren, anscheinend ohne eine bestimmte Aufgabe. Meist sind es Pärchen, die sich einen windstillen und sonnigen Platz gesucht haben und miteinander tuscheln*. Zwei kichernde, Arm in Arm eingehakte Chinesinnen kommen ihm entgegen.

»Hello«, sagt die eine schüchtern, was einen erneuten Kicheranfall bei ihnen auslöst.

Höflich grüßt Peter zurück, worauf die beiden stehen bleiben und auf Englisch fragen: »Wo kommst du her?«

»Aus Deutschland«, antwortet Peter.

»Was machst du hier?«

Auch dies beantwortet Peter geduldig und auch ein wenig aufgeregt, sind es doch neben dem Kleinen Li die ersten Kontakte, die er knüpft.

»Wie alt bist du?«

Huch, das ist nun ja schon ein wenig direkt. »Fünfundzwanzig«, verrät Peter dann dennoch nach einem kurzen Zögern.

---

* Im Gegensatz zu Peters luxuriösem Zweibettzimmer wohnen die meisten chinesischen Studenten in Mehrbetträumen mit bis zu zehn Bewohnern. An Privatsphäre ist dort natürlich nicht zu denken. Um den Liebsten zu sehen oder auch nur mal in Ruhe mit der Freundin zu quatschen, bleibt den meisten nichts anderes übrig, als sich draußen zu treffen.

»Bist du verheiratet?«

Wollen die beiden etwa mit ihm flirten, geht es Peter durch den Kopf. »Äh, nein.« Sein Zögern verlängert sich ein wenig.

»Hast du Geschwister?« Fragend sieht er die beiden an.

»Warum wollt ihr das denn alles wissen?«, fragt er zurück.

Als Antwort kommt nur ein Kichern, und die eine Chinesin beendet die Möglichkeit, sich noch näher zu kommen und zieht schnell ihre Freundin fort.

Kopfschüttelnd geht Peter weiter, verlässt den Campus und findet sich alsbald auf einer großen Straße mit Baustellen wieder. Er kramt seinen Stadtplan hervor, um sich zu orientieren. Dabei wird er von einer Gruppe Wanderarbeiter neugierig beobachtet.

Wanderarbeiter

Mit dem Bauboom in China kam die Flut der Wanderarbeiter in die Städte. Dabei handelt es sich um Bauern aus ärmeren Provinzen, die hoffen, in der Großstadt ihr finanzielles Glück zu finden. Seit der wirtschaftlichen Öffnung Chinas 1980 durch Deng Xiaoping ist die Zahl der Migranten von 2 auf 200 Millionen gestiegen. Mit einem Tageslohn von oft nur zwei Euro sind sie auf Baustellen und in Fabriken beliebte Arbeitskräfte. Da die meisten von ihnen illegal in den Städten leben und zudem überwiegend ungebildet sind, haben korrupte Arbeitgeber ein leichtes Spiel, sie auszunutzen. Sie nehmen ihnen die Personalausweise ab, verweigern die Ausstellung eines Arbeitsvertrages und zahlen mitunter die Gehälter nicht aus. Durch diese Willkür sind viele in einem Teufelskreis gefangen, in dem sie weder rechtlich gegen die Ungerechtigkeiten vorgehen können, noch sich trauen, einfach zu gehen, da sie immer noch auf den ausstehenden Lohn hoffen. Mittlerweile gibt es einige Rechtsanwälte, die sich für die Wanderarbeiter einsetzen. Da aber eine legale Eingliederung der Arbeiter sowohl finanzielle als auch soziale Folgen haben wird, fällt es der Regierung schwer, eine optimale Lösung zu finden.

Ein junger Mann bleibt stehen und fragt: »Kann ich Ihnen helfen?«

Erfreut über die Hilfsbereitschaft lehnt Peter dennoch dankend ab, er würde seinen Weg schon finden.

»Wo kommen Sie her?«, fragt der junge Mann. Und nach Peters Antwort folgt sofort die nächste Frage: »Was machen Sie hier in Peking?«

Peter ahnt Böses. Sollte sich das Gespräch von eben nun wort-
wörtlich wiederholen? Er antwortet tapfer und wartet gespannt
auf die nächste Frage. Ein wenig macht ihm das Gespräch auch
Spaß, zumal es jetzt auf Chinesisch ist und er seine wenigen
Vokabeln ausprobieren kann.

Und tatsächlich, sein Alter möchte der junge Chinese wissen,
ob er verheiratet sei oder Geschwister habe. Mittlerweile hat sich
die Gruppe Wanderarbeiter im Halbkreis um sie herum aufgebaut und einer von ihnen sich bereit erklärt, die Antworten in
den Lokaldialekt* der Arbeiter zu übersetzen. Wie bei der stillen Post werden die Aussagen nach hinten durchgegeben, sodass
auch der Letzte in der Gruppe alles erfährt.

Nachdem Peter auch Auskunft zu seinen Eltern, deren Berufen
und Wohnverhältnissen preisgegeben hat, treffen ihn die nächsten
Fragen doch etwas unvorbereitet: »Wie viel verdienen Sie? Und
wie viel Ihre Eltern? Was kostet die Miete Ihrer Eltern? Wie viel
kostet das Zimmer im Wohnheim?«

Völlig perplex erwidert Peter noch, dass er ein Stipendium
bekommt, doch traut er sich nicht zu sagen, wie viel das ist.
Geschweige denn, was seine Eltern verdienen. Er weiß das ja selbst
gar nicht so genau. Und überhaupt: Darüber redet man doch nicht!

Für den jungen Chinesen scheinen die Fragen völlig normal
- soll Peter also doch eine Summe nennen? Wirre Überlegungen schwirren durch seinen Kopf. Vielleicht könnte er weniger
angeben, als er tatsächlich bekommt. Die Chinesen verdienen

---

* Wie in Deutschland, wo es zwischen Bayerisch und Platt ja noch viele
andere Dialekte gibt, existieren auch in China zahlreiche Mundarten. Und
so wie der Friese Schwierigkeiten hat, den Franken zu verstehen, weiß der
Shanghaier nicht, was der Kantonese gerade sagt. Außer sie unterhalten
sich auf Hochchinesisch, was auch Mandarin oder *pǔtōnghuà* genannt wird.
Es gibt bis zu 15 offizielle Dialekte, die aber in sich noch Unterscheidungen
aufweisen. Interessant ist vor allem der kantonesische Dialekt, der statt vier
Tönen sechs hat und auch sonst keinerlei Ähnlichkeit mit dem Hochchinesisch aufweist. Wie gut, dass es einheitliche Schriftzeichen in China gibt!

allgemein viel weniger, als die Deutschen. Sie haben aber auch geringere Miet- und Lebenshaltungskosten. Oder soll er es lieber ganz lassen? Vielleicht kommt ja sonst noch einer der Arbeiter auf die Idee, ihn als reich einzustufen und zu überfallen.

Während sein Kopf noch die Gedanken sortiert, führt die Zunge ein Eigenleben. »Ich habe sechshundert Euro im Monat«*, hört er sich selbst sagen.

Ein Raunen geht durch die Menge, auch der junge Chinese ist baff, so viel hatte er nicht erwartet. Peter kämpft mit seinen Vokabeln, möchte er doch das Verhältnis seiner Kosten und Einnahmen deutlich machen. Schließlich zahlt er davon monatlich einhundertfünfzig Euro für sein Zimmer und zweihundert Euro Studiengebühr. Da bleiben nur zweihundertfünfzig übrig, die er zum Leben hat.

»Deutschland ist reich«, weiß der junge Chinese.

Peters Versuche, alles ins rechte Licht zu rücken, scheitern an seinem Vokabelschatz. Ein wenig frustriert verabschiedet er sich schließlich von der neuen Bekanntschaft.

Als er an einem Kiosk eine Flasche Wasser kauft, wird er neugierig von dem Besitzer beäugt. Mit dem Wechselgeld kommt die Frage: »Woher kommst du?«

Fluchtartig, und für den Verkäufer völlig unverständlich, verlässt Peter den Verkaufsstand und beeilt sich, zurück ins Wohnheim zu kommen.

---

* Zum Vergleich: Ein durchschnittliches Monatsgehalt in China liegt zwischen 300 und 500 Euro. Natürlich muss davon alles Notwendige bezahlt werden, aber ein Chinese rechnet selten netto. Er hört nur die Summe, die zur Verfügung steht. Welche Kosten damit gedeckt werden müssen, spielt keine Rolle. Da viele Chinesen die reinsten Sparfüchse sind, verzichten sie lieber auf Luxus, wie Ausgehen oder teure Kleidung, und nehmen zudem an, dass andere Nationalitäten genauso denken. Der arme Peter ist in ihren Augen somit ein Großverdiener, obwohl er in Deutschland am Existenzminimum leben würde.

Die Neugierde der Chinesen

Abgesehen von Handelsbeziehungen blieb China immer eher für sich. Es gab kein Bestreben, andere Länder zu bekämpfen, um deren Territorien in Anspruch zu nehmen. Sie beschränkten sich darauf, Fremde daran zu hindern, das Land zu kolonialisieren oder einfach nur zu betreten. Der schönste Beweis dafür ist die Große Mauer, die eigens zu dem Zweck gebaut wurde, die Mongolen fernzuhalten. Doch was hat das mit der chinesischen Neugierde zu tun?

Natürlich gab es zu jeder Zeit Chinesen, die im Ausland lebten, studierten oder arbeiteten. Der Großteil jedoch blieb im eigenen Land. Auch waren immer sogenannte *ausländische Teufel* im chinesischen Reich, wie zum Beispiel Missionare oder auch Geschäftsleute. Die meisten von ihnen waren allerdings nicht gerne gesehen, und nur die wenigsten Chinesen hatten Kontakt mit ihnen. Für alle anderen waren Ausländer wie grüne Männchen vom Mars.

Ein Hauptgrund der eigenen Isolation war das Bestreben, sich vor schädlichen Einflüssen aus dem Ausland zu schützen. Mit der Machtübernahme 1949 durch die Kommunistische Partei kam während der Kulturrevolution* zudem das Verbot auf, der Bourgeoisie zu frönen, wozu auch Kontakte zu Ausländern oder Eigentum ausländischer Gegenstände gehörten. Alles aus dem Ausland war verpönt. Entsprechend niedrig war auch die Zahl der Ausländer in China, ob Residenten, Geschäftsleute oder Touristen (nun gut, wer wollte in einer Zeit der Aufstände auch Urlaub in China machen?).

* 1966 begann die von Mao Zedong ins Leben gerufene ›Große Proletarische Kulturrevolution‹, die das Land von Kapitalisten, Intellektuellen und Freidenkern säubern sollte. Jeder lief Gefahr, als Konterrevolutionär eingestuft und verhaftet oder gar getötet zu werden, auch wenn er sich vorher als Kommunist bewährt hatte. In den 10 Jahren der Unruhe nutzten viele die Chance, jemanden, den sie nicht leiden konnten, anzuschwärzen. Der Besitz ausländischer Bücher oder Schallplatten war schon Grund genug, denunziert zu werden.

Mit anderen Worten, das Ausland war ein rotes Tuch, Informationen darüber dürftig oder negativ und das Interesse der Ausländer an China eher gering.

Heutzutage ist dies natürlich nicht mehr der Fall, und mittlerweile leben über 400.000 Ausländer in China. In Peking und Shanghai gehören sie daher zum normalen Stadtbild und erregen nur noch selten Aufsehen unter der einheimischen Bevölkerung. Doch schon ein paar Kilometer außerhalb der Stadtgrenzen stößt die ›Langnase‹, wie die Ausländer noch immer gerne genannt werden, auf ungläubige Augen und pure Neugierde. In die Tiefen der Provinzen verirren sich eben die wenigsten.

Dort lebende Chinesen haben wahrscheinlich noch nie einen blonden Menschen gesehen. Die Wanderarbeiter, die sich um Peter formatiert hatten, gehören auch dazu. Sie haben sich noch nicht daran gewöhnt, Kulleraugen und helle Haare zu sehen. Geschweige denn mit diesen fremdländischen Wesen zu reden. Und wo sie schon so anders aussehen, müssen sie ja auch ganz anders sein. Dies gilt es, herauszufinden. Mit den immer gleichen Fragen.

Trotz vieler Berichte im Fernsehen oder in Zeitungen über Ausländer wird ein persönliches Zusammentreffen mit der Möglichkeit, viel über ihn zu erfahren, noch immer gerne ausgenutzt. Die Fragen, die, wie abgesprochen, von jedem Chinesen gestellt werden, beziehen sich fast alle auf das persönliche Leben, da die Antworten dann Vergleiche mit dem eigenen Leben zulassen. Und sie geben Aufschluss über die Gepflogenheiten eines anderen Landes. Eine unverheiratete Frau über 30? Ein alleinstehender Mann ohne Kinder? In China etwas Besonderes!

Wer ein wenig in das Land eindringt, fern von den touristischen Trampelpfaden, muss damit rechnen, dass sich Menschentrauben um einen herum bilden. Ähnlich wie die kleine Gruppe Wanderarbeiter um Peter. Wir Europäer sind eben genauso exotisch für sie, wie die Asiaten für uns.

3   Tiě Chǔ Chéng Zhēn*

Wo ein Wille ist, ist auch ein Weg

Das Leben im Wohnheim gefällt Peter eigentlich ganz gut, und dass er sich Toilette und Bad mit anderen teilen muss, ist nur halb so schlimm. Was ihn aber wirklich stört, sind die Temperaturen in seinem Zimmer. Sein Thermometer zeigt sechzehn Grad an, kein Wunder, dass ihm die Finger beim Schreiben fast abfrieren. Seine Beschwerde beim Wohnheimbüro hat nicht viel genützt, sechzehn Grad sei die gesetzliche Mindesttemperatur, er solle wiederkommen, wenn nur noch fünfzehn Grad seien.**

In seiner Verzweiflung inspiziert er gründlich den Heizungskörper, versucht, an jedem Rädchen zu drehen, fühlt die oberen und die unteren Rohre und stellt dann fest: Unten ist die Heizung einigermaßen warm, oben aber ganz kalt. Sie ist bestimmt nicht entlüftet.

Doch auch nach erfolgreicher Entlüftung kann Peter keinen Unterschied feststellen. Er geht also erneut zum Wohnheimbüro

---

* Wörtlich: Ein Stößel kann zu einer Nadel werden.
** Nicht nur die Innentemperatur ist, wie die Dame vom Unibüro außerdem erklärte, in China gesetzlich geregelt, auch die Heizperiode. Die Heizphase beginnt am 15. November und endet am 15. März. Dabei ist es vollkommen egal, wie kalt es draußen ist. So kann es gut passieren, dass die Bewohner bei laufender Heizung die Fenster aufreißen, weil sie es vor Hitze nicht mehr aushalten. Öfter ist es aber eher so, dass man sich mit Mantel und Mütze zum Abendbrot setzt, um nicht beim Essen zu frieren. Dazu gibt es noch eine geografische Grenze für Heizungen: Nördlich des Yangtze Flusses gibt es sie, südlich davon nicht. Selbst wenn die Temperaturen in Südchina selten unter 10 Grad fallen, kühlen die Wohnungen doch aus, und den Chinesen bleibt nichts anderes übrig, als im Zwiebellook herumzulaufen. Draußen ist es dann oft angenehmer als im eigenen Wohnzimmer.

und berichtet über den Zustand der Heizung.

Ob nun sein Tatsachenbericht Erfolg brachte oder die Sekretärin fürchtete, er käme jetzt jeden Tag zum Beschweren, weiß er nicht. Jedenfalls stehen kurze Zeit später drei Handwerker vor seiner Tür. Einer von ihnen beginnt, an der Heizung etwas ab- und wieder anzumontieren, während die anderen interessiert das Zimmer des Ausländers begutachten.

»In zwei Tagen müsste die Heizung heiß sein«, macht der Monteur Peter noch Hoffnungen, bevor die Handwerker das Zimmer wieder verlassen.

Schnell ist es gegangen, freut sich Peter. Doch freut er sich nicht lange. Nach zwei Tagen passiert nämlich gar nichts, im Gegenteil, die Heizung ist noch kälter. Und zu seinem Entsetzen entdeckt Peter ein kleines Loch im Heizkörper. Zischend entweicht das Wasser in einem kaum sichtbaren Strahl.

Die Sekretärin rollt mit den Augen, als Peter wieder vor ihr steht, verspricht aber, die Handwerker erneut vorbeizuschicken.

Diese rücken diesmal zu viert an[*], einer mit einer großen Rohrzange in der Hand. Das Werkzeug lässt der Träger missmutig sinken, als er den Schaden betrachtet. Das Loch kann er damit nicht reparieren. Er wäre aber kein echter Chinese, nähme er die Herausforderung nicht an, eine entsprechende Lösung zu finden.

»Die Heizung muss ausgetauscht werden«, schlägt Peter vor.

Der Monteur schüttelt mit dem Kopf, kniet sich vor das sprudelnde Wasser und überlegt. Aber keinesfalls wortlos. Alle vier Handwerker fachsimpeln lautstark über die Reparatur.

Peter, der dachte, er verstünde eh kein Wort des Klempnerchi-

---

[*] In staatlichen Firmen oder Organisationen gibt es oft eine kleine Schar von Handwerkern, die auch immer gemeinsam Schäden beheben. Nicht, weil es so kompliziert ist, sondern weil sie oft einfach nicht besonders viel zu tun haben und sich langweilen. Dann ist es doch viel spannender, wenigstens den anderen bei der Arbeit zuzusehen.

nesischs, überhört dabei Wörter wie *kuàizi*, Essstäbchen, und *fēn*, die kleinste Münze der chinesischen Währung. Fragend schauen ihn die Handwerker an.

Ach so, ob er so etwas habe? Natürlich! In einer Schale findet Peter eine Münze und in der Wohnheimküche gibt es Einwegstäbchen.

Während ein Handwerker sich daran macht, Splitter aus dem Essstäbchen zu häckseln, biegt ein anderer die Münze mit der Zange um. Die beiden anderen wiederum schauen sich ungeniert im Zimmer um, begutachten Fotos an der Wand, stöbern in dem kleinen Bücherregal und betrachten interessiert den großen Gymnastikball, den Peter statt eines Schreibtischstuhls benutzt. Der junge Deutsche ist hingegen so auf die Reparatur fixiert, dass ihm die dreiste Neugierde der Chinesen gar nicht auffällt.

Gebannt beobachtet er, wie der Handwerker nun einen Splitter der Essstäbchen in das Loch drückt, ein Stück Leder darüber legt und dann die kunstvoll gebogene Münze passgenau in die Heizungsdelle einarbeitet. Das Ganze zurrt er mit einem Stück Draht fest und sagt freudestrahlend: »Fertig!«

Zur Belohnung dürfen alle vier einmal auf dem Ball sitzen, was sie mit einem »*hěn shūfu*«, sehr bequem, quittieren. Ein letztes Mal blickt der Monteur auf sein kunstvolles Werk.

Zum Glück, denn das Wasser hat sich bereits einen Weg gesucht und tropft wieder munter in die Auffangschüssel. Peter erinnert noch mal zaghaft an die Idee einer neuen Heizung, wird aber nur kopfschüttelnd um einen Zahnstocher gebeten. Der ersetzt nun die Splitter, Leder und Münze werden erneut darüber mit dem Draht festgezogen, und die zweite Warterunde verkürzen sich die Fünf mit dem Peter schon bekannten Fragenkatalog zu seiner Person. Nebenbei raucht jeder, bis auf Peter, noch eine Zigarette, die sie ungerührt auf dem Fußboden* austreten.

Nach einer Viertelstunde hat sich noch immer kein Wassertröpfchen gezeigt, und die Operation wird als gelungen erachtet. Zufrieden mit sich ziehen die Handwerker von dannen, und Peter räumt das Schlachtfeld auf. Nicht nur die Kippen muss er wegräumen, auch Holzsplitter, Drahtreste und Papier der Zigarettenschachteln haben die Handwerker achtlos auf den Boden fallen lassen, ironischerweise direkt neben den Papierkorb.

Lange währt die Freude über die erfolgreiche Reparatur allerdings doch nicht. Schon am nächsten Tag findet Peter eine kleine Pfütze unter der Heizung. Beim vierten Besuch im Wohnheimbüro lässt der Deutsche sich nicht mehr so schnell abweisen, und schließlich willigt die Wohnheimverwaltung dann doch ein, den ganzen Heizkörper auszutauschen.

Stolze neunzehn Grad meldet jetzt Peters Thermometer. Und da ihm immer noch kalt ist, macht er es nun wie die Chinesen: Zwiebellook anziehen und heißen Tee trinken.

Erfinderisches China

Die Kreativität der Handwerker hat ihren Ursprung in der jüngeren Vergangenheit. Lange, bis in die 90er Jahre des letzten Jahrhunderts, waren in China viele Dinge knapp. Man musste erfinderisch sein und sich manchmal auch mit notdürftigen Lösungen zufriedengeben. Niemand schmiss etwas weg, auch die rostigste Schraube fand irgendwann ihre neue Bestimmung.

---

* Keine Sorge, lieber Leser, der Fußboden besteht aus blankem Beton. Teppiche sind in dieser Episode nicht zu Schaden gekommen. Und die scheinbare Respektlosigkeit, in jemandes Wohnzimmer Zigaretten auf dem Boden auszutreten, rührt schlicht von der Tatsache, dass es für Chinesen normal ist, in einigen Restaurants, Hotelzimmern, Zugabteilen oder auch den eigenen Wohnungen jeglichen Dreck auf den Boden zu werfen. Der Teppich hat sich als Auslegware in China nicht durchgesetzt, Betonböden sind einfach pflegeleichter. Mit einem Wisch ist alles weg!

Selbst heutzutage ist der Chinese noch sparsam, sammelt und verfremdet Dinge, um eine Neuanschaffung zu umgehen. Auch wenn es mittlerweile fast alles im Überfluss gibt. In den Köpfen der jüngeren Generation ändert sich das langsam. Sie gehören noch nicht zu der westlichen Wegwerfgesellschaft, gönnen sich aber dennoch mal lieber einen neuen Wok, anstatt den Griff des alten mit Draht neu zu befestigen.

Abgesehen von dem ökonomischen Motiv, sind die Chinesen aber von Natur aus ein schöpferisches Volk. Ihnen werden vielzählige Entdeckungen und Erfindungen zugesprochen. Die bekanntesten kennt jeder, Chinesen nennen sie *sì ge dà fāmíng*, die vier großen Erfindungen.

Dazu gehören das Papier (ca. 100 n. Chr.*), die Druckkunst (ca. 800 n. Chr.), das Schießpulver (ca. 1000 n. Chr.) und der Kompass (ebenfalls ca. 1000 n. Chr.).

Doch schon lange vorher, um 7000 v. Chr., begannen die Asiaten, bemerkenswerte Innovationen zu entwickeln. Die Hemudu-Kultur zum Beispiel, die in der Provinz Zhejiang entstand, baute Reis an, züchtete Seidenraupen und soll sogar Lacke erzeugt haben. Das Hanfseil kommt ebenfalls aus China, und es gibt Hinweise, dass es schon 2800 v. Chr. in Benutzung war.

Aufzeichnungen zufolge haben chinesische Ärzte schon 2000 v. Chr. ihre Patienten mit Akupunktur und Moxibustion behandelt. Auch bauten die Chinesen damals schon Bewässerungssysteme und Dämme. Und für die Große Mauer sollten bald, einigen Quellen zufolge, die ersten Grundsteine gelegt werden**.

* Fragt man 100 Leute, bekommt man 100 Antworten. So ist es auch bei diesen Jahreszahlen. Je nach Quelle variieren sie, dies sind also tatsächlich nur ungefähre Angaben.
** Wie bei den meisten Zeitangaben hier ist auch der Baubeginn der Chinesischen Mauer nicht wissenschaftlich erwiesen. Einige Quellen sprechen von 500 v. Chr., andere von 220 v. Chr., die Zeit, in der Chinas erster Kaiser Qin Shi (Huangdi) regierte. Aber was sind schon 300 Jahre, wenn die Bauzeit schließlich doch 2.000 Jahre betrug?

Viele andere Utensilien, die wir heute noch nutzen, haben ihren Ursprung im alten China, wie zum Beispiel Porzellan, Geldscheine, Klopapier, Taschentücher oder die Schubkarre. Auch die Zahnbürste wurde im 15. Jahrhundert n. Chr. das erste Mal bei einem chinesischen Mönch in Benutzung gesehen.

Eine weitere große Entdeckung war die Erfindung des Seismografen um 130 n. Chr. Der Astronom und Mathematiker Zhang Heng nahm dafür eine bewegungsempfindliche Vase, die zu acht Seiten mit jeweils einem Drachenkopf bestückt war, in deren Mäulern Kupferkugeln lagen. Unter den Mäulern saßen Frösche, die die Kugeln auffingen. In der Vase hing ein Pendel, welches im Falle eines Erdbebens hin und her schwang. Es dauerte allerdings bis zum Jahr 138 n. Chr., dass seine Erfindung allgemeinen Zuspruch fand. Als nämlich eines Tage eine Kugel aus dem Drachenmaul fiel, lachten ihn erst einmal alle aus - ein Erdbeben hatte niemand mitbekommen. Ein paar Tage später kam allerdings die erstaunliche Nachricht, dass es in einer 500 Kilometer entfernten Stadt tatsächlich ein Beben gegeben hatte. Seitdem lachte niemand mehr und Zhang Heng wurde als großes Genie gefeiert.

Es ist nie ganz sicher, wer wann welche Erfindungen hervorgebracht hat, und jeder schmückt sich mit Federn, die ihm vielleicht gar nicht zustehen. Bei Ausgrabungen wird so einiges gefunden, aber keiner weiß, ob nicht an anderer Stelle ein ähnlicher Fund noch vergraben liegt und sogar noch älter ist. In solch einen Fall ist die Nudel verstrickt: Lange galten die Italiener als die Erfinder der leckeren Spezialität, bis im Jahr 2005 ein Archäologenteam in der Stadt Lajia in der Provinz Qinghai eine unberührte Pastamahlzeit entdeckte, die 4000 Jahre alt sein soll. Hat Marco Polo sie dann doch aus China mitgebracht und nicht umgedreht, wie die Italiener behaupten? Vielleicht kommt ein findiger Chinese ja auch bald hinter das Geheimnis von Zeitreisen, dann könnten diese Fragen endlich geklärt werden.

4   Chī Hē Wán Lè*

Sich dem Genuss hingeben

Gleich um die Ecke vom Campus gibt es eine kleine Straße mit vielen verschiedenen Restaurants. Ein paar neue Freunde aus der Universität warten schon auf Peter in einer der Gaststätten. Als er eintritt, empfängt ihn ein unglaublich lautes Stimmengewirr und dröhnendes Lachen. Dabei sind außer seinen vier Freunden nur noch ein Pärchen und eine Gruppe von Männern in dem Lokal. Wie können die so viel Lärm machen?**

Auch visuell ist Peter ein wenig geschockt: Helles Neonlicht blendet ihn von der Decke, der Boden ist übersät mit Essensresten und die Bestuhlung aus Plastik sieht alles andere als einladend aus. Rauchschwaden, die aus der Männerecke kommen, wabern durch das ganze Restaurant, eine Kellnerin mit einem vollen Teller rauscht an ihm vorbei, ohne den Neuankömmling mit einem Hallo zu begrüßen.

Peter setzt sich zu seinen Freunden, die schon mit der Bestellung begonnen haben. Schnell greift er zur Speisekarte, um etwas für sich auszusuchen. Glücklicherweise sind die Gerichte auch auf Englisch übersetzt. Tippfehler, bei denen das Schweinefleisch mit frischem Müll (*garbage* statt *cabbage*) gereicht

---

* Wörtlich: Essen, trinken, Spaß haben.
** Es gibt ein wunderschönes Adjektiv in China, das heißt *rènao* und bedeutet lebhaft. Es spiegelt sehr schön die chinesische Mentalität wider. Ist es irgendwo zu ruhig, fehlt der Spaß. Die deutsche Gepflogenheit, sich flüsternd in einem Restaurant zu unterhalten, ist in chinesischen Etablissements regelrecht verpönt. Heiß, *rè*, und geräuschvoll, *nao*, muss es zugehen!

wird oder es statt eines Erfrischungsgetränks *Sprit* gibt, kann Peter leicht entziffern. Bei etwas blumigeren Übersetzungen steht er jedoch wie der Ochs vorm Berg. Was bitte ist ›Rutschiges Fleisch in des Kaisers Gemüsekissen‹? Oder ein ›Huhn ohne Sexualleben‹?

Jason, ein Amerikaner, der schon seit fast einem Jahr in Peking ist, klärt Peter über Letzteres auf: »Das ist *tóngzǐ jī*, und bedeutet einfach, dass es ein ganz junges Huhn ist. *Tóng* bedeutet aber auch jungfräulich oder unberührt, daraus wird schnell mal ein sexloses Leben.«

Als Peter sich gerade mutig fühlt und es bestellen will, nimmt ihm die Kellnerin die Karte auch schon weg und geht. Als er zum Protest ansetzt, beruhigt ihn Jason: »Wir haben schon genug bestellt.«[*] Unter anderem auch eine Suppe, über die Peter sich bei den kalten Temperaturen besonders freut. Selbst im Restaurant haben alle noch ihre Jacken an.

Als Erstes bekommen die Fünf allerdings ein kaltes Gurkengericht. Die ungleichen Gurkenteile sehen aus, als ob jemand sie aus lauter Wut kaputt geschlagen hätte. Peter wartet auf einen eigenen Teller, aber Jasons chinesische Freunde beginnen gleich, ohne einen guten Appetit zu wünschen, mit ihren Stäbchen danach zu angeln. Laut schmatzend unterhalten sie sich weiter, die Gurkenstückchen im Mund gut sichtbar.

Da kein Teller kommt, dafür das nächste Gericht, fängt auch Peter schnell an zu essen, bevor alles weg ist. Beim ersten Biss in das kross gebratene Hühnchen spürt Peter gleich den kleinen Knochen. Das ganze Gericht besteht praktisch nur aus,

---

[*] Peter ist nicht klar, dass in China niemand ein Gericht für sich selbst bestellt, sondern meistens einer für alle ordert. Die Gerichte werden dann auf großen Tellern serviert und in die Mitte gestellt, sodass jeder gut ran kommt. In vielen Restaurants gibt es deswegen runde Tische mit einer Drehscheibe, mit der man nach Belieben die Gerichte zu sich drehen kann. Meist wird sie entgegen des Uhrzeigersinns gedreht - es gibt aber keinen Aberglauben, der die andere Richtung verbietet.

wenn auch sehr schmackhaften, Hühnerknochen. Doch wohin damit? Runterschlucken?

Peter tut so, als ob er noch genüsslich kaut, um abzuwarten, wie die Chinesen das Problem lösen. Mit einigem Entsetzen muss er aber zusehen, wie diese die abgenagten Knöchelchen einfach auf den Boden spucken. Oder direkt auf den Tisch.* Das erlaubt ihm seine Kinderstube nun aber doch nicht, und so pult er sich den Knochen mit den Fingern aus dem Mund und legt ihn auf eine Serviette.

Da probiert er doch lieber von dem Ei mit Tomate, das gerade gebracht wird. Es ist nicht so einfach, das glitschige Rührei auf die Stäbchen zu kriegen, und beim ersten Versuch fällt es auch glatt auf den Tisch. Beherzt versucht er es wieder, als sein Sitznachbar laut auf ihn einredet. »Du solltest nicht vom Tisch essen«, übersetzt Jason, »der ist dreckig.«

Wie zum Beweis kommt die Kellnerin in dem Moment mit einem grauen Lappen daher und befreit den Nachbartisch von ausgespuckten Resten, die sie einfach auf den Boden fallen lässt. Den Lappen klemmt sie wieder, so wie er ist, an ihre Schürze. Mittlerweile hat ihm sein Nachbar schon ein großes Stück Ei mit Tomate auf ein kleines Tellerchen gelegt.**

Die Tellerchen hatte Peter gar nicht bemerkt. Dankbar lächelt er den Chinesen an und kann endlich probieren. Dass das Ei gezuckert ist, hatte er allerdings nicht erwartet.

* Da die wenigsten Restaurants Tischdecken oder Teppichböden haben, ist das Ausspucken von Knochen nichts Besonderes. Sie lassen sich auch schnell und einfach zusammenkehren. Dass wir es befremdlich finden, liegt wohl eher daran, dass unsere Eltern uns ein anderes Benehmen beigebracht haben. In China wird jedenfalls niemand missbilligend gucken, wenn Sie Ungenießbares im hohen Bogen auf den Boden befördern.
** Mit dieser Geste, die besten Stückchen eines Gerichts auf den Teller des anderen zu legen, zeigt der Chinese seine Achtung und Freundschaft. Schwierig wird es, wenn der hoch angesehene Hühnerfuß auf Ihrem Teller landet und Sie vielleicht diese Köstlichkeit nicht so wertschätzen. Wenn Sie es schaffen, knabbern Sie ein wenig dran und lassen ihn dann einfach liegen. Ohne Knabbern geht zur Not auch, viele Chinesen wissen mittlerweile, dass die Geschmäcker verschieden sind.

Glücklicherweise steht noch eine Vielzahl anderer Gerichte auf dem Tisch, die weder mysteriös noch schwer zu essen scheinen. Und, wie er bald herausfindet, zudem köstlich sind. Ihm vergeht nur kurz der Appetit, als er seinen Gegenüber beobachten muss, wie der sich mit seinem langen Fingernagel Fleischreste aus den Zahnritzen herausklaubt, sie betrachtet und dann wieder genüsslich in den Mund steckt.

Ablenkung naht zum Glück in Form der Suppe. Die Kellnerin schöpft für jeden ein Schälchen und stellt es vor die Gäste. Dazu bekommt jeder einen unförmigen Porzellanlöffel, der kaum in den Mund passt. Muss er auch nicht, wie Peter feststellt, denn alle, einschließlich Jason, schlürfen lautstark die Suppe aus den Löffeln.* Dass danach jeder nach Herzenslust rülpst, schockiert Peter nun gar nicht mehr.

Ein gewisses Sättigungsgefühl stellt sich schließlich ein, und Peter hofft, dass nicht noch mehr Gerichte aufgetischt werden. Die meisten Platten sind noch nicht mal halb leer gegessen.** Doch da kommt schon wieder die Kellnerin und stellt jedem eine Schüssel Reis hin. Hm, ein bisschen spät, denkt Peter, wir sind ja eigentlich schon fertig.*** Er isst noch ein wenig davon, lässt dann aber seine Stäbchen sinken.

Zwei der Chinesen haben sich bereits eine Zigarette angezündet - was der eine übrigens auch schon während des Essens

* Schlürfen ist in China nicht nur salonfähig, sondern sogar erwünscht. Denn erst mit der eingesogenen Luft zusammen entfaltet die Suppe, nach Meinung der Chinesen, ihren ganzen Geschmack.
** Zum Glück! Denn alles aufzuessen bedeutet in China, dass es gerade so gereicht hat oder sogar zu wenig war. Um dem vorzubeugen, bestellen die Chinesen meist viel mehr, als man essen kann. Was wir als Verschwendung betrachten, gehört in China zum guten Ton. Jemand, der zu wenig bestellt, ist ein alter Geizkragen.
*** Das hat Peter gut erkannt, wenn auch nicht daran, dass die Suppe schon serviert wurde. Im Gegensatz zu Deutschland wird die Suppe zum Schluss gebracht, aber noch vor dem Reis. Sie beendet die Mahlzeit. Wer jetzt seinen ganzen Reis aufisst, signalisiert dem Gastgeber, dass ihm entweder das Essen nicht geschmeckt hat oder er nicht satt geworden ist. Und da Reis nur Füllmittel ist, kommt er nicht mit den Gerichten zusammen. Deren Geschmack darf eigentlich nicht mit Reis ›verwässert‹ werden.

gemacht hatte, ohne zu fragen, ob es stört, und sogar ohne aufzuhören, zu essen.

Jason winkt der Kellnerin, die sofort mit der Rechnung kommt. Peter zückt sein Portemonnaie und teilt im Kopf die Summe durch fünf. Am Tisch ist ein kleiner Streit losgebrochen, jeder zerrt an der Rechnung. Jason gibt erst nach, als der eine Chinese aufsteht und ihn böse anschaut.

Peter wird mucksmäuschenstill und versteht die Welt nicht mehr. Wie kann er auch ahnen, dass Rechnungen nicht geteilt werden und Gäste nicht bezahlen dürfen. Auch wenn Jason die Initiative zu dem Essen ergriffen hatte, so sind er und Peter in den Augen der Chinesen Gäste. Unter Chinesen zahlt hingegen meist der, der eingeladen hat.

Das Einzige, womit Peter sich trösten kann, ist, dass dieses üppige Mahl den Chinesen finanziell nicht ruinieren wird: Keine zwei Euro pro Person kostet der Spaß. Gut, das Ambiente ist etwas dürftig, aber so hervorragend hat Peter selten gegessen.

Und beim Aufstehen passt er eben auf, dass er nicht in die Knochen tritt.

Essen als Medizin

Auch wenn es in diesem Restaurant nicht so erscheint, für die Chinesen ist die Nahrungsaufnahme mehr als nur satt werden. Abgesehen von dem geselligen Aspekt - die Chinesen essen gerne in großer und, wie erwähnt, lauter Runde - haben Lebensmittel in der chinesischen Philosophie eine viel wichtigere Bedeutung.

Die Chinesen sind davon überzeugt, mit den richtigen Zutaten nicht nur gesund zu leben, sondern auch Krankheiten vorbeugen und heilen zu können. Ich weiß, das ist nichts Neues. Jeder Arzt in Deutschland rät, viel Gemüse und Ballaststoffe zu sich zu nehmen, wo ist da der Unterschied? Bei den Chinesen kommt es jedoch nicht auf Kalorien oder Nährwert an, sondern es geht um die Balance.

Während wir uns gesund mit Salaten und fettarmen Speisen ernähren, schaut sich der Chinese erst einmal an, wie sein *yīn* und *yáng** beschaffen sind. Sind sie ausgeglichen, kann das *qì*, die Lebensenergie, fließen. Fehlt es an einem, stockt das ganze System, Blockaden entstehen und der Körper wird krank. Fehlt dem Körper zum Beispiel *yáng*, das heißt, er ist zu kalt (weil man vielleicht zu viel Salat isst), dann helfen frittierte Speisen, die den Überschuss an *yīn* ausgleichen. Da geht sie hin, die Theorie, dass Pommes frites ungesund sind.

Aber bevor Sie jetzt die Fritteuse anwerfen, denken Sie bitte an das Gleichgewicht! Machen Sie sich lieber auch einen Gemüseteller dazu.

Es gibt lange Listen von Lebensmitteln und Gewürzen, die zwischen *yīn*, *yáng* und ›neutral‹ unterscheiden. Rohes Gemüse, Obst, Fisch und Joghurt sind *yīn*, die meisten Fleischsorten *yáng*. Reis und Brot sind neutral. Bei den Gewürzen gehört paradoxerweise Chili zum *yīn*, da es hilft, den Körper durch Schwitzen zu kühlen.

Um die Verwirrung perfekt zu machen, werden auch die Zubereitungsmethoden unterschieden. Kochen und Dämpfen gehören zum *yīn*, Backen und Grillen zum *yáng*. Kurz anbraten mit wenig Öl ist neutral.

Was unserer Ansicht ein wenig näher kommt, ist die Tatsache, dass man bestimmte Lebensmittel in den einzelnen Jahreszeiten meiden beziehungsweise bevorzugen sollte. So macht es für uns sicherlich Sinn, wenn im Sommer *yīn*-Lebensmittel präferiert werden, z. B. in Form von kalten Vorspeisen.

Die *yīn* und *yáng* Energie wird zusätzlich noch von den fünf Geschmacksrichtungen (sauer, bitter, süß, scharf und salzig)

---

* *Yīn* und *yáng*, jeder hat es schon gehört, stehen für Gegensätze wie dunkel und hell, weiblich und männlich, Wasser und Feuer.

beeinflusst. Diese stehen eng mit den fünf Elementen (Holz, Feuer, Erde, Metall und Wasser) und den fünf chinesischen Jahreszeiten (Frühling, Sommer, Spätsommer, Herbst und Winter) im Zusammenhang.*

Sie können also problemlos die Energien Ihres Essens durch bestimmte Gewürze oder Zutaten verändern, abschwächen oder auch verstärken. Ich gebe zu, diese Art, sich gesund ernähren zu wollen, erfordert ein längeres Studium. Denn zu allem Übel besitzen die Lebensmittel auch noch eine Richtungsenergie, die sich entweder nach außen, innen, oben oder unten wendet. Zudem erleichtern beziehungsweise erschweren bestimmte Lebensmittel die Verdauung, auch dadurch können die erwähnten Blockaden entstehen.

Sind Sie erst einmal krank, gibt es aber eine Fülle von Rezepten, die Ihnen Anregungen für die passende Mahlzeit mit der idealen und auch in die richtige Richtung fließenden Energie geben. Im Fall von Durchfall zum Beispiel sollten Sie eine süße Speise mit hohem Fettgehalt essen. Deren Richtungsenergie ist nach oben und hält somit den Durchfall auf.

Es gibt viele Bücher mit chinesischen Kochanleitungen gegen alles, was dem Körper widerfahren kann: Erkältung, Hautausschlag, Masern, Ruhr oder gar Krebs.

Bevor Sie nun beim nächsten Husten zum altbewährten Hustensaft greifen, versuchen Sie es doch mal mit einem Schweineherz: Eine Stunde mit wenig Wasser und einem Teelöffel Salz sieden lassen und heiß essen. Zwei Stück am Tag sollten genügen.

Kein Chinese wird es Ihnen aber übel nehmen, wenn sie doch lieber den leckeren Sirup löffeln.

---

* Die fünf Elemente finden sich übrigens auch im chinesischen Horoskop wieder, wodurch die Komplexität der chinesischen Philosophie und das Zusammenwirken von den einzelnen Komponenten deutlich werden. Alles vereint sich in der Lebensenergie, und das Wohlbefinden sowie der Charakter eines Menschen werden durch die Balance und die kosmischen Einflüsse bestimmt.

5 Chē Shuǐ Mǎ Lóng*

Lebhafter Verkehr

Peter ist beim Kleinen Li eingeladen. Bewaffnet mit seiner Adresse auf Chinesisch sucht er sich ein Taxi. Lange muss er nicht warten, im Minutentakt kommen leere Taxis vorbei.**

Als Peter in eines einsteigt, schlägt ihm ein seltsamer Geruch entgegen. Er definiert ihn als eine Mischung aus Knoblauch, Schlafzimmermief und, ja, irgendwie auch Furz.

Im Dunstkreis der Taxifahrer

Da ausländische Gäste meist ihren ersten Eindruck eines Landes von den Taxifahrern am Flughafen bekommen, hat die Pekinger Regierung zum Wohle des Stadtbildes ein Jahr vor der Olympiade 2008 entsprechende Verbote und Vorschriften erlassen. Folglich konnten Taxis für zwei Tage gesperrt werden, wenn es innen zu sehr roch, und der Fahrer musste außerdem an einem Hygienekurs teilnehmen. Auch durfte im Taxi weder gespuckt noch geraucht oder gegessen werden. Fahrerinnen wurde verboten, aufwendigen Schmuck oder ausgefallene Frisuren zu tragen, die männlichen Kollegen durften weder Glatze noch Bart haben. Jeder sollte eine Uniform tragen, die aber selten zum Einsatz kam. Und wie bei vielen Vorschriften in Peking, die wegen bestimmter Ereignisse erlassen werden, waren auch diese nach den Olympischen Spielen wieder schnell vergessen.

* Wörtlich: Auto, Wasser, Pferd, Drache.
** Wahrscheinlich kann sich Peter das gar nicht vorstellen, aber im Vergleich zu früher hat die Taxidichte sehr abgenommen. Vor zehn Jahren, als viel weniger Menschen eigene Autos hatten, kamen auf einen Privatwagen mindestens vier oder fünf Taxis. Dieses Verhältnis hat sich drastisch geändert, und jetzt kommt es sogar vor, dass man mindestens zwei Minuten warten muss, bis ein Taxi vorbeikommt. Für Peking eine wirklich lange Zeit. Und anders als in Deutschland, wo ein Taxi in der Regel telefonisch bestellt wird, fahren sie hier kreuz und quer durch die Gegend und halten nach Passagieren Ausschau.

Peter gibt sich Mühe, diesen zu ignorieren und stellt sich der Herausforderung, dem Fahrer die Adresse auf Chinesisch zu sagen: »Wangjing, Huajiadi.«

Der Fahrer antwortet etwas, es klingt wie eine Frage. Peter bittet um Wiederholung, doch auch beim zweiten Mal versteht er nur Bahnhof. Es ist, als ob der Fahrer eine Wolldecke im Mund hat, die jedes Wort verschluckt.

In seiner Verzweiflung versucht Peter es auf Englisch: »Do you speak English?«

Jetzt ist es am Fahrer, nur Bahnhof zu verstehen.[*]

Bevor er noch mehr Zeit verliert, er ist schon spät dran, gibt Peter lieber auf und hält dem Fahrer den Zettel vom Kleinen Li hin.

Ziemlich lange studiert dieser die für den Deutschen unverständlichen Hieroglyphen und stellt nuschelnd wieder eine Frage.

Peter schüttelt bedauernd den Kopf, keine Silbe klingt annähernd nach etwas, was er schon gelernt hatte. Trotzdem versteht er, dass der Taxifahrer keine Ahnung hat, wo die Adresse ist.

Glücklicherweise hat Peter seinen zweisprachigen Stadtplan eingepackt, in dem er schon mit einem Kreuzchen die Wohnung des Kleinen Lis angestrichen hat. Mit dem Finger auf der Markierung reicht er dem Fahrer die Karte. Sorgfältig inspiziert der Fahrer sie, klappt sie weiter auf, fährt mit dem Finger über große Straßen, kratzt sich am Ohr und dreht schließlich die ganze Karte auf den Kopf. Bestürzt stellt Peter fest, dass der Stadtplan keine Hilfe sein wird. Wie konnte er auch wissen, dass die meisten Fahrer keine Karten lesen können. Sie verlassen sich auf die Anweisungen der Fahrgäste, wenn sie einen Ort nicht kennen.

---

[*] Ebenfalls für die Olympiade bekamen Pekinger Taxifahrer die Auflage, Englisch zu lernen. Wenigstens die 20 häufigsten Sätze. Mit Kassetten und Kursen quälten sie sich durch die neue Aufgabe, leider mit wenig Erfolg. Auch wenn sie dann die Begrüßung und die Frage, wohin es gehen soll, einigermaßen fehlerfrei über die Lippen bekamen, war die Antwort meistens nebulös für sie. Weshalb sie dann einfach lachend zu dem Fahrgast auf Chinesisch sagten: »Ich verstehe kein Wort!« Jedem Tourist sei es daher noch immer angeraten, die Hoteladresse in Schriftzeichen dabei zu haben.

Weiß auch der Passagier nicht, wo er genau hin will, haben beide ein kleines Problem.* Genau wie Peter jetzt.

Abgesehen von einigen Ausnahmen, haben Pekinger Taxifahrer den Impuls, auch schwierige Ziele zu finden und nicht vorschnell aufzugeben. Daher kurbelt der Fahrer das Fenster herunter und brüllt einem wartenden Kollegen die Adresse des Kleinen Lis zu. Der schüttelt aber auch den Kopf und kümmert sich nicht weiter um die beiden. Jetzt ist guter Rat teuer.

Plötzlich klingelt Peters Mobiltelefon. Es ist der Kleine Li.

»Wo bleibst du denn?«, fragt er besorgt. Und als Peter sein Dilemma schildert, sagt der Kleine Li nur: »Gib mir mal den Fahrer.«

Es dauert keine zwanzig Sekunden, da reicht der Chauffeur das Telefon zurück, stellt das Taxameter an** und fährt los. Aufatmend lehnt sich Peter zurück und macht einen mentalen Vermerk: Das nächste Mal prägt er sich schon vorher ein, wo er hin muss und hat für den Notfall eine Telefonnummer dabei, unter der jemand für eine genaue Wegbeschreibung zu erreichen ist.

Und vielleicht nimmt er sich auch noch ein kleines Fläschchen Pfefferminzöl mit, an dem er während der Fahrt riechen kann.

Und er rollt... und rollt... und rollt

Kaum zu glauben, aber war: Allein in Peking düsen vier Millionen Autos durch die Straßen. (Gut, düsen ist zuviel gesagt,

---

* Es ist immer ratsam, die grobe Richtung zu wissen oder ein Markenzeichen in der Nachbarschaft benennen zu können. Denn manchmal ist es selbst mit der genausten Adresse schwierig, ans Ziel zu kommen. Straßennummern helfen in den wenigsten Fällen. Markante Gebäude dagegen sind allgemein bekannt und bringen einen wenigstens schon mal in die Nähe.
** Mittlerweile ist es gang und gäbe, dass die Taxifahrer in den Großstädten das Taxameter automatisch anstellen. In den Randgebieten als auch in dörflichen Gegenden ist es aber noch üblich, entweder einen Festpreis vorher auszuhandeln oder den Fahrgast schlicht übers Ohr zu hauen. Daher ist es gut zu wissen, wie viel eine Fahrt kosten könnte, bevor man sich darauf einlässt.

schleichen passt oft besser. Selbst nachts gibt es an bestimmten Ecken und auf einigen Straßen Stau.) Das bedeutet bei einer Einwohnerzahl von fast 17 Millionen, dass jeder Vierte ein Auto hat. Vor knapp 60 Jahren sah das noch ganz anders aus.

Da lebten gerade 2,8 Millionen Menschen in Peking und es gab nur 2.300 Autos in ganz China! 1986 fuhren dann in der Hauptstadt schon 300.000 durch die immer noch vergleichsweise leeren Prachtavenuen. Wenige davon waren Privatautos. Vor allem Regierungswagen und Taxis kurvten über die Fahrbahnen. Um als Privatmensch ein Auto zu kaufen, wurde eine Genehmigung der Regierung benötigt. Und natürlich viel Geld. An beides war schwer heranzukommen.

Mit der wirtschaftlichen Entwicklung kamen höhere Einkommen, freiere Märkte und viele Autos. Innerhalb von 20 Jahren hat sich die Anzahl der Autos in Peking verzehnfacht, die in ganz China verzwölffacht. Zurzeit sagt die Statistik, dass täglich in Peking 2.100 Autos neu dazukommen, im Jahr also über 750.000. Es werden aber auch immer wieder welche aus dem Verkehr gezogen. Zu alte Autos, die nicht mehr den Umweltstandard erfüllen, müssen verschrottet werden. Im Jahr 2009 landeten 100.000 solcher Emissionsferkel in der Presse, was allerdings nur ein Tropfen auf dem heißen Stein ist.

Darum hat sich die Pekinger Regierung schon zu den Olympischen Spielen 2008 etwas Feines ausgedacht: Jeder hat einmal die Woche Fahrverbot. Im wechselnden Rhythmus dürfen Wagen, deren Kennzeichen auf 1 und 6 enden, am Montag nicht fahren, 2 und 7 dienstags, 3 und 8 mittwochs und so weiter. Alle drei Monate verschiebt sich die Regel um einen Tag. Das Wochenende ist davon ausgenommen. Wer trotzdem fährt, zahlt 100 *yuán** Strafe, ungefähr 10 Euro. Für viele, die auf ihr Auto angewiesen sind, weil sie außerhalb wohnen, ist diese Regelung

---

* Offiziell heißt die chinesische Währung *Renminbi*, Volkswährung. Allgemein sagt aber jeder *yuán*, und umgangssprachlich ist *kuài* üblich.

mit viel Stress verbunden. Das öffentliche Verkehrsnetz hat sich dank der Olympiade 2008 zwar auch erheblich erweitert, ist aber immer noch unzureichend.

Dagegen hilft der neue Trend: der zum Zweitwagen. Ja, Sie folgern richtig, dass das Ganze dann ja nicht sonderlich viel bringt. Das stimmt schon, nur kann sich natürlich nicht jeder einen zweiten Wagen leisten. Daraus ergibt sich eher der Teufelskreis, dass immer mehr Wagen zugelassen werden. Im Grunde braucht man allerdings auch nicht den ganzen Wagen. Wer entsprechende Beziehungen hat, besitzt ein zweites Nummernschild. Erlaubt ist das selbstverständlich nicht. Trotzdem eine gute Lösung, die Vorschriften zu umgehen.

Glücklich sind die Pekinger über diese Vorschriften auch nicht besonders. Bei einer Internetumfrage von 400.000 Nutzern haben 67 % gegen die Vorschrift gestimmt. Nur 28 % waren der Meinung, dass dies helfe, die Umweltverschmutzung einzudämmen und freie Fahrt auf den Straßen zu gewährleisten.

Noch ein paar Zahlen: Laut einer Studie der Weltgesundheitsorganisation sterben in China 250.000 Menschen pro Jahr bei Autounfällen. Das sind 680 am Tag! 45.000 werden täglich verletzt. 20 % der tödlichen Unfälle weltweit passieren in China. Der Unfalltod ist gemäß dieser Studie in China die Todesursache Nummer eins bei den 15- bis 45-Jährigen. 92 % dieser Unfälle ereignen sich wegen regelwidrigen Fahrverhaltens.

Augen auf im Straßenverkehr ist in China deswegen im wahrsten Sinne des Wortes also lebensnotwendig.

6 Săo Tà Yĭ Yíng*

Sich auf einen Gast freuen

Abgesehen von seinem Wohnheim hat Peter noch kein chinesisches Haus von innen gesehen. Umso mehr freut er sich, den Kleinen Li besuchen zu dürfen. Dieser wollte Peter abholen, doch dessen Ehrgeiz verbot diesen Luxus. So sucht der Deutsche, bislang ohne fremde Hilfe das Zuhause seines Freundes. Gut, der Taxifahrer hat ihn an die richtige Adresse, einen Wohnkomplex, gefahren, doch nun ist Peter ganz auf sich gestellt. Hinter einem runden Eingang, an dem ein gelangweilter Chinese aus einem kleinen Häuschen heraus Peter interessiert betrachtet**, befinden sich sechsstöckige Reihenhäuser mit mehreren Eingängen. Zwischen den Häusern parken Autos und Fahrräder, eine chinesische Oma geht mit ihrem Enkel in einem kleinen Garten mit einem großen Baum in der Mitte umher.

Stirnrunzelnd betrachtet Peter die Adresse, die der Kleine Li ihm gegeben hatte: 6-3-503. Hm, ziemlich viele Zahlen für eine Wohnung. Er schaut sich suchend um und findet eine Zahl, die er glücklicherweise schon gelernt hat: eine Eins auf Chinesisch, direkt über dem Eingang zum Treppenhaus. Erfreut macht Peter sich auf die Suche nach der Sechs, doch bei vier hört es auf. Beim zweiten Häuserblock gegenüber steht wieder eine Vier, diesmal

---

* Wörtlich: Die Pritsche reinigen, um zu begrüßen.
** An vielen Wohnkomplexen sitzen Sicherheitsbeamte, die ein Auge darauf haben, wer ein- und ausgeht. Nur selten verlangen sie allerdings Ausweispapiere oder die Wohnungsnummer. Das kommt meist nur in teureren Residenzen vor.

läuft das Prinzip aber andersherum und, wen wundert es, hört bei der Eins wieder auf.

Verwirrt holt Peter den Zettel hervor. Die Oma hat den Ausländer schon längst entdeckt und kommt nun herüber*****.

Höflich fragt Peter: »Wo finde ich diese Adresse?«

Statt zu antworten, greift sie einfach an seinen Ärmel und zieht ihn mit sich******. Am Ende des Häuserblocks zeigt sie auf ein Haus und schiebt Peter in diese Richtung. Brav trottet er los, ist aber immer noch unsicher. In der gezeigten Richtung stehen mindestens fünf Wohnblöcke.

Damit die alte Dame nicht ihr Gesicht verliert, wandert Peter zum nächsten Wohnblock. An der Seite steht ein Gebäude vertikal und dort entdeckt Peter im dritten Stock außen ein Schild mit der Adresse in Schriftzeichen und die Zahl drei. Jetzt bemerkt er auch an dem Haus neben ihm eine Zahl, die Zwei. Ah, denkt er, das sind also die Hausnummern - und er muss zu Haus sechs!

Dort angekommen kombiniert er rasch: Haus sechs, Eingang drei, Wohnung fünf Null drei.

Mutig betritt Peter Eingang drei. Leider gibt es keine Briefkästen mit Namen, es bleibt ihm nichts anderes übrig, als in den fünften Stock zu klettern. Das Treppenhaus ist dunkel und aus blankem Beton. Selbst die Wände scheinen nie gestrichen worden zu sein. Keine Bilder zieren sie, nur der eine oder andere Fleck nebst ein paar Beulen, die beim Möbeltragen entstanden sein

---

* Chinesen sind nicht nur neugierig, sondern auch sehr hilfsbereit. Es ist keine Besonderheit, wenn jemand, vor allem ein Ausländer, grübelnd herumsteht und von einem Chinesen Hilfe angeboten bekommt. Und da der Ausländer wahrscheinlich schon länger beobachtet wurde, weiß der Chinese, wann es Zeit wird, ihm mit Rat und Tat zur Seite zu stehen.

** Wundern Sie sich nicht, wenn Sie jemanden zwar chinesisch anreden, dann aber eine gestikulierte Antwort erhalten. Obwohl es sehr viele Ausländer gibt, die sehr gut Chinesisch sprechen, ist es bei den Einheimischen noch nicht überall bekannt. Sie trauen dann lieber dem Wissen, dass Ausländer ausländisch reden, als ihren eigenen Ohren. Beliebt ist auch die bedauernde Aussage, natürlich auf Chinesisch, dass man kein Englisch könne. Und verzagen Sie nicht, es muss dann ja nicht unbedingt an Ihrer Aussprache liegen!

müssen. In einigen Stockwerken liegen gestapelter Weißkohl und Lauch*.

Nach ein paar Stockwerken fällt ihm plötzlich auf, dass er eigentlich erst im dritten Stock sein müsste, an der Wand steht aber eine große, rot umrandete Vier. Nach einer weitere Etage stehen als Wohnungsnummern 501, 502 und 503.** Eigentlich kann es nicht stimmen, gespannt klopft er dennoch an die Tür 503 und hofft, dass der Kleine Li ihm öffnet.

Es ist aber eine Frau mittleren Alters, die die Tür aufmacht. An ihrem herzlichen Grinsen erkennt Peter, dass es die Mutter seines Freundes sein muss, Frau Li.

Warum Frau Li eigentlich Zhang heißt

Wenn eine Chinesin heiratet, behält sie normalerweise ihren Nachnamen. Sie nimmt nicht, wie in Deutschland früher üblich, den Namen ihres Mannes an. Die Kinder des Paares bekommen in der Regel den Nachnamen des Vaters. Ein Grund von vielen, weshalb ein Großteil der Väter einen Sohn bevorzugt: Er führt den Familienklan fort. Seit 1995 ist es aber möglich, Kindern den Nachnamen der Mutter zu geben. Nach einer neuerlichen Reform können Kinder nun auch Doppelnamen, also sowohl den Nachnamen der Mutter als auch des Vaters, tragen. Bei der Reform stand aber nicht ein vom Aussterben bedrohter Klan Pate des Gedankens, sondern schlicht die Tatsache, dass Nachnamen in China knapp sind. So gibt es auf die Schnelle ungeahnte, schier unerschöpfliche neue Möglichkeiten.

Sie bittet ihn, hereinzukommen, und schiebt ihm galant ein paar Gummisandalen zu, die er anziehen soll. Doch Peter hat in der einen Hand eine Flasche Wein und in der anderen einen Strauß gelber Nelken. Er überreicht schnell der Gastgeberin die

---

* Saisongemüse ist sehr billig in China, da kaufen die Chinesen gerne größere Portionen. Und weil der Kühlschrank für 10 kg Kohl zu klein ist, lagern sie ihre Bestände im Treppenhaus. Dort ist es im Winter kalt, denn es gibt keine Heizung und die Fenster sind undicht oder kaputt. Und offensichtlich sind die Nachbarn alle ehrlich und essen nur ihren eigenen Kohl.

** Was wir als Erdgeschoss kennen, ist bei den Chinesen schon der erste Stock, yī lóu. Einen »nullten« Stock gibt es ja schließlich nicht. Der Logik nach ist daher das Parterre die erste Etage. Da erscheint der fünfte Stock schon gar nicht mehr so hoch.

Geschenke. Ihren peinlich berührten Gesichtsausdruck sieht er gar nicht, er ist schon längst mit dem Ausziehen der Schuhe beschäftigt.*

Glücklicherweise kommt der Kleine Li um die Ecke und begrüßt den ausländischen Gast: »*Huānyíng, huānyíng!*« Herzlich willkommen!

Der schmale Flur ist viel zu klein für die Drei, Frau Li weicht in die Küche aus, die direkt an der Haustür ist. Im Vorbeigehen erhascht Peter einen Blick: Auf einer steinernen Ablage steht ein Gasherd mit zwei Feuerstellen, darunter eine Gasflasche und ein kleines Regal mit Wok und Geschirr. Über dem Spülbecken aus Porzellan hängt ein kleiner Durchlauferhitzer, ein hoher, aber schmaler Schrank schließt die Kücheneinrichtung ab. Abgesehen von Frau Li passt also nichts mehr rein.

»Komm, ich stell dir meinen Vater vor«, unterbricht der Kleine Li Peters Betrachtungen, drei Schritte später stehen sie auch schon im Wohnzimmer. Wie im Treppenhaus, im Flur und in der Küche besteht der Boden aus blankem Beton. Die Wände allerdings sind mit hellgrünem Lack gestrichen, wenn auch nur bis zur Mitte. Darüber befindet sich mittlerweile ergrauter Putz. Immerhin ziert ein Bild die Wand: ein grellbuntes Stillleben einer Obstschale. In der Ecke steht ein Kühlschrank, er fand in der Küche anscheinend keinen Platz mehr, das Sofa ist zu einem Bett umfunktionierbar, ein Wandschrank mit weißem Plastikfurnier beherbergt den Fernseher und ein paar Bücher, und als Letztes gibt es einen ausziehbaren Tisch mit vier Klappstühlen.

---

* Tja, da ist Peter gleich zweimal auf die Nase gefallen: 1. Blumen, und schon gar keine weißen oder gelben, kommen bei der Gastgeberin nicht an. Frische Sträuße werden in China nur bei Beerdigungen mitgebracht. Insofern symbolisieren sie den Tod. Die einzige Ausnahme: weiße Lilien. Sie stehen für Harmonie. 2. Peter hat ihr die Geschenke flott in die Hand gedrückt. Frau Zhang hatte keine Zeit, die Annahme abzulehnen. Das gehört zum guten Ton, denn sonst wirkt man gierig. Wundern Sie sich auch nicht, wenn der Beschenkte dreimal die Gaben zurückweist. Er wird sie annehmen, und auch gerne, aber erst, wenn er genug bedrängt wurde.

»Das hier ist mein Vater«, stellt der Kleine Li den Großen Li*
vor. Peter reicht ihm die Hand. Mittlerweile weiß er zwar, dass
Händeschütteln nicht zum Begrüßungsritual gehört, aber die
Gewohnheit zollt mal wieder ihren Tribut.

»Setzen Sie sich«, fordert Lao Li den Gast auf.

»Nein, ich will ihm erst noch die Wohnung zeigen«, unterbricht der Kleine Li. Er zieht Peter in das angrenzende Zimmer
mit einem Doppelbett und einem Kleiderschrank. »Hier schlafen meine Eltern.«

»Und du?«, fragt Peter.

»Ich schlafe im Wohnzimmer auf der Couch. Und wenn ich
mal heirate, brauchen wir wohl eine größere.«

»Wollt ihr dann hier zu viert leben?«

»Natürlich, meine Frau zieht dann hier mit ein«, sagt der
Kleine Li wie selbstverständlich.**

Frau Li, also eigentlich ja Frau Zhang, hat schon Essen auf
den Tisch gestellt und ruft die beiden. Das Essen ist besonders
lecker und reichhaltig. Peter kommt aber nicht umhin, sich zu
wundern, dass die Familie in so einer ungemütlichen Wohnung
mit Betonfußboden und zusammengestückelten Möbeln lebt.
Auch funktionelles Mobiliar kann hübsch sein. Und so teuer ist
es sicherlich auch nicht. Das muss ihm der Kleine Li noch mal
erklären.

---

* Der Große Li sollte von Peter allerdings *Lao Li* genannt werden, Ehrenwerter Li. Das ist das Pendant zum Kleinen Li, *Xiao Li*.
** Der Kleine Li hat keinen Scherz gemacht. Oft leben in einem Haushalt drei
Generationen unter einem Dach. Sie teilen sich zwei Zimmer, Küche und
Bad. Ist das Kind noch klein, schläft es bei den Eltern im Bett. Tagsüber,
während sie arbeiten, passen die Großeltern auf den Enkel auf. Viele Chinesen, die zur neuen Mittelschicht gehören und es sich leisten können, leben
alleine mit ihrer Familie in einer Wohnung. Traditionell bleiben die Familien
aber zusammen, nicht nur aus Kostengründen. Großeltern als Babysitter frei
Haus zu haben, hat ja auch seine Vorteile.

Das Obdach in der Regierungsobhut

Dass Chinesen wert auf gestylte Wohnungen mit Parkett oder gar Teppich legen, ist erst vor kurzer Zeit und auch nur unter der jüngeren, besser verdienenden Generation entstanden. Entweder sparten die Chinesen ihr Geld, um den Kindern später eine gute Ausbildung zukommen zu lassen,* oder sie legten es für eine größere Anschaffung zurück, wie etwa ein Auto. (Das Auto wird im Übrigen von den Nachbarn gesehen und der Neid ist dem Besitzer sicher. Ob die Wohnung schön und teuer eingerichtet ist, sieht kaum jemand - die Chinesen treffen sich meistens eh in einem Restaurant.)

Darüber hinaus gab es vor 1998 keine Eigentumswohnungen, bei denen sich das Investieren lohnte. Jeder Chinese, ob Angestellter, Arbeiter oder Student bekam während der Planwirtschaft eine Wohnung zugeteilt. Damit wollte die Regierung verhindern, dass das stetig wachsende Volk obdachlos würde. Die zugewiesene Wohnung gehörte zu den Sozialleistungen, die der Arbeitgeber zu erbringen hatte. Die Mieter mussten auch Miete zahlen. Die war aber so gering, dass es eher an einen Obolus erinnerte. Die Größe richtete sich unter anderem nach Alter und Dienstzugehörigkeit. Erfüllte jemand die Kriterien der Zuweisung nicht, musste er bei den Eltern leben. Daher war es nicht ungewöhnlich, wenn sich drei Generationen den engen Raum teilten.

Die Wohnungen waren oft nah am oder sogar direkt auf dem Gelände des Arbeitsplatzes. Seit 1998 gibt es einen kommerziellen Wohnungsmarkt, der den Chinesen erlaubt, Wohnungen zu kaufen oder anzumieten. Wenn man denn das nötige Kleingeld

---

* Öffentliche Schulen und Universitäten sind in China kostenlos. Private Unis werden aber in der Regel höher angesehen, weil sie den Abgängern später eine bessere Berufschance bieten, müssen aber selbst bezahlt werden. Das Geld dafür sparen sich die Eltern gerne vom Munde bzw. von ihrem Luxus ab. Sie profitieren ja schließlich später auch davon, wenn das Kind ein dickes Gehalt nach Hause bringt.

dafür hat. Viele bleiben trotzdem bei den Eltern wohnen, um das Geld zu sparen, sich eine Reise zu gönnen oder in anderem Luxus zu schwelgen. Diejenigen, die schon lange in einer zugewiesenen Wohnung lebten, hatten damals die Möglichkeit, diese günstig dem Arbeitgeber abzukaufen. Fast alle haben von diesem Angebot Gebrauch gemacht. Statt einer Wohnung erhalten die Arbeitnehmer nun eine finanzielle Beihilfe, mit der sie sich ihr Dach über dem Kopf kaufen können.

Die jungen Leute, die sich auch immer mehr von der westlichen Kultur abschauen, genießen die Freiheit ihrer eigenen vier Wände. Sie richten sich nach europäischem oder amerikanischem Vorbild ein, kultivieren Zimmerpflanzen und moderne Kunst. Auf die Oma frei Haus müssen sie dennoch nicht verzichten: Vor der Arbeit wird das Kind einfach schnell zu den Eltern gebracht.

7 Hǎo Shì Duō Mó

Gute Dinge, viele Hindernisse

Nachdem Peter ein paar Wochen im Wohnheim gewohnt hat, ist er bereit, auf eigenen Füßen beziehungsweise in einer eigenen Wohnung zu stehen. Er hat auch schon eine spezielle Vorstellung: Er möchte in einem *sìhéyuàn*, einem Pekinger Hofhaus*, wohnen. Der Kleine Li hat schon einen Wohnungsmakler angerufen, und zusammen machen sie sich auf den Weg.

Die Enttäuschung ist groß, als Peter vor dem ersten Objekt steht. Es ist zwar ein typisches Pekinger Haus, nämlich sechsstöckig wie das vom Kleinen Li, und hat rote Backsteine. Aber mitnichten ein *sìhéyuàn*.

»Warum führt die Dame uns hierher«, begehrt er zum Kleinen Li gewandt auf. »Ich hatte doch deutlich gesagt, dass ich in einen *sìhéyuàn* ziehen will.«

Die Maklerin, Frau Li**, bekommt zwangsläufig den Unmut des jungen Ausländers mit, wenn sie auch nicht genau weiß, worum es geht. Vorsichtig trägt der Kleine Li Peters Anliegen vor, pein-

---

* Ein *sìhéyuàn* ist ein traditionelles, einstöckiges Haus in Peking, das in der Mitte einen Hof hat. Dass dem allerdings nicht immer so ist, wird Peter bald merken. Mehr zu diesen typischen Häusern und ihrer Bedeutung können Sie im Kapitel 8 »*Xiá Bù Yǎn Yú?*« nachlesen.
** Nicht zu verwechseln mit dem Kleinen Li. Auch wenn die Namen gleich klingen, ist der feine Unterschied im Schriftzeichen zu sehen und im Ton zu hören. Frau Li wird im vierten, der Kleine Li im dritten Ton ausgesprochen. Und da Peter, wie fast alle Ausländer am Anfang, den vierten Ton leichter herausbekommt, als den dritten, spricht er Frau Li richtig an. Der Kleine Li dagegen muss geduldig auf die hörbare Verbesserung von Peters Sprachkenntnissen warten. Was er aber gerne tut.

lich darauf achtend, dass er weder grob noch frech klingt. Er weiß besser als Peter, dass die weitere Zusammenarbeit davon beeinträchtigt werden kann - und nicht unbedingt zum Guten.

Was dann folgt, ist eine lange, ungefähr fünf Minuten dauernde Erklärung seitens der Maklerin Li, von der Peter nicht sehr viel versteht. Als er in einer Sprechpause den Kleinen Li erwartungsvoll anschaut, sagt dieser: »Der Besichtigungstermin für den ersten *sìhéyuàn* ist erst in einer Stunde, deswegen hat sie uns schon mal hierher geführt.«

Das ist alles für fünf Minuten Gerede? Lost in translation, denkt Peter, fragt aber dennoch nach, worum es die ganze Zeit ging.

»Wir Chinesen haben Probleme mit dem direkten Wort«, beginnt der Kleine Li ein wenig peinlich berührt zu erklären. »Statt zu sagen: ›Tut mir leid, ich habe mich in dem Besuchsplan verguckt‹, hat Frau Li mir gerade erklärt, warum diese Wohnung für dich viel besser wäre. Damit begründet sie ihre Entscheidung, hierher zu kommen, die ja zu deinem Wohle ist. Erst am Ende sagte sie dann den wahren Grund.«

Wohl hin oder her, Peter empfindet es als Zeitverschwendung. Stattdessen hätte er ja noch ein paar Vokabeln pauken können. Von ihrem Chinesisch aus irgendeiner südlichen Provinz versteht er ja kein Wort, es ist also noch nicht mal als Praxisübung anzurechnen. Peters Ungeduld schwingt wie elektrische Spannung in der Luft.

Das Klingeln von Frau Lis Mobiltelefon unterbricht die Gedanken aller, sie geht ein wenig zur Seite und flüstert dem Anrufer etwas zu.

»Ich muss leider gehen, können wir den Termin auf einen anderen Tag verschieben?«, fragt sie, als sie auflegt.

»Natürlich«, sagt der Kleine Li. Und schneller als Peter die Situation verstehen kann, ist sie verschwunden.

»Zum Glück kenne ich noch einen anderen Makler«, bemerkt der Kleine Li trocken.

»Der Termin ist doch nur verschoben«, meint Peter naiv.

»Nein«, widerspricht der Freund, »das war eine Abfuhr auf Chinesisch.« Grinsend greift der Kleine Li zu seinem Telefon und spricht mit einem zweiten Makler. Derweil macht Peter sich Vorwürfe, so unsensibel gewesen zu sein.

Als der Kleine Li schließlich sagt, dass sie in dreißig Minuten erwartet werden, hellt sich seine Miene wieder auf - beim Anblick des Mietobjekts verdunkelt sie sich jedoch gleich wieder. Zwar stehen sie tatsächlich in einem *hútòng*, einer engen Pekinger Gasse, durch die gerade mal ein Auto passt, doch der *sìhéyuàn* hat statt eines Hofes nur einen schmalen Streifen Beton, den sich die Nachbarn teilen müssen. Zudem scheint das Badezimmer in der kleinen Küche integriert zu sein, wenn Peter die frei hängende Duschbrause an der Wand richtig interpretiert.

Ihm bietet sich die Möglichkeit, seine Erfahrung der vorherigen Stunde anzuwenden, und er bittet lächelnd den Kleinen Li für ihn zu übersetzen: »Sehr hübsch hier, die Zimmer sind geräumig und hell. Ich hätte aber gerne einen größeren Hof, in dem man im Sommer sitzen kann.«

Der Makler, er heißt - man glaubt es kaum - auch Li*, nickt wissend und führt die beiden durch ein paar der schmalen Gassen zum nächsten Häuschen. Interessiert und schon aufgeregt, bald in so einem Umfeld wohnen zu dürfen, betrachtet Peter seine Umgebung. Trotz der Kälte treffen sie einige Chinesen in Schlafanzügen und Hausschuhen, die schlurfend ihrer Wege gehen. Ein Baby auf dem Arm der Mutter reckt seinen blanken Po durch einen Schlitz in der wattierten Hose. Schulkinder flitzen in Uniformen zwischen den permanent klingelnden Fahr-

---

* Wirklich, lieber Leser, dies ist keine schriftstellerische Freiheit! Die Anzahl der Nachnamen in China ist sehr begrenzt. Über 1,3 Milliarden Chinesen müssen sich mit rund 700 Namen begnügen, und davon sind 20 besonders häufig. Li, Wang und Zhang gehören z. B. zu diesen 20. Somit ist die Wahrscheinlichkeit, an einem Tag verschiedene Leute mit gleichem Nachnamen zu treffen, sehr hoch.

radfahrern hindurch. Kioske mit gestapelten Bierkästen davor, Friseurläden und kleine Geschäfte, die Heimwerkerzubehör anbieten, unterbrechen in regelmäßigem Abstand die durchgehende Häuserfront.

Schließlich treten sie in einen engen Gang und kommen in einem mit kaputten Holzstühlen, wackeligen Schränken und alten Blumentöpfen voll gestellten Hof heraus. Trotz des ganzen Plunders ist noch reichlich Platz für einen Liegestuhl mit Beistelltisch, bemerkt Peter. Und wie es sich gehört, ist der Hof viereckig mit Zimmern an jeder Seite.

Neugierig schaut ein alter Mann aus seinem Fenster zu den Besuchern. Makler Li schließt die Tür eines Zimmers auf, in dem es zur Rechten in ein zweites Zimmer geht und zur Linken in eine Küche, ohne Duschbrause. Von dem abgeblätterten Putz versucht Peter sich nicht abschrecken zu lassen. (Der Kleine Li hatte ihm vorher erzählt, es wäre recht billig, ein paar Handwerker mit Farbe durch die Räume zu schicken.) Trotzdem ist er nicht ganz zufrieden. Er möchte am liebsten ein Häuschen mit eigenem Hof für sich alleine. Nichts gegen die Nachbarn, aber so viel Tuchfühlung ist ihm doch zu eng. Wieder verpackt er die Kritik geschickt mit dem Lob, dass dies ja schon seinen Ansprüchen näher käme, er aber doch etwas mehr Privatsphäre vorzöge.

Nach zwei weiteren Besichtigungen überfällt Peter langsam das schlechte Gewissen, jedes Häuschen abzulehnen. Aber soll er den Makler glücklich machen oder sich? Am besten beide, denkt er und hofft, dass Makler Li noch etwas in petto hat. Langsam müsste ja klar sein, was Peter eigentlich will.

Als sie bei dem nächsten Eingang einen engen Weg zurücklegen müssen, befürchtet Peter, wieder in einem Gemeinschaftshof zu landen, mit der Dusche in der Küche und freiem Blick für die Nachbarn. Dann erst fällt ihm auf, dass in keiner Wohnung eine Toilette war.

»Gibt es auch meistens nicht«, flüstert der Kleine erklärend auf seine Frage. »Dafür gibt es die öffentlichen Toiletten in den *hútòng**.«

Oh ja, an die kann sich Peter gut erinnern. Es gab viele auf ihrem Irrweg durch die Gassen, fast alle zwei- oder dreihundert Meter war ein öffentliches Klo. Peter hatte es vor allem am Geruch bemerkt. Ob er zugunsten eines Hofhäuschens auf sein privates stilles Örtchen verzichten kann? Der deutsche Student bezweifelt dies.

Nach zwei Links- und einer Rechtskurve bleibt Makler Li vor einer Holztür stehen und schließt auf. Wäre Peter in einem Kitschfilm, würde jetzt engelsgleiche Musik im Hintergrund säuseln: Er steht in einem Hof, der ungefähr fünfundzwanzig Quadratmeter groß ist, vorne und links zwei kleine Gebäudekomplexe, die Makler Li nun auch öffnet, die rechte Wand ist das Nachbarhaus, welches, man beachte, kein Fenster zu diesem Hof hat. Peter dreht sich um, sieht ein weiteres Nachbarhaus gegenüber der Tür, doch der Hof ist durch eine Mauer vor Blicken geschützt.

In dem einen Gebäudekomplex befinden sich zwei Zimmer, insgesamt ungefähr vierzig Quadratmeter, im anderen eine für chinesische Verhältnisse große Küche mit einem angrenzenden Badezimmer. Auch da hängt wieder eine Duschbrause mitten im Raum.

Peter ist begeistert! Genauso hat er es sich vorgestellt. Der einzige Wermutstropfen: Es gibt keine Toilette. Er beratschlagt sich mit dem Kleinen Li, der die brillante Idee hat, doch eine einbauen zu lassen und schnell die technischen Voraussetzungen mit Makler Li abspricht. Rohre seien vorhanden, sagt dieser, insofern dürfte es kein Problem sein.

---

* Bitte wundern Sie sich nicht, dass das Plural »s« fehlt. Im Chinesischen gibt es keine Mehrzahl, hier ein »s« anzuhängen, wäre schlicht falsch. Auch wenn es in den deutschen Ohren komisch klingt. Siehe auch Kapitel 14 »Yī Zì Qiān Jīn«

Mit einem Handschlag ist der Vertragsabschluss jedoch nicht getan. Makler Li besteht auf die Kaution, drei Monatsmieten im Voraus sowie seine Maklergebühr, ebenfalls eine Monatsmiete. Peters Geld reicht natürlich nicht, so viel hat er nicht dabei. Ob er morgen zahlen könne, fragt er.

»Dann ist die Wohnung vielleicht weg«, gibt Makler Li zu Bedenken*.

Sie einigen sich, dass Peter ihm alles gibt, was er hat, und am nächsten Tag zur Vertragsunterschrift ins Büro von Makler Li mit dem Rest kommt. Das Misstrauen des Maklers füttert nicht gerade Peters Vertrauen, aber die Angst, sein Wunschhaus zu verlieren, ist größer. Wenigstens bekommt er eine Quittung, auf die der Kleine Li besteht. Daran hätte Peter von alleine gar nicht gedacht.

Glücklich schaut er sich noch einmal um, und zusammen verlassen sie Peters neues Zuhause.

Peter macht sich trotz der einsetzenden Dämmerung auf, die Umgebung zu erkunden. Der Kleine Li begleitet ihn und erklärt ihm die Geschichte des *hútòng*.

Die Geschichte des *hútòng*

Die ersten Pekinger *hútòng* lassen sich bis zur Yuan-Dynastie (1271-1368) zurückverfolgen und sind sozusagen keinem geringeren als Dschingis Khan zu verdanken. Mit seiner mongoli-

---

* Chinesische Geschäftsmänner, und dazu zählt Makler Li auch, vertrauen nicht unbedingt auf das Wort des Geschäftspartners. Ihr Motto lautet: ›Was du heute kannst besorgen, das verschiebe nicht auf morgen.‹ Vor allem, wenn es um finanzielle Transaktionen geht. Der Käufer, oder wie hier der Mieter, sichert sich durch schnelles Handeln den Vertrag. Und man sollte nie davon ausgehen, dass der gleiche Vertrag am nächsten Tag in der eben abgesprochenen Form noch vorhanden ist. Und auch wenn es zweifelhaft erscheint, dass Makler Li früh am nächsten Morgen einen anderen Mieter findet, tut Peter besser daran, das Geld für die Kaution sofort zu besorgen. Es wäre nicht das erste Mal, dass diese Unwahrscheinlichkeit eintrifft. Denn Makler Li hat bestimmt noch ein weiteres As, also einen Mieter, im Ärmel.

schen Armee fiel er Anfang des 13. Jahrhunderts in das heutige Peking ein (damals hieß es noch Zhongdu), brannte die kaiserlichen Paläste nieder und hinterließ Schutt und Asche. Auch nach seinem Tod im Jahr 1227 herrschten in Chinas heutiger Hauptstadt weiterhin die Mongolen (sein Enkel Kublai Khan nahm das Ruder in die Hand) und bauten sie wieder auf. Die Stadt wurde eingeteilt in Wohngebiete, und die Straßen schachbrettartig verlegt. Dabei war die Breite der Straße ausschlaggebend für ihre Bestimmung: Eine Avenue war 36 Meter breit, eine Straße 18 Meter und eine Gasse 9 Meter.

Während der Ming-Dynastie (1368-1644) nahmen die Stadthalter die Maße nicht mehr so genau und ließen auch Gassen bauen, die viel kleiner waren. Die kleinste maß noch nicht mal einen Meter Breite. Noch heute gibt es Gassen, die an einigen Stellen nicht breiter als 40 bis 60 Zentimeter sind, wie z. B. der *Gaoxiao Hutong* oder der *Xiaolaba Hutong*.

Der Name *hútòng* ist eines der wenigen Überbleibsel der Belagerung durch Dschingis Khans Enkel und Urenkel. Zwei Erklärungen* ranken sich um die Entstehung des Namens, sicher sind sich die Historiker nur, dass er aus der mongolischen Sprache stammt.

Als das alte Zhongdu wieder aufgebaut war, die Mongolen nannten die Stadt nun Dadu, gab es 400 dieser kleinen Gassen, zu denen sich im Laufe der Jahrhunderte immer mehr hinzugesellten. Um 1950 - die Stadt hieß mittlerweile nicht mehr Dadu, sondern Beijing, was »Nördliche Hauptstadt« bedeutet - soll es bereits über 6.000 gegeben haben.

Die Namensgebung der einzelnen *hútòng* folgte meist einem bestimmten Schema. Entweder kam der Name von einem in der

---

* Eine Erklärung ist, dass *hútòng* von dem mongolischen Wort für Brunnen, *hottog*, abstammt, da sich die Menschen früher vorwiegend um die Brunnen einer Stadt angesiedelt haben. Bei der anderen Erklärung stammt es von dem Wort für Durchgang, *huotuan*, ab, die als Sicherheitswege bei Großbränden dienten.

Nähe befindlichen wichtigen Gebäude (z. B. *Guozijian Jie*, in der die kaiserliche Akademie gelegen war), berühmten Persönlichkeiten (*Wenchengxiang Hutong*, eine Gasse, in der der Premierminister der Südlichen Song-Dynastie *Wen Tianxiang* (1236-1283) lebte), geografischen Besonderheiten (*Sanlihe Nanxiang*, nach dem Drei Li* Fluss benannt) oder schlicht Handelswaren (*Ganmian Hutong*, wo es Mehl zu kaufen gab, oder *Caishikou*, ein Gemüsemarkt).

Viele Gassen haben im Laufe der Jahre ihren Namen gewechselt. Meist aus ästhetischen Gründen (aus der Mistkäfergasse, *Shikelang Hutong*, wurde die Immer-Hell-Gasse, *Shikeliang Hutong*), während der Kulturrevolution (1966-1976) jedoch aus politischer Überzeugung. Über 100 Gassen bekamen den Zusatz rot, *hóng*, und es gab 27 Gassen mit dem Namen »Rote Sonne«, *hóng rì*. Manche Namen wurden sogar komplett geändert, wie der *Babaolou Hutong*, Acht-Kostbarkeiten-Gasse. Er hieß zu Zeiten der Kulturrevolution *Miezi Hutong*, Eliminierung-der-Bourgeoisie-Gasse. Heute hat er seinen alten Namen wieder.

Mit der rasanten Stadtentwicklung in der jüngeren Zeit verschwanden viele dieser urigen *hútòng*, nur knapp 1.000 haben überlebt. Abgesehen davon, dass immer mehr Einwohner in Peking lebten und händeringend Wohnraum gebraucht wurde, stellten die sanitären Anlagen ein Problem dar, besser gesagt: die Nicht-Existenz solcher. Die Einwohner von Chinas Hauptstadt sollten schließlich nicht wie vor 500 Jahren leben, sondern in modernen Hochhäusern. Peters Häuschen ohne Toilette ist also keine Ausnahme, sondern die Regel. Nur wenige kamen auf die Idee, in die noch bestehenden Häuschen sanitäre Anlagen einzubauen. Noch immer müssen die Bewohner der *hútòng* also öffentliche Toiletten aufsuchen. Oder man sieht sie mit Omas Nachttopf durch die Gegend laufen.

---

* *Li* ist eine chinesische Maßeinheit, die ungefähr 500 Metern entspricht. *San* bedeutet drei.

Nur die teuer renovierten Hofhäuser verfügen mittlerweile über Heizung, Badezimmer und Einbauküchen. Sie sind aber für den *lǎobǎixìng*, den einfachen Bürger, finanziell unerschwinglich.

8   Xiá Bù Yǎn Yú*

Eine kleine Schwäche tut dem Ganzen keinen Abbruch

Peter ist glücklich. Gerade hat er den Vertrag für seine neue Wohnung unterschrieben und steht nun mit dem Schlüssel in der Hand vor der Tür. Der Kleine Li will gleich mit einem Handwerker vorbeikommen, denn ein wenig Farbe kann dem kleinen Häuschen nicht schaden**. Vor allem fehlt aber noch das Badezimmer!

Als Peter den Schlüssel in die rot lackierte Holztür steckt, passiert erst einmal gar nichts. Immer wieder dreht er den Schlüssel nach links, rüttelt an der Tür und versucht es schließlich mit Gefühl. Nichts regt sich. Außer der Nachbarin. Sie steht plötzlich mit ihrem kleinen Kind hinter ihm.

»*Nǐ hǎo*«, grüßt sie.

»Guten Tag«, stottert Peter zurück.

»Ziehst du hier ein?«

Peter nickt.

Sie schaut interessiert zu, wie Peter weiter an dem Schloss herumfuhrwerkt, und leiert nebenbei den ihm bekannten Fragenkatalog*** zu seiner Person herunter.

---

* Wörtlich: Ein Makel trübt den Glanz der Jade nicht.
** Im Gegensatz zu Deutschland, wo meist der Vormieter noch mal bei Auszug renoviert, mietet man in China sozusagen den Rohbau, inklusive Dreck und Sperrmüll vom Vormieter. Das kann erst unangenehm sein, zieht man aber selber wieder aus, ist man dankbar dafür. Natürlich kann man verlangen, dass der Müll noch weggebracht wird - allerdings können sich auch nützliche Dinge zwischen den Hinterlassenschaften befinden, diese Chance lässt der sparsame Chinese nicht ungenutzt.
*** Siehe Kapitel 2 »*Yì Kǒu Tóng Shēng*«

Mühevoll antwortet Peter - sich auf zwei Dinge zu konzentrieren, fällt ihm gerade schwer. Aber, stellt er erfreut fest, diese Antworten kann er in einem schon fast perfekten Chinesisch geben. Wiederholungen üben enorm!

Seine Nachbarin setzt ihr Kind ab, das sich Halt suchend an ihr Bein klammert, nimmt ungefragt den Schlüssel, dreht ihn nach rechts, um mithilfe eines kleinen Fußtritts die Tür zu öffnen. »Das Holz verzieht sich im Winter, da geht sie schwerer auf«, erklärt sie gelassen.

Und nebenbei bemerkt, denkt Peter, schließen Türen in China entgegengesetzt zu deutschen auf.

Er seufzt, bedankt sich und will ihren kleinen Sohn, der wieder zufrieden auf ihrem Arm thront, tätscheln. Doch der dreht sich, nun nicht mehr ganz so zufrieden, weg und strampelt schreiend auf Mamas Arm. Statt des Gesichts lacht Peter jetzt ein nackter Po entgegen. Alle Kinderhosen hier haben statt Hosenboden nur einen langen Schlitz im Schritt. Peter lächelt entschuldigend und wendet sich der neuen Wohnung zu, es gibt ja noch viel zu tun.

Kāidāngkù – Schlitzhosen

Kein lästiges Wickeln mehr, und ohne die riesige Reisetasche für die lieben Kleinen das Haus verlassen – ein Traum jeder europäischen Mutter. In China ist das gang und gäbe, schon seit über 60 Jahren tragen die Sprösslinge dort Schlitzhosen, mit denen sie sich einfach hinhocken oder von den Eltern über den Bordstein gehalten werden, um sich zu erleichtern. Wund durch Windeln, ein Fremdwort für Chinesen. Die Angst, dass doch mal was daneben gehen kann, ist minimal. Zum einen leben die Kinder in der ersten Zeit praktisch auf dem Arm der Mutter, die jede Regung spürt. So angeblich auch den Harndrang des Nachwuchses. Zum anderen gibt es in den Wohnungen keine Teppiche, auch dort ist ein Unglück also schnell aufgewischt. Die Chinesen behaupten, dass Kinder dadurch schneller sauber werden, weil sie bewusster mit den Ausscheidungen umgehen.

Seit ein paar Jahren geht der Trend der städtischen Mittelklasse nun aber doch zur Windel. Nicht etwa aus Angst vor Krankheiten, die Höschen gibt es schließlich auch in der wattierten Winterversion. Nein, zivilisiertes Verhalten und Hygiene sind die Hauptgründe dafür. Die Windelindustrie freut's.

Die Wände sind grau und dreckig, der Boden besteht aus blankem Beton, und, wie gesagt, das Badezimmer fehlt. Die Duschbrause hängt lose an der Wand, unten im Boden ist ein Ablauf. Peter erinnert sich, dass es auch beim Kleinen Li kein Duschbecken oder gar Duschvorhang gab. In China duscht man also direkt über der Toilette.

Gäbe es denn eine, denkt Peter.

Der Kleine Li erscheint, mit ihm kommt Meister Bo, der Handwerker. Er hat auch gleich drei Helfer mitgebracht, die nach kurzen Anweisungen beginnen, die Pinsel zu schwingen. Mit Rahmen abkleben oder den Boden mit Plastik auslegen halten sie sich gar nicht erst auf. Der Boden ist sowieso schon mit Farbklecksen übersät*. Sie spritzen und kleckern also munter drauflos.

Meister Bo prüft die vorhandenen Rohrleitungen, spricht mit Peter die Stellen für Wanne und Toilette ab und beginnt, den Boden aufzureißen, um die Anschlüsse vorzubereiten. Heißwasser oder eine Gasleitung gibt es nicht, nur einen kleinen Durchlauferhitzer im Bad und die große Gasflasche in der Küche zum Kochen, allerdings noch ohne Gasherd. Zwei alte Porzellanwaschbecken auf Metallständern sind praktisch die einzigen Einrichtungsgegenstände in dem ganzen Häuschen.

Der Kleine Li hat von einem Bekannten eine kleine Badewanne und einen Kühlschrank besorgt, die Toilette bringt Meister Bo am nächsten Tag mit.

»Übermorgen sind wir fertig«, brummelt er in das Abflussrohr auf Peters Frage, wie lange alles wohl dauern würde. Zwei Tage für Renovieren und Badezimmer Installieren, das ist ja flott!

»Nie Papier in die Toilette werfen, sie verstopft!«, warnt er Peter noch. Meister Bo zeigt ihm das Rohr, welches tatsäch-

---

* Abgesehen von reicheren Chinesen, die Wert auf Ästhetik legen und ihre teure Inneneinrichtung nicht verhunzen wollen, kümmert sich der gemeine Chinese nicht um solche Kleckser. Im Laufe der Wohnzeit kommen eh noch mehr hinzu, warum also schrubben?

lich einen schmalen Durchmesser hat. »Früher gab es in keinem Haus eine Toilette oder ein Badzimmer, deswegen wurden gar nicht erst dicke Rohre verlegt. Wozu?«, erklärt Meister Bo mit der chinesischen Logik, nach der das Nötigste schon reichlich ist. »Und groß machst du am besten auch nur auf der öffentlichen Toilette«, fügt er mahnend hinzu.

Hm, das war ja nicht in Peters Sinne. Er befindet aber mit seinem laienhaften Blick, dass das Rohr durchaus groß genug für »groß« ist. Er wird es einfach drauf ankommen lassen. Die Telefonnummer von Meister Bo hat er ja.

Mit dem Kleinen Li misst er die Zimmer aus, er möchte Laminat verlegen, und stutzt. Wo sind eigentlich die Heizkörper?

»Es gibt keine«, bestätigt der Kleine Li. »In einigen Hofhäusern wird mit Kohle geheizt, entweder hast du einen Ofen im Zimmer stehen oder der große Kohleofen beheizt Wasser in den Heizkörpern. Du, äh, musst wohl mit Strom heizen.«*

Peter fragt sich, wie er das übersehen konnte, und fügt niedergeschlagen das Wort »Radiatoren« seiner schon langen Einkaufsliste hinzu.

Es klopft an der Hoftür. Der Bekannte vom Kleinen Li bringt die Wanne und den Kühlschrank. Alle packen mit an, doch der Zuber, eine lustige Sitzbadewanne, passt nicht durch die Tür zum Bad. Meister Bo macht sich mit seinem Zollstock mal hier, mal dort zu schaffen und befiehlt dann seinen Helfern, die Wanne durch das Fenster zu hieven.

Bei dem Werkeln geht eine Scheibe zu Bruch, was niemanden

---

* Noch immer gibt es viele Häuser, die mit Kohle heizen. Im Winter liegen wahre Kohleberge vor den einzelnen Wohnungen im Innenhof, die per Lastenfahrrad geliefert und Stück für Stück hineingetragen werden. Ein Kohleofen ist keinem zu empfehlen, der länger als acht Stunden aus dem Haus ist, dann nämlich ist die Kohle im Ofen verglüht und muss neu entfacht werden. Ein mühevolles System. Zur Schonung der Umwelt hat die Pekinger Regierung vor ein paar Jahren begonnen, die Kohleheizung durch elektrische Nachtspeicheröfen auszutauschen. In Neubauten werden Wasser und Heizungen mit Gas erhitzt.

außer Peter interessiert. Denn schon steht das gute Stück passgenau unter dem Duschkopf.

»Um die Ecke ist ein Glaser«, grummelt Meister Bo unter der Wanne hervor. Verantwortlich fühlt er sich nicht für den Schaden.

»Das kostet zwei Euro«, versichert der Kleine Li, »und ist in fünf Minuten erledigt.«

»Auch an einem Sonntag?«

Verblüfft fragt der Kleine Li: »Wie lange bist du schon da? Ist dir noch nie aufgefallen, dass die Läden bis spät am Abend geöffnet sind, täglich?«*

Langsam wird es dunkel, Meister Bo packt seine Rohrzange ein und brummelt in die Werkzeugtasche: »Bis morgen!« Mit seinen Helfern im Schlepptau schlurft er von dannen.

»Ich dachte immer, ein *sìhéyuàn* wäre größer«, sagt Peter plötzlich.

»Waren sie normalerweise auch, aber die Zeiten ändern sich«, entgegnet der Kleine Li und schließt einen historischen Abriss über die traditionellen Pekinger Hofhäuser an.

Pekinger sìhéyuàn

Genau wie die *hútòng* sind auch die *sìhéyuàn* Anfang der Yuan-Dynastie, also im 13. Jahrhundert, erstmals aufgetaucht. Aber das ist auch kein Wunder, lag Peking doch damals in Schutt und Asche, und die kaiserlichen Architekten konnten sich munter am Reisbrett austoben. Nun scheint es ein wenig einfallslos, die Stadthäuser ähnlich wie den Kaiserpalast zu entwerfen. Aber im Gegensatz zu Südchina, wo die Architektur damals schon den Trend des Mehrstockwerks verfolgte, sollte in Peking aus klimatischen Gründen die Sonne den Hof bescheinen. Daher kamen nur einstöckige Wohnhäuser infrage. Und warum nicht

---

* Neben einigen anderen in Deutschland geltenden Gesetzen existiert auch das Ladenschlussgesetz nicht in China!

die bewährte kaiserliche Baukunst nutzen?

Die Anordnung der Räumlichkeiten folgte dabei der chinesischen Ehrfurcht vor dem Himmel (Norden) und der Erde (Süden): Das Zentrum liegt im Norden, von wo aus der Kaiser in den Süden, auf sein Volk, schauen konnte. Dieses Prinzip ist bei allen Hofhäusern, egal ob kaiserlicher Palast oder frugales Anwesen, das gleiche und geradezu simpel: Um einen Hof herum liegen im Norden, Süden, Osten und Westen die Wohngebäude, allesamt eingeschlossen von einer mannshohen Mauer, mit Fenstern, die nur zum Innenhof, nie nach außen zeigen. Der Hausherr residierte im nördlichen Gemach, mit Blick auf seine Ehefrauen*, Kinder und Untertanen.

Es lebten immer mehrere Generationen in einem *sìhéyuàn*, wobei die Verteilung der Zimmer entsprechend der Stellung innerhalb der Familie erfolgte. Die Bediensteten lebten meistens in dem südlichen Gebäude mit Blick nach Norden, rechts und links waren die Ehefrauen mit den Kindern untergebracht. Ein einfacher *sìhéyuàn* hatte nur einen Innenhof. Reiche und angesehene Bürger bewohnten dagegen großzügige Anwesen mit mehreren Höfen, Gärten und Wohnhäusern. Die ganz Armen wohnten in einem Verbund von mehreren Hofhäusern bzw. Zimmern, die sie sich teilten.

Hauste ein Chinese mit niedrigem sozialem Status in einem Luxushäuschen, konnte er dafür strafrechtlich verfolgt und im schlimmsten Fall sogar hingerichtet werden. Das hat Peter natürlich nicht zu befürchten. Ihm wird aber klar, dass sein Häuschen, im Verbund mit anderen Hofhäusern und einzeln stehenden Gebäuden unter einer Hausnummer, demnach in die ärmere Kategorie einzuordnen ist.

* Im imperialen China hatten Männer oftmals mehrere Frauen, und je höher seine Position in der Gesellschaft war, umso mehr Frauen durfte der Mann haben. Mit dem Fall des Kaiserreichs 1911 wurde die Polygamie verboten, es gab noch ein paar Konkubinen, aber nach Mao Zedongs Machtergreifung 1949 waren auch diese verboten. Männer (einschließlich Mao) mussten sich dann mit heimlichen Mätressen zufriedengeben.

Nach der Gründung der Volksrepublik entstand ein Wohnungszuweisungssystem, im Zuge dessen auch herrschaftliche Hofhäuser in Mehrfamilienhöfe umfunktioniert wurden. Mit der Modernisierung Chinas Anfang der 1980er Jahre verschwanden immer mehr *hútòng* und damit auch die traditionellen *sìhéyuàn*. Der stete Zustrom von Menschen, die in der Hauptstadt ihr Glück machen wollten, verlangte nach mehr Wohnraum. Einstöckige Häuser wurden unwirtschaftlich.

In den Jahren 1991 bis 1999 sollen jährlich 70.000 Menschen umgesiedelt worden sein, um Platz für Hochhäuser und Einkaufszentren zu schaffen*. Es gab viele dramatische Geschichten von Anwohnern, die auf den Dächern ihrer Hofhäuser standen, Aug in Aug mit der Abrisskugel. Jeder einzelne hatte den Kampf verloren, und die Häuser wurden dem Erdboden gleichgemacht.

Bei Spaziergängen durch noch vorhandene *hútòng* wies das Schriftzeichen *chāi*, Abriss, auf den Mauerwänden darauf hin, dass auch hier demnächst ein Bürogebäude oder Luxushotel erwachen wird. Nicht nur Betroffene, auch Künstler, chinesische Kritiker und selbst Historiker reichten bei der Regierung Beschwerden ein. Teils aus Eigennutz - wer wird schon gerne aus seinem Zuhause vertrieben? - teils aus Traditionsgründen. Mit jedem Hofhäuschen und jeder Gasse gehe auch ein Stück chinesischer Geschichte verloren.

Mittlerweile stehen einige *hútòng* unter Denkmalschutz, und die Hofhäuser werden renoviert. Vielleicht dauert es noch ein paar Jahre, bis die Farben wieder ein wenig verblasst sind und sie den alten Charakter zurückerlangen. Dann jedoch spiegeln sie das Flair der alten, traditionellen *sìhéyuàn* von Neuem wider.

---

* Noch eine Zahl für Sie: Für den Bau der olympischen Stadien fielen noch einmal 1,5 Millionen Menschen diesen Zwangsumsiedlungen zum Opfer. Proteste und Petitionen waren zwecklos. Die neue Infrastruktur käme ja jetzt den Bürgern, auch nach den Spielen, zugute, sagte die Regierung allen Kritikern.

9   Guā Shú Dì Luò*

Zur rechten Zeit fällt alles leicht

Endlich Zeit für Besichtigungen! Peter macht sich auf zum Stadtzentrum, trinkt noch schnell zwei Kaffee, jedenfalls wurde das Getränk auf der Speisekarte in dem kleinen Café so genannt**, und läuft dann durch die *hútòng* nördlich vom Kaiserpalast. Er kommt nicht weit, der Druck auf seiner Blase gebietet keinen langen Aufschub mehr. Sein letzter Gang im Café ist auch schon wieder eine Weile her, dort gab es sogar ein westliches Klo zum Sitzen. Lustig fand er das Schild daneben auf Chinesisch und Englisch: ›No shitting please!‹ So, so, auch hier gibt es wohl kleine Abflussrohre. Und um den Abfluss des großen Geschäfts noch zusätzlich zu verhindern, war ein Netz in der Kloschüssel angebracht. Was die Leute wohl machen, wenn sie aus Versehen doch groß machen? Er denkt lieber nicht weiter darüber nach...

Wie er von der Wohnungssuche weiß, gibt es in den kleinen Gassen an jeder Ecke eine öffentliche Toilette. Die erste erkennt er auch schon am Geruch. Ganz wohl ist ihm nicht, als er hineingeht, und sein Gefühl wird leider auch bestätigt. Nebeneinander, im Abstand von vielleicht achtzig Zentimetern, befinden sich rechteckige Löcher im Boden, durch die man die Ergeb-

---

* Wörtlich: Wenn die Melone reif ist, fällt der Stiel ab.
** China ist ein Tee-Land, das weiß jeder. Guten Kaffee gibt es demnach auch nicht überall. Erschrecken Sie nicht, wenn Sie entweder erst gar keinen auf der Speisekarte finden oder ein durchsichtiges Gebräu bekommen. Hier gilt die Redensart: Wenn in Rom, mach es wie die Römer. Trinken Sie also lieber Tee! (Das heißt aber nicht, dass es nicht auch guten Kaffee gibt. Nur eben nicht überall.)

nisse der Verdauung eingehend betrachten kann. Der Gestank beißt schmerzvoll in der Nase. Trennwände fehlen, und der dort hockende Chinese wirkt überrascht ob Peters Erscheinen. Waschbecken oder überhaupt eine Wasserzufuhr fehlen gänzlich. Nun, so schlimm ist der Harndrang bei Peter doch noch nicht, er macht also schnell kehrt und führt seinen Weg fort.

Wie erwartet findet er die nächste Toilette ein paar Hundert Meter weiter. Der Geruch ist nicht ganz so extrem und, ja, es gibt Trennwände. Aber keine Türen oder Waschbecken. Die Löcher sind hier auch mit einer kleinen Umrandung versehen, geriffelte Stellplätze für die Füße inklusive. Sogar eine Wasserspülung ist installiert. Einige haben ihre Hockposition aber offenbar nicht genau berechnet, wie die getrockneten, braunen Flecken auf dem Porzellan demonstrieren.

Peter wählt die Kabine am Ende der Reihe und macht sich an seiner Hose zu schaffen. Ein Mann, zwei Latrinen vor ihm, gibt seine Bemühungen ungeniert und lautstark kund: »Uaaah.«

Ein Stoßseufzer und Hecheln folgen.

»Mmmmh. Aaaaah.«

Ein dumpfes Plumpsgeräusch meldet den Erfolg. Peter ist gehemmt. Irgendwie will es nicht laufen. Unverrichteter Dinge schließt er seine Hose und geht an dem Mann mit dem hochroten Kopf vorbei, darauf achtend, ihn nicht mit Blicken zu stören. Er kann sich in solch einer Situation einfach nicht entspannen.

Kurz vor der großen Chang'an Allee, die zum Kaiserpalast führt, ist wieder eine Toilette. Außen ist eine kleine Tafel aus Messing vom Pekinger Tourismusbüro angebracht. Stolz verkündet sie, dass es sich um ein Zwei-Sterne-Klo handelt. Erfreut nimmt Peter die Gelegenheit wahr und betritt die Örtlichkeiten. Am Eingang gibt es Waschbecken, die sogar recht sauber sind, jede Toilette ist sowohl abgetrennt, als auch mit einer Tür verschließbar, und die Pissoire haben einen kleinen Blickschutz.

Zwei Männer stehen, sich unterhaltend, schon dort, Peter gibt sich keine Blöße und reiht sich ein.

Das Gespräch verstummt, aber nur kurz, dann kommt, von dem Geräusch des Urinstrahls begleitet, die Frage: »Aus welchem Land kommst du?«

Verblüfft hält Peter inne. Meinen sie etwa ihn? Klar, so neugierig, wie sie ihn anschauen. »Äh, aus Deutschland.«

»Deutschland ist gut«, sagt der Eine, während er sein gutes Stück ein wenig schüttelt. »Was machst du hier?«

Das darf doch nicht wahr sein! Da möchte man nur ruhig auf die Toilette gehen und muss selbst dort diesen Fragenkatalog über sich ergehen lassen.

»Ich studiere«, presst Peter hervor. Worte sind leider das Einzige, was gerade aus ihm heraus fließt.

Der zweite Mann packt ebenfalls alles ein und zieht den Reisverschluss seiner Hose nach oben. Keiner der Männer macht allerdings Anstalten, zu gehen - im Gegenteil, interessiert betrachten sie Peters männliche Anatomie.

»Du sprichst gut Chinesisch«, findet einer der beiden.

Lüge, denkt Peter, und überhaupt, warum geht ihr denn nicht? »Danke«, müht er sich ab und versucht sich auf sein eigentliches Vorhaben zu konzentrieren.

Eine Klospülung rauscht und ein dritter Chinese, noch an seiner Hose nestelnd, erscheint auf der Bildfläche. »Es gibt viele Deutsche in Peking«, trägt er zur Unterhaltung bei.

»Produkte aus Deutschland haben eine gute Qualität«, weiß der Erste. »Benz, VW, BMW«, zählt er auf.

»Es ist auch ein Fußballland«, erweitert der zweite Mann den Gedankenaustausch und glänzt mit einigen Namen berühmter deutscher Fußballer.

Peter gibt auf. Dieses Gespräch wird nicht eher enden, bis er gegangen ist. Warum also nicht gleich? Es gibt bestimmt noch eine Toilette im Kaiserpalast. Als er zum Gruß nickend an ihnen vorbei geht, sagt der eine etwas, was er nicht versteht, die anderen beiden aber erheitert. Wahrscheinlich lachen sie ihn aus, weil er nicht pinkeln konnte.*

Bei seinem Blick in eine Toilettenkabine fällt ihm auf, dass dort Sitzklos eingebaut sind und an der Tür ein Schild hängt. Darauf sind sechs Strichmännchen abgebildet, die in verschiedenen Varianten die Toilette benutzen: sitzend, stehend hineinpinkelnd, die gleiche Variante noch mal, diesmal mit dem Deckel auf der Brille, aus der Schüssel trinkend, auf der Schüssel hockend und wie ein urinierender Hund davor kniend. Bis auf die Sitzpositionen sind alle anderen rot durchgestrichen. Schlagartig erinnert sich Peter an die Fußabtritte auf der Brille im Flugzeugklo, als er nach Peking kam.** Da hätte auch so ein Hinweisschild hängen müssen.

Noch einmal nickend verlässt er die Örtlichkeiten und nimmt den direkten Weg zum Kaiserpalast. Langsam drängt die Blase arg. Mental schlägt er sich mit der flachen Hand auf die Stirn: Warum ist er bloß nicht in eine dieser Kabinen gegangen? Da hätte er doch die benötigte Privatsphäre gehabt! Er hat wohl an nichts anderes als an seine Flucht denken können. Aber es hilft ja nichts, jetzt muss er schauen, dass er schnellstmöglich auf eine der Toilette im Palast kommt.

Er kauft sich schnell eine Eintrittskarte und fragt nach der Toilette. Der Befragte zeigt auf ein edles, chinesisch verziertes Häuschen. Eine ähnliche Plakette, wie bei der anderen Toilette, hängt neben der Tür - und erfreut zählt Peter die Sterne: vier Stück!

---

* Was Peter als Auslachen empfindet, ist für die Männer einfach nur eine Feststellung, wenn auch eine lustige. Chinesen nehmen in manchen Momenten kein Blatt vor den Mund, sie sagen, wie es ist. Für uns kann das peinlich sein, aber mal ehrlich: Ein Volk, das unter Gesichtsverlustangst leidet, kann doch wirklich nicht fähig sein, andere in die Pfanne zu hauen, oder?
** Es ist kein Scherz! Einige Chinesen sind so an die Hockversion gewöhnt, dass sie sich auf den Rand der Sitzklos stellen, um sich dann hinhocken zu können. Eine tiefe Hocke ist allerdings auch nicht so anstrengend wie eine halbe Hocke, bei der man versucht, nicht die Brille zu berühren.

Ehrfurchtsvoll betritt er die sanitäre Anlage. Leise Musik empfängt ihn sowie ein Angestellter mit einem Putzlappen in der Hand, der ihn schweigend zum Warten auffordert. Über einen Bildschirm flackern Bilder des Kaiserpalasts in künstlerischen Überblendungen, Tuben und Döschen mit verschiedenen Reinigungs- und Pflegeprodukten reihen sich auf dem Waschbecken, Stühle laden die Wartenden zum Ausruhen ein. Alle paar Sekunden ertönt das pfeifende Geräusch eines Duftspenders. Lavendelduft schwebt durch die Luft. Ah, das ist doch im Vergleich zur ersten Toilette eine wahre Wohltat! Sogar Einrichtungen für Behinderte sind installiert worden.

Behinderte in China

Selten sieht man Rollstuhlfahrer oder Menschen mit anderen körperlichen oder geistigen Behinderungen auf den Straßen Pekings. Das liegt nicht nur daran, dass die Bürgersteige mit den hohen Bordkanten und Schlaglöchern ungeeignet für Rollstühle und Blinde sind, ganz zu schweigen von der Lebensgefahr, die von rücksichtslosen Autofahrern ausgeht. Lange Zeit galten sie als Schande der Familie. Sie wurden versteckt, in Heime abgeschoben oder einfach auf sich alleine gestellt gelassen. Staatliche Unterstützung gab es keine, wodurch viele am Rande der Armutsgrenze lebten. Ende der 1980er Jahre erlangten die Behinderten durch den querschnittsgelähmten Sohn Deng Xiaopings mehr Aufmerksamkeit. Die von ihm gegründete Behindertenvereinigung hat Betreuungszentren eingerichtet und dafür gesorgt, dass sie Sozialhilfe bekommen. 1991 wurde ihnen gesetzlich das Recht auf einen Studienplatz zugesprochen. Durch den Zuschlag für die Olympischen Spiele und somit auch die Ausrichtung der Paralympics hat China ein Gesetz erlassen, nachdem Firmen eine bestimmte Quote an behinderten Angestellten zu erfüllen haben. In China gibt es über 83 Millionen Behinderte. Aber noch immer gibt der Großteil von ihnen an, keine adäquate Unterstützung vom Staat zu erhalten.

Die Reihe ist an Peter. Er sucht sich diesmal lieber eine Kabine aus. Kaum dass er fertig ist, spült die Toilette automatisch. Der Raumpfleger steht schon draußen, um flugs über die Brille zu wischen und den nächsten Benutzer hineinzubitten. Genauso fix steht er wieder neben Peter, um ihm flüssige Seife aus einem Spender zu kredenzen und kurz danach ein ordentlich gefaltetes, warmes Handtuch.

Nach einem letzten Blick in den Spiegel beginnt Peter endlich seine Besichtigungstour, jedoch nicht ohne vorher noch einen Kaffee zu trinken. Wo er den wieder entspannt loswird, weiß er ja jetzt.

Die chinesische Toilettenkultur

Dass Peters Hofhäuschen keine Toilette hat, ist nunmehr nichts Besonderes. Aber selbst der Kaiser hatte in seinem Palast kein stilles Örtchen. Natürlich ist er nicht zu den öffentlichen Klos um die Ecke gegangen. Er hatte Diener, die seinen Nachttopf entleerten. Allerdings verpasste der Kaiser dadurch auch einen wichtigen sozialen Aspekt, der den Chinesen eigen ist: Geselligkeit. Denn das stille Örtchen ist in China meist alles andere als still.

Hier treffen sich die Nachbarn, tauschen den neuesten Klatsch aus, diskutieren private Probleme oder analysieren politische Neuigkeiten. Was bei uns der Friseur ist, ist in China das öffentliche WC. Im Winter ohne Heizung, im Sommer ohne Lüftung, es scheint nicht der idealste Ort für Plaudereien zu sein. Dennoch hat er sich als solcher bewährt.

Nachdem die Regierung lange Jahre darum kämpfte, die Schüsseln des Volkes mit Reis zu füllen, war in den 1980er Jahren die Zeit gekommen, sich auch um eine angemessene Entsorgung dessen zu kümmern. In den Städten entstanden Latrinen, die zwar noch immer keinen einzigen Stern erhalten hätten, aber doch besser waren als die Löcher im Boden, die per Schaufel entleert wurden.

»Wie kann es sein, dass China Satelliten bauen kann, aber keine Toilette, die nicht stinkt?«, fragte schon Chinas früherer Staats- und Parteichef Jiang Zemin*. Eine berechtigte und noch immer unbeantwortete Frage.

* Jiang Zemin war von 1993 bis 2003 Staatspräsident der Volksrepublik China. 2003 wurde er von Hu Jintao abgelöst.

Doch es hat sich was getan. »Der Ruf der Nation und der ganzen Gesellschaft steht und fällt mit ihren Toiletten«, befand ein Direktor des Tourismusbüros. Der Gang zum Klo wäre schließlich ein elementares Menschenrecht. Und mit dem Zuschlag zur Ausrichtung der Olympischen Spiele 2008 wurde das Toilettenproblem dann auch akuter.

Tausende von Toiletten sanierte und errichtete die Regierung alleine in Peking. Unterschiedliche Kategorien wurden mit dem sich im Hotel- und Restaurantwesen bewährten Sterne-System gekennzeichnet. Auch für das Design und die Hygieneanforderungen ließen sich die Toilettenbauer einiges einfallen. So steht in einem Pekinger Park ein Toilettenhäuschen in Form eines Marienkäfers, oder der Gast pinkelt in eine Plastiktüte, die beim »Spülen« automatisch neu über die Schüssel gezogen, während die benutzte Tüte mit einem lauten Knall eingesogen und gleichzeitig hermetisch verschlossen wird. Die WTO*, Welttoilettenorganisation, hält ein wachsames Auge auf die Hygienestandards ihrer über 190 Mitgliedsstaaten, zu denen auch China zählt. In Peking, Shanghai und anderen Großstädten hat dies schon gut funktioniert. Auf dem Land erwarten Sie weiterhin Donnerbalken, die ihrem Namen mehr als gerecht werden. Hier hilft dann nur eines: am besten Nase zuhalten und sich beeilen! Oder das ganz öffentliche Klo aufsuchen: ein Gebüsch.

---

* Nicht zu verwechseln mit der englischen Abkürzung WTO, der Welthandelsorganisation, *World Trade Organisation*!

10 Sī Sī Rù Kòu*

Sehr sorgfältig arbeiten

Noch viele Dinge fehlen Peter für die neue Wohnung. Heute will er erst einmal zur berühmten Einkaufsstraße Wangfujing und danach in ein Elektrokaufhaus. In der Wangfujing steht eines der ältesten und das damals größte Kaufhaus Pekings, *băihuò dàlóu* genannt, »Hundert Waren Haus«.

Geblendet von glitzernden Einkaufspassagen und Luxusboutiquen, die Peter nicht erwartet hatte, läuft er erst einmal daran vorbei. Es steht auch ein wenig zurückversetzt in unscheinbarem Mausgrau inmitten der Einkaufspracht.

Ein junges Mädchen bemerkt seinen suchenden Blick und fragt auf Englisch: »Hallo, kann ich Ihnen helfen?«

Dankbar nimmt Peter an.

»Sie sprechen gut Chinesisch«, sagt sie bewundernd, obwohl Peter doch nur *băihuò dàlóu* gesagt hat. »Wo kommen Sie her?«

Nun gut, wenn das der Preis für die Hilfe ist, zahlt Peter gerne in Form von Antworten auf den nun wohl folgenden Fragenkatalog.

Gemeinsam gehen sie ein Stück zurück, bis sie vor dem Kaufhaus stehen und die Chinesin darüber im Bilde ist, was Peter hier macht, wie lange er schon da ist, ob er verheiratet ist und so weiter. Dann sagt sie: »Ich studiere Kunst, ein Freund von mir hat ein kleines Atelier mit Bildern gleich hier um die Ecke. Haben Sie Lust mitzukommen? Er malt ganz toll und modern!«

---

* Wörtlich: Jeder Faden Seide muss durch die Kettfäden.

Der Kleine Li hatte Peter schon vorgewarnt, dass viele angebliche Studenten in der Einkaufsstraße auf Kundenfang gehen. Vor allem Ausländer mit einem dicken Portemonnaie werden in überteuerte Teehäuser oder fragwürdige Galerien verschleppt. Das Geschäft scheint sich zu lohnen, denn es laufen Hunderte davon in der Wangfujing herum. Peter lehnt ab, bedankt sich noch schnell und geht dann eiligen Schrittes durch die wattierten Decken, die als Kälteschutz vor den Türen des sozialistischen Warentempels hängen.

Von Sozialismus sieht Peter innen dann wenig, Markenparfums, elegante Körperlotionen, goldene Ohrringe und teure Uhren werden gleich im Erdgeschoss angeboten. Kunden drängen sich um die Ladentische, hinter denen gelangweilte Verkäuferinnen stehen. Ihm fällt auf, dass es keine Regale für die Selbstbedienung gibt, alles liegt hinter dem Glas der Verkaufstheken. Die Theken sind dafür überbelegt an Personal, auch wenn sie nicht sehr arbeitswillig und freundlich erscheinen.*

Er stöbert ein wenig herum, geht dann zur Rolltreppe und fährt in den nächsten Stock. Da es hier nur Damenbekleidung gibt, will er gar nicht erst verweilen. Die Rolltreppe nach oben fährt jedoch auf der anderen Seite ab, er muss also einmal durch die Stände mit Wintermänteln im Sonderangebot und langen Unterhosen aus Baumwolle. In der nächsten Etage das Gleiche, diesmal für Herren. Er studiert noch schnell den Warenwegweiser. Im vierten Stockwerk gibt es Elektroartikel, noch zwei Etagen.

Als er dort ankommt - er musste sich gezwungenermaßen wieder alle übrigen Waren der anderen Stockwerke auf dem Weg zur weiterführenden Rolltreppe anschauen - findet er nur Sportgeräte, Küchenbedarf und Freizeitutensilien. Wo zum Teufel sind denn die Elektrogeräte? Er durchquert einmal die gesamte

---

* Hier entdeckt Peter zwei Überbleibsel des Sozialismus: Gereiztheit des Personals und Überbelegung einer Arbeitsstelle. Näheres hierzu können Sie am Ende des Kapitels lesen.

Etage, findet aber, außer ein paar elektrischen Massagerollen, nichts, was mit einer Steckdose verbunden wird.

Er fragt eine Verkäuferin, die hektisch anweist: »Vierter Stock.«

Da sei er doch, sagt er ins Leere, sie ist nämlich schon wieder verschwunden, bevor die Aussage ihren Gehörgang erreicht. Er fragt eine zweite und erhält die gleiche Antwort. »Sie müssen einen Stock tiefer.«* Hm, komisch, aber wenn sie es sagt.

Und tatsächlich: Wieder unten angekommen und einmal um die Ecke geblickt, steht er zwischen laufenden Fernsehern, angeketteten Computern und brüllenden Stereoanlagen. Wie konnte er diese Kakofonie überhören?

Er begibt sich unverzüglich zu den aufgereihten Ölradiatoren und inspiziert jeden ausgiebig. Ein Verkäufer gesellt sich zu ihm und erklärt die Vorzüge jedes einzelnen Modells.

Peter versteht nur Bahnhof. Als er auch die Fragen des jungen Mannes nicht beantwortet, merkt dieser, dass es vergebliche Liebesmüh ist, und grinst verschämt.

»Ich schau selbst erst einmal«, sagt Peter zu dem Verkäufer. Die hierfür nötigen fünf Wörter Chinesisch reichen, um den Verkäufer von Peters wohl doch fließenden Sprachkenntnissen zu überzeugen.

Er stimmt erneut seine Lobesreden zu den Heizkörpern an.

»Tut mir leid, ich verstehe nicht viel Chinesisch«, bleibt Peter nichts anderes übrig, als zu gestehen.

Er spräche doch richtig gutes Chinesisch!

Peter seufzt und beschließt, die Diskussion durch konzentriertes Studieren der Waren zu beenden. Glücklicherweise sind einige Angaben auch ohne Schriftzeichen zu kennen identifizierbar, und so entschließt er sich relativ schnell für ein Modell mit der hoffentlich ausreichenden Wattstärke.

* Peter hat vergessen, dass in China das Erdgeschoss als erster Stock bezeichnet wird. Er ist mittlerweile im fünften, kein Wunder, dass er keine Elektroartikel findet.

»Zwei Stück hätte ich gerne«, bittet er den Verkäufer.

»Zwei Stück?«, fordert dieser eine erneute Bestätigung.

»Ja, zwei Stück.« Der Verkäufer nimmt seinen Quittungsblock und trägt fein säuberlich das Datum, die Marke, das Modell, die Nummer und den Einzelpreis ein. Er geht zu einem kleinen Tischchen, holt aus einer Schublade den Taschenrechner und multipliziert den Einzelpreis mit zwei. Peter ist sprachlos. Ein Radiator kostet genau vierhundert *yuán*, dafür braucht doch niemand einen Taschenrechner, oder?*

Der Verkäufer reicht Peter die Quittung mit den beiden Durchschlägen, nimmt aber nicht das bereitgehaltene Geld entgegen. Stattdessen zeigt er zur Rolltreppe.

Verständnislos schaut Peter dahin.

»Dahinten müssen Sie zahlen.«

Ach so! Peter geht in die gewiesene Richtung, läuft an dem kleinen Häuschen vorbei, auf dem in Chinesisch »Bezahlen« steht, und wird von dem Verkäufer eingeholt. Der führt ihn zu der schlafenden Frau hinter der Glasfront und klopft dagegen. Mürrisch schaut diese auf, nimmt die Quittung entgegen, stempelt alle drei Durchschläge mit unterschiedlichen Stempeln ab, tippt den Betrag in eine Kasse, klebt einen Bon auf den rosafarbenen Durchschlag, einen zweiten auf den weißen, steckt eine Quittung auf den Metallspieß neben der Kasse, nimmt Peters Geld, jagt es durch eine Zählmaschine, zählt es von Hand noch einmal nach, schiebt es wieder in die Zählmaschine, sortiert die Scheine so, dass Maos Konterfei jeweils nach oben ausgerichtet ist, legt sie dann in eine Schublade, reicht Peter zwei der gestempelten Quittung und bettet ihren Kopf wieder auf die Arme.

---

* Dass der Verkäufer diese einfache Rechnung mit einem Taschenrechner löst, ist nicht ungewöhnlich und keineswegs ein Zeichen dafür, dass jemand ein mathematischer Dummkopf ist. Sie sichern sich damit einfach nur ab, denn auf den Taschenrechner ist Verlass (abgesehen davon, dass man auch falsche Zahlen eintippen könnte). Der Hintergrund ist, dass bei Fehlern oft die Angestellten für den Schaden aufkommen müssen, sie gehen also lieber auf Nummer sicher.

Keine Ahnung, was er jetzt tun muss, sucht Peter den Verkäufer. Der winkt auch schon euphorisch. Bei ihm angekommen nimmt dieser Peter die rosafarbene Quittung ab und heftet sie zu ein paar anderen.

»Moment bitte!« Dann verschwindet er.

Peter schaut sich derweil noch ein wenig um, wird erst unruhig, als der Verkäufer nach zehn Minuten immer noch nicht da ist. Eine andere Verkäuferin beruhigt ihn und beteuert, dass der Kollege gleich wiederkäme. Es dauert allerdings noch einmal zehn Minuten, bevor der Verkäufer zurückkommt, hinter sich einen großen Karton herziehend.

»Es tut mir leid, wir haben nur noch einen von diesem Modell auf Lager«, sagt er keuchend und entschuldigend. »Möchten Sie sich vielleicht noch einen anderen aussuchen?«

Oh nein, bitte nicht noch mal alles von vorne! Glücklicherweise hatte Peter vorhin zwei Modelle in der engeren Wahl gehabt, da fällt die Entscheidung leicht. Der Verkäufer holt die gestempelte Quittung wieder hervor, füllt auf seinem Block zwei neue aus, genauso akribisch und langsam wie eben. Er reicht sie Peter. Das zweite Modell ist ein wenig billiger, deswegen muss er jetzt den ersten Kauf komplett stornieren und dann die beiden anderen Heizungen erneut bezahlen.

Der Verkäufer begleitet Peter zum Kassenhäuschen, weckt die übellaunige Kassiererin und erklärt ihr die Sachlage. Sie keift etwas, was Peter zum Glück nicht versteht, und beginnt dann mit der Bearbeitung: Sie stempelt die alten Quittungen noch einmal, druckt zwei neue Bons per Kasse aus, klebt sie auf, sortiert dann alles in unterschiedliche Fächer in der Schublade, zählt das Rückgeld für Peter per Hand, schiebt die Scheine in die Maschine, zweimal, und gibt Peter das Geld. Dann nimmt sie die neuen Quittungen, rechnet den Endbetrag mit dem Taschenrechner zusammen, zur Sicherheit dreimal, druckt zwei neue Bons, stempelt, klebt, spießt, zählt Geld - und reicht nach einer kleinen Ewigkeit die neuen Quittungen plus Durchschlag an Peter.

Der Verkäufer war derweil nicht untätig und hat die bereits aus dem Lager geholte Heizung an die Steckdose angeschlossen. Nun demonstriert er Peter, dass sie funktioniert. Er macht sie wieder aus, verpackt sie in die große Plastiktüte, stellt sie in den Karton, steckt noch eine Styroporschutzform oben drauf und klebt den Karton wieder zu.

»Moment bitte«, sagt er anschließend und verschwindet.

Unschlüssig wartet Peter. Seit geschlagenen anderthalb Stunden beschäftigt er sich jetzt schon mit dem Heizungskauf.

Fast auf die Sekunde zwanzig Minuten später taucht der Verkäufer mit der anderen Heizung auf. Vorsichtig löst er das Klebeband der Verpackung, Peter will protestieren, er möchte einfach glauben, dass sie funktioniert, doch ihm fehlen die Worte. Der innegehaltene Verkäufer setzt seine Arbeit fort, nimmt den Styroporschutz ab, holt die Heizung heraus, entfernt die Plastikhülle und stöpselt den Stecker in die Dose. Alles leuchtet, er dreht an diversen Reglern und fühlt, ob die Rillen schon warm werden.

»Sehr gut«, bestätigt Peter, dem das Leuchten Beweis genug ist, und schaut ungeduldig zu, wie der Verkäufer wieder alles sorgsam verstaut.

So, nun steht er da mit zwei großen, unhandlichen Kartons.

»Wir können auch nach Hause liefern«, bietet der Verkäufer an.

Gute Idee!

Der Chinese greift nach einem großen Formularblock und zückt den Stift. »Name?«

Peter antwortet.

Wie mit einem angeborenen Lineal malt er die Schriftzeichen in die dafür vorgesehene Reihe.

Das dauert Peter nun doch zu lange, wahrscheinlich braucht der junge Mann eine halbe Stunde für die zehn Schriftzeichen der Adresse. »Äh, kann mir nicht einfach jemand helfen? Ich nehme die doch schon direkt mit«, fragt er.

Umständlich erklärt der Verkäufer, dass die Wangfujing eine Fußgängerzone und das nächste Taxi fünfhundert Meter entfernt sei.

Wohl oder übel gönnt sich Peter den Luxus der Freihauslieferung dann doch, atmet tief durch und diktiert seine Adresse. Wenigstens ist seine Straße bekannt, obwohl es ein kleiner *hútòng* ist, und schon zwanzig Minuten später hat er den Beleg für den Lieferanten am nächsten Tag in der Hand.

Auch wenn er jetzt seine Einkäufe nicht mehr schleppen muss, die Lust aufs Einkaufen ist ihm vergangen. Er wird an einem anderen Tag den Rest besorgen. Und nur dann, wenn er danach keine weiteren Pläne mehr hat.

Die eiserne Reisschüssel

Mit der neuen kommunistischen Regierung kamen ab 1949 auch viele Reformen auf die Chinesen zu. Unter anderem die Reform der sozialen Sicherung. 1951 traten die »Regelungen für die Arbeitsversicherung in der Volksrepublik China«* in Kraft. Der Begriff Sozialversicherung wurde tunlichst gemieden, haftete ihm doch ein kapitalistischer Beigeschmack an.

Es gab auch keine Arbeitslosenversicherung, da Arbeitslosigkeit gemäß der orthodoxen marxistischen Theorie fern vom Sozialismus lag. Mit anderen Worten: Sie existierte ja gar nicht. Wozu also versichern?

* Wichtig ist hierbei noch, dass diese Regelungen nur für die Stadtbevölkerung gelten, sowohl damals als auch heute. Mit anderen Worten war bzw. ist die Mehrheit der Bevölkerung von diesem System ausgeschlossen. Die Sozialversicherung der Bauern sind ihre Kinder, besser gesagt Söhne, denn die Töchter heiraten und ziehen weg. Da käme jetzt wieder die Ein-Kind-Politik mit ins Spiel, die Sie aber in Kapitel 16 *»Jié Wài Shēng Zhī«* kennenlernen werden. Um es noch mit Zahlen auszudrücken: Ungefähr 70 % der Chinesen sind nicht abgesichert.

Die Idee nach sowjetischem Vorbild sah nun vor, dass jeder Chinese über seine Arbeitseinheit, der *dānwèi*, versichert war. Sie zahlte die Kosten für Ärzte, später die Rente, und mischte sich, nebenbei bemerkt, noch in alle möglichen privaten Dinge. Die Kosten dafür teilten sich die staatseigenen Betriebe (Privatwirtschaft gab es noch keine) mit dem Gewerkschaftsbund. Innerhalb dieses Systems waren alle Arbeitnehmer (wie in Deutschland die Beamten) unkündbar und »aßen aus der Eisernen Reisschüssel«, wie die soziale Sicherung im Volksmund genannt wurde.

Während der Kulturrevolution brach das System zusammen, da dem Gewerkschaftsbund das Mandat zur Durchführung der nationalen Sozialpolitik entzogen wurde, und die Unternehmen nur noch alleine für die Kosten aufkommen mussten. Die Position der *dānwèi* weitete sich aus, sie versicherte nicht nur ihre Angestellten, sondern vermittelte ihnen Wohnungen, übernahm die Kinderbetreuung und teilte Studienplätze zu. Ihre Autonomie, die eigene Sozialpolitik zu gestalten, führte darüber hinaus zu Missbrauch von Geldern, sowohl durch die Betriebsleitungen als auch den Arbeitnehmern. Die Kosten für die soziale Absicherung verdreifachten sich.

Ein weiteres Problem entstand durch die stetig wachsende Bevölkerung. Da Mao immer dazu aufgerufen hatte, viele Kinder zu bekommen, sie seien die Stütze des Landes, blieb den Unternehmen nichts anderes übrig, mehr Leute zu beschäftigen als nötig waren. (Wenigstens ging es auf Staatskosten.) So saßen dann zehn Mitarbeiter auf einer Position, spielten Karten und verlernten nebenbei das Arbeiten. Nur wenige fanden die Motivation, sich in ihrem Betrieb einzusetzen und etwas zu leisten.

Im Kundenverkehr führte dies zur oben erwähnten Übellaunigkeit der Verkäufer, ebenso ließ die Produktivität zu wünschen übrig. Faktisch gingen auf diese Weise die meisten Staatsbetriebe bankrott, somit auch der Staat. Ein neues System musste her.

Mitte der 1980er Jahre löste die Kommunistische Partei, nun mit Deng Xiaoping an der Spitze, die Unkündbarkeit auf. Die eiserne Reisschüssel zersprang. Und plötzlich hatte China ein Arbeitslosenproblem. Allerdings gab es noch keine bezahlbare Alternative zu der nun kaputten Reisschale. Nur langsam entwickelte sich eine Privatisierung in der Wirtschaft, die auch Versicherungsgesellschaften die Möglichkeit gab, sich der Angestellten bei Krankheit und im Alter anzunehmen.

Im heutigen System, welches 1995 seinen Ursprung fand, beteiligen sich der Staat, die Betriebe und die Arbeitnehmer zu gesetzlich festgelegten Teilen an den Kosten der Sozialversicherung. (Und, nebenbei bemerkt, hat die *dānwèi* auch nicht mehr so viel Einfluss auf das Privatleben seiner Mitglieder.) Seit 1999 gibt es auch eine Arbeitslosenversicherung, es besteht allerdings keine Versicherungspflicht, weder für Krankheit, Rente noch für Arbeitslosigkeit. Auch ist das Vertrauen in das neue System, sprich die Versicherungsanbieter, noch nicht gefestigt. Einige Chinesen hegen Zweifel, dass die neue Schüssel hält, was sie verspricht.

11 Qiān Wàn Mǎi Lín*

Gute Nachbarn sind teuer

Mit Sack und Pack, wie auch dem Kleinen Li im Schlepptau, zieht Peter in sein gemietetes Hofhäuschen ein. Es wirkt noch sehr spartanisch, aber die wesentlichen Dinge sind vorhanden: ein Bett, Kühlschrank, Gaskocher, etwas Geschirr, Tisch und zwei Stühle, elektrische Heizungen, Lampen und, worüber sich Peter besonders freut, ein eigenes Badezimmer mit Heißwasser. Sogar eine chinesische Waschmaschine hat der Kleine Li für ihn besorgen können.

Nachdem er provisorisch seinen Koffer aus- und alles, so weit es ging, weggepackt hat, trinken die beiden gemütlich eine Tasse Tee. Die Heizungen laufen auf Hochtouren, es dauert aber trotzdem, bis sich die aufgestaute Kälte verdrängen lässt.

Ein Klopfen an der Hoftür unterbricht ihre Unterhaltung. Draußen steht eine Frau mittleren Alters.

»Guten Tag«, sagt sie, »ich bin Frau Zhou vom *jūmín wěiyuánhùi.*«

»Das ist das Nachbarschaftskomitee**«, flüstert der Kleine Li Peter zu.

Peter grüßt höflich.

»Sie sind gerade eingezogen, oder?«

---

* Wörtlich: Für 10.000 *yuán* einen Nachbarn kaufen.
** Auch Straßenkomitee genannt, Genaueres zu diesem Organ lesen Sie bitte am Ende des Kapitels. Vorab sei erwähnt, dass diese strikt überprüfen, ob jemand illegal in ihrem Zuständigkeitsbereich wohnt und somit das *hùkǒu*-System (s. u.) durcheinander bringt. Jedes neue Gesicht und die dazugehörige Anmeldung werden daher kontrolliert.

»Ja, ungefähr vor zehn Minuten«, scherzt Peter. Frau Zhou findet das gar nicht lustig.*

»Aus welchem Land sind Sie?«, fragt sie weiter, während sie eifrig Notizen in ein kleines Heft macht und auch ungeniert in den Hof hineinspäht, den Kopf dabei in alle Richtungen reckend.

»Deutschland.«

Das *hùkǒuo*-System

Eingeführt 1958, sollte dieses Einwohnermeldesystem (*hùkǒu* bedeutet wörtlich Anzahl der Haushalte) die Mobilität des Volkes kontrollieren, eine Massenflucht in die Städte und somit eine Slumbildung an deren Randgebieten verhindern. Was durchaus Erfolg hatte. Darüber hinaus kam ein Chinese nur an seinem registrierten Wohnort in den Genuss von sozialen Leistungen wie Schulbildung, Krankenversicherung, Rente und Ähnliches. Kritiker machten das *hùkǒu*-System aber auch für die großen wirtschaftlichen und sozialen Unterschiede zwischen Stadt und Land verantwortlich. Städte wurden bei allen wirtschaftlichen und sozialen Entwicklungen bevorzugt, das Land vernachlässigt. Mit der Modernisierung Chinas und der gestiegenen Nachfrage an Arbeitern in den Städten wurde die Migration geduldet, jedoch fallen diese Wanderarbeiter durch das soziale Netz, weil sie sich nicht registrieren dürfen. Eine Lösung dazu ist bislang noch nicht in Sicht.

»Was machen Sie hier?«

»Warum wollen Sie das alles wissen?«, fragt Peter zurück.

Sie kneift die Lippen zusammen, der Kleine Li Peters Arm. »Er ist ganz neu in China«, verteidigt er ihn.

Sie nickt, keineswegs besänftigt. »Ich bin für sein Wohlbefinden zuständig«, erklärt sie und schaut dabei nur den Kleinen Li an, strafend, wie dieser findet.

Peter traut sich gar nichts mehr zu sagen und überlässt lieber dem Kleinen Li das Wort.

»Wohnt er hier alleine?«, will Frau Zhou dann wissen, Peter nun vollends ignorierend.

---

* Da die Nachbarschaftskomitees bekannt dafür sind, alles über jeden zu wissen, also auch als Spione betrachtet werden, ist der kleine Witz von Peter in ihren Augen eine Beleidigung, schien er doch darauf anzuspielen, dass sie wohl hinter einer Hausecke gelauert habe. Was Peter aber natürlich gar nicht meinte!

»Ja«, antwortet der Kleine Li.

»Wie lange bleibt er?«

»Ein halbes Jahr.« Sie notiert eifrig alle Informationen.

»Ist er schon angemeldet?«*

Nein, das wolle er nachher gleich tun, informiert der Kleine Li.

»Wer ist seine *dānwèi*?«

Peter holt die Anschrift der Uni und seines Professors.

Frau Zhou schreibt auch dies alles in ihr Heftchen. »Falls mal was ist«, übersetzt der Kleine Li ihren Kommentar dazu.

»Kommt er eigentlich aus Ost- oder Westdeutschland«, will Frau Zhou plötzlich wissen.**

»Es gibt nur noch ein Deutschland«, belehrt Peter, dem das Ignoriertwerden keinen Spaß mehr macht.

»Ich weiß«, antwortet Frau Zhou in einem besänftigenden Ton. Macht aber trotzdem einen Vermerk nach Peters zögerlicher Antwort.

Irgendwie gefällt ihm der Fragenkatalog der anderen Chinesen viel besser als diese politische Beurteilung. Zumal sie, seiner Meinung nach, nichts über seine Einstellung zu China aussagt.

»Darf ich noch mal fragen, warum Sie das alles wissen wollen?«, fragt Peter freundlich, aber bestimmt.

»Sie gehören jetzt zu unserer Gemeinde«, erklärt Frau Zhou.

Der Kleine Li übersetzt, als er Peters überforderten Gesichtsausdruck sieht.

»Ich bin für die Sicherheit der Anwohner zuständig und

---

* Jeder Chinese, aber auch jeder Ausländer, egal ob Tourist oder Resident, muss sich innerhalb von 24 Stunden nach Einreise oder Umzug bei seinem zugehörigen *pàichūsuò*, Polizeirevier, anmelden. Touristen, die in einem Hotel absteigen, werden automatisch vom Hotel registriert. Wer die Frist verpasst, muss mit einer Strafe rechnen. Es kann auch passieren, dass das Visum entzogen wird und die gesamte Antragsprozedur, inklusive Gebühren, erneut durchlaufen werden muss.

** Noch immer ist diese Frage für Chinesen interessant, gibt sie doch Aufschluss über die politische Gesinnung. Deutsche aus dem ehemaligen Osten werden noch immer als alte Freunde erkannt. Der Westen, mit seinem Wohlstand und Kapitalismus, ist allerdings auch sehr interessant.

möchte, dass es allen, vor allem auch unseren ausländischen Mitgliedern, gut geht.«

Peter erwartet, dass sie gleich noch ein Handbuch über die Benimmregeln der Gemeinde herausholt, aber das passiert nicht.

»Danke«, sagt stattdessen der Kleine Li. »Ich denke, Peter wird sich hier wohlfühlen.«

Die anfangs argwöhnische Stimmung ist umgeschlagen, Frau Zhou lächelt. Das erste Mal. Sie überreicht dem Kleinen Li ihre Visitenkarte. »Rufen Sie mich an, wenn etwas ist.«

Der Kleine Li bedankt sich wieder und verabschiedet die Dame.

»Was für ein Drachen«, lacht Peter.

»Sie tut nur ihre Pflicht«, sagt der Kleine Li Schulter zuckend. »Eine harmonische Gemeinde muss eben kontrolliert werden.«

Der Tee ist jetzt kalt, also bewaffnen sich die beiden mit Mietvertrag, Reisepass und der Studienbestätigung von Peters Universität und machen sich auf den Weg zum Polizeirevier, um Peter anzumelden. Es ist eine reine Formsache, völlig unkompliziert. Mit dem kleinen weißen Zettel, der seinen Aufenthalt in dem *hútòng* legalisiert, kehren Peter und der Kleine Li heim. Frau Zhou kann zufrieden sein!

Old brother is watching you

Die Idee der Nachbarschaftskomitees ist ausnahmsweise mal keine Erfindung von Mao Zedong, sondern eine Jahrhunderte alte Struktur, in der die Dorfbewohner in Haushaltsgruppen mit einem Vorsteher eingeteilt wurden. Als direkter Vorfahre der auch Straßen- oder Einwohnerkomitee genannten Gemeinden gilt das *bǎojiǎ**-System aus der Ming-Dynastie (1368-1644). In die-

---

* Übersetzt mit Hundert-Hof-Gemeinschaft war dieses System aber eine Zwangsverbindung innerhalb des Ortes, um das Volk zu kontrollieren und zu unterdrücken.

ser Organisation war der Vorsteher zuständig für die öffentliche Sicherheit, Personenregistrierung und korrekte Abführung der Steuern. Eine kollektive Haftung bei Straftaten oder Vergehen einzelner schweißte die Mitglieder der *băojiă* zusammen. (Von einem außergewöhnlich friedvollen Zusammenleben sollte man dennoch nicht ausgehen. Schwarze Schafe gab es schon immer.)

Während der Qing-Dynastie (1644-1911) verfeinerte sich der Aufbau dieser Organisation: Kreisvorsteher teilten die Bevölkerung in *pài*, zehn Haushalte, *jiă*, hundert Haushalte und *băo*, tausend Haushalte, ein. Die jeweiligen Vorsteher wurden von der Kreisregierung ernannt, und die staatliche Kontrolle bis hinein in die einzelnen Familien automatisch durchgesetzt. Nach dem Sturz des imperialen Chinas 1911 regierte das Chaos, und erst in den 1930er Jahren nahm die damals regierende *Guomindang** das alte *băojiă*-System unter dem Namen »lokale Autonomie« wieder auf. Während der japanischen Besetzung und des danach folgenden Bürgerkriegs lagen die Prioritäten der Staatsmänner natürlich auf Kampfstrategien. Die Bürger waren sich einigermaßen selbst überlassen.

Nach dem Sieg der Kommunisten wurden in den 1950er Jahren die Nachbarschaftskomitees als kleinste Regierungseinheit der Städte wieder ins Leben gerufen. (Auf dem Land übernahmen die Kommunen deren Aufgaben.) Ihre Mitglieder waren, und sind heute noch, zumeist Rentner, die dadurch einer nützlichen Beschäftigung

---

* Die Nationalistische Partei Chinas, *Guomindang*, mit Sun Yat-sen und, nach seinem Tod 1925, Chiang Kaishek an der Spitze, kämpfte nach Gründung der Republik Chinas 1911 erbittert gegen die Kommunisten. 1927 kam es zum Bürgerkrieg. Es gab immer wieder Versuche, zusammen gegen die japanische Invasion in den 1930er Jahren vorzugehen, die aber regelmäßig scheiterten. 1941 zerbrach das wackelige Bündnis endgültig, aber es sollte noch acht weitere Jahre dauern, bis die Kommunistische Partei die Nationalisten besiegte und diese nach Taiwan flüchteten. Noch heute regieren die Nachfahren Chiang Kaisheks die in Chinas Augen abtrünnige Provinz. Das Streben Taiwans nach internationaler Anerkennung als souveräner Staat führt noch immer zu politischen Konflikten zwischen dem Festland und der kleinen Insel im südchinesischen Meer. Annäherungsversuche durch wirtschaftliche und kulturelle Beziehungen haben die Situation erheblich verbessert, doch die Volksrepublik schließt eine militärische Rückeroberung nach wie vor nicht aus.

nachgehen konnten. Zuständige örtliche Behörden bestimmten die Leiter und andere bedeutende Mitarbeiter. Die Hauptbestimmungen der Straßenkomitees lagen vor allem in der öffentlichen Sicherheit, Familienplanung, Wohlfahrt beziehungsweise Unterstützung notleidender Anwohner, Schlichtung privater Probleme und natürlich dem Aufbau der Kommunistischen Partei innerhalb des Wohnviertels. Somit waren die Chinesen nicht nur durch ihre *dānwèi*, Arbeitseinheit, organisiert, sondern wurden auch noch von regelmäßigen Besuchen des Nachbarschaftskomitees behelligt. Die Einmischung in das Privatleben ging so weit, dass das Straßenkomitee nicht nur bestimmte, wann geheiratet wurde, es prüfte auch den jeweiligen Partner auf Herz und Nieren. Nach erfolgreicher Eheschließung klopfte es irgendwann wieder an die Tür, mit dem Rat, doch mal endlich Nachwuchs zu produzieren. Wurde eine Frau vor Erteilung des Ratschlags schwanger, musste sie sich eine Strafpredigt vor allen Bewohnern des Viertels anhören.

Durch den engen Kontakt mit allen Familien lastete immer der Verdacht der Spionage auf den Komiteemitgliedern. Nicht zu Unrecht allerdings. Während der vielzähligen politischen Kampagnen, wie der Bewegung der Hundert Blumen* oder dem Großen Sprung nach vorn**, um nur zwei zu nennen, waren die

---

* 1957 rief Mao Zedong sein Volk auf, Kritik an der Partei zu üben, um diese dann für die Verbesserung der KP zu nutzen. Ein Trugschluss, wie sich hinterher herausstellte. Auf diese Art konnte der große Vorsitzende nämlich seine Schäfchen in schwarz und weiß unterteilen und somit die Feinde identifizieren. 300.000 Menschen wurden als Rechte eingestuft, was sie ihr Leben lang verfolgen sollte. Sie verloren ihre Jobs, und viele von ihnen landeten sogar in Arbeitslagern und Gefängnissen.
** Schon ein Jahr später, 1958, startete Chinas Staatschef das wohl größte misslungene ökonomische Experiment der Geschichte: Um die Industrialisierung voranzutreiben, benötigte China viel Stahl. Mao befahl dem Volk, im Garten und in Hinterhöfen mit eigenen kleinen Brennöfen Stahl zu produzieren. Die gehorsamen Bauern schmolzen alles ein, was sie finden konnten: von landwirtschaftlichen Geräten über Pfannen bis hin zu Türgriffen. Der Stahl war allerdings minderwertig und zu nichts zu gebrauchen. Doch nun hatten die Bauern keine Geräte mehr, um die Felder zu bestellen. Die Folge war eine massive Hungersnot, die durch schlechtes Wetter im nächsten Jahr und den Abzug sowjetischer Hilfe 1960 noch verschlimmert wurde. Zwischen 30 und 60 Millionen Menschen waren Opfer dieses Desasters.

Straßenkomitees wertvolle Lieferanten von Informationen über antisozialistische Äußerungen der Bürger. Es war ein Leichtes, die Widersacher ausfindig und dingfest zu machen. Die meisten Tätigkeiten der Nachbarschaftskomitees waren demnach nur bei überzeugten Kommunisten wirklich angesehen.

Seit 2003 wurden ihre Zuständigkeiten eingeschränkt. Zum Beispiel benötigen Heiratswillige fortan keine Zustimmung ihres Nachbarschaftskomitees mehr. Sie sorgen allerdings immer noch für Recht und Ordnung, wie Frau Zhou, tauchen unangemeldet auf und sehen nach dem Rechten. Häufiger sind ihre Mitglieder, die rüstigen Rentner, an Straßenkreuzungen zu finden, wo sie versuchen, Fahrradfahrern und Fußgängern die Bedeutung einer roten Ampel beizubringen.

Stolz ist die Regierung allerdings auf die Umstrukturierung der Wahl des jeweiligen Vorsitzenden. Wurden sie früher noch von den Behörden bestimmt, dürfen sich seit ein paar Jahren mehrere Kandidaten aufstellen und demokratisch wählen lassen. Ein zaghafter Versuch Chinas, Demokratie auszuprobieren.

12 Pò Fǔ Chén Zhōu*

Entschlossen etwas zu Ende bringen

Eine Woche wohnt Peter schon in seinem Hofhäuschen, und plötzlich gibt es keinen Strom mehr. Verzweifelt ruft er den Kleinen Li an.

»Schau mal auf deinen Stromzähler draußen«, rät der ihm, »vielleicht ist der Strom alle.«

Strom alle? Wie soll das denn gehen?

Er steht aber wenig später, wie geheißen, vor einer langen Reihe Stromzähler. Welches ist denn jetzt seiner?

Er läuft zurück ins Wohnzimmer, wo der Kleine Li am Telefon wartet.

»Da muss der Name deines Vermieters draufstehen«, kommt der Tipp aus dem Telefon.

Peter holt den Mietvertrag, läuft wieder zu den Zählern und vergleicht die Schriftzeichen. Ah, Nummer elf, das ist seiner.

Er läuft zurück zum Telefon. »Da blinkt eine Null«, berichtet er dem Kleinen Li.

»Dann hast du alles verbraucht, du musst den Zähler wieder aufladen.«**

Und wie soll das bitte gehen?

»Dein Vermieter muss dir eine Karte zum Aufladen gegeben

* Wörtlich: Den Kochkessel zerschlagen und das Boot versenken.
** Anders als in Deutschland bezahlen viele Chinesen im Voraus ihren Strom (und auch Gas, wenn sie eine Leitung haben), der dann verbraucht werden kann. Sie müssen nur aufpassen, die Zähler wieder rechtzeitig aufzuladen, was Peter versäumt hat. Nur wenige Haushalte bekommen Rechnungen über den Verbrauch, die dann im Nachhinein beglichen werden müssen.

haben«, vermutet der Kleine Li.

Und ja, ordentlich, wie Peter ist, steckt die Karte in der Hülle mit dem Mietvertrag.

Er müsse nur zur Bank oder Post gehen, Geld einzahlen, den Zähler damit speisen und schon läuft alles wieder.

Ist zwar umständlich, aber durchaus auch alleine zu bewerkstelligen, denkt Peter.

Er geht also zur Bank gleich um die Ecke, lädt die Karte auf, steckt diese dann in den Zähler, und schon erscheint der eingezahlte Betrag. Klappt doch wunderbar!

Der Strom läuft aber immer noch nicht. Peter wählt erneut die Nummer des Kleinen Li.

»Hast du die Sicherung am Stromkasten wieder hochgeschoben?«, fragt der kundige Freund.

Natürlich nicht, er hatte auch gar keine gesehen. Sie ist nämlich versteckt hinter einer kleinen Klappe. Als er wieder zurückkommt, brennt das Kühlschranklicht, und die kleinen Lämpchen an den beiden Elektroheizungen leuchten rot. Geschafft! Er bedankt sich bei dem Kleinen Li und legt auf.

Als er bei der Bank war, war ihm ein Zettel an der Tür aufgefallen, den er jetzt, nachdem er erfolgreich die Stromnot beendet hat, genauer studiert. Mit seinen paar Brocken Chinesisch und, zugegeben, dem großen roten Wörterbuch entziffert er, dass es wohl die Wasserrechnung ist. Fragt sich nur, was er jetzt damit machen muss.

Kurzentschlossen wählt er einfach - zum dritten Mal - die Nummer vom Kleinen Li.

»Die kannst du auch bei der Bank oder Post bezahlen«, erklärt dieser geduldig.

Nun gut, er hat nichts weiter vor heute, außer Wäsche waschen, da kann er ja noch mal zur Bank gehen. Vorher belädt er die Waschmaschine, schaltet sie ein und macht sich erneut auf den Weg.

Ihn wiedererkennend lächelt die Angestellte von eben ihm freundlich entgegen. Peter legt ihr die Wasserrechnung hin und bezahlt.

Als er schließlich wieder nach Hause kommt, geht er zur Sicherheit nochmal am Stromzähler vorbei und sieht, dass von dem vorhin eingezahlten Geld schon ziemlich viel verbraucht ist - die Heizungen scheinen wahre Stromfresser zu sein. Ob der Strom überhaupt bis morgen reicht?

Die Frage wird schnell verdrängt, als er merkt, dass jener schon wieder aus ist. Das kann doch nicht sein! Geld ist doch noch da. Er prüft die Sicherung am Zähler, alles in Ordnung. Er untersucht jede Steckdose. Die im Schlafzimmer funktionieren, die restlichen in den anderen Räumen nicht. Merkwürdig.

Abermals ruft er den Kleinen Li an. »Hast du die Sicherungen geprüft?«, erkundigt er sich.

Ja, hätte er.

»Nicht die am Zähler, die in der Wohnung«, fragt der Kleine Li nach.

Ach so, nein, aber ein paar Steckdosen gehen doch.

»Du hast wahrscheinlich zwei Stromkreisläufe, es kann sein, dass nur eine Sicherung durchgebrannt ist.«

Und tatsächlich, eine Sicherung ist aus.

»Vielleicht hast du zu viele Geräte angeschlossen«, vermutet der chinesische Freund.

Peter macht eine Heizung aus und versucht erneut, die Sicherung einzuschalten. Diesmal klappt es ohne Probleme. Er hat also zukünftig die Wahl: Saubere Wäsche oder eine warme Wohnung, beides zusammen funktioniert wohl nicht.

Und bevor er weder saubere Wäsche noch eine warme Wohnung hat, macht er sich lieber wieder auf den Weg zur Bank, um noch mehr Geld auf seinem Stromzähler zu speichern. Wenn das Guthaben sich so schnell aufbraucht, kann es ja nicht schaden, etwas mehr »Puffer« zu haben.

»Das geht heute nicht mehr«, informiert ihn die schon bekannte Angestellte. »Man kann nur einmal pro Tag die Karte aufladen.«

Da hilft kein Bitten und Betteln, und auch die Aussicht, dass der arme Peter wieder ohne Strom dasteht, hat keinen Einfluss auf das Computersystem. Tja, dann muss wohl die zweite Heizung besser bis morgen ausbleiben.

Als er sich nach dem ganzen Hin und her gerade ein Päuschen gönnen will, klingelt das Telefon. Eine chinesische Ansage vom Band ertönt, Peter versteht nur Bahnhof.

Glücklicherweise wird die Ansage wiederholt, doch auch beim zweiten Mal hat er nicht viel Glück. Das Wort »Telefon« versteht er immerhin.

Die Ansage scheint eine Schleife zu sein, er holt schnell sein Diktiergerät und zeichnet die blecherne Computerstimme mit.

Anschließend drückt er auf Wahlwiederholung.

Seufzend hört sich der Kleine Li Peters neues Problem an. Als er ihm den Mitschnitt vorspielt, übersetzt der Kleine Li: »Du hast deine Telefonrechnung nicht bezahlt. Das musst du nämlich immer zwischen dem Siebten und Zwanzigsten eines Monats machen.«

»Ich habe aber keine Rechnung bekommen.«

»Die gibt es auch nicht. Du gehst einfach…«

»Lass mich raten«, stöhnt Peter, »zur Bank oder Post.«

»Genau«, bestätigt der Kleine Li. »Du musst denen nur die Telefonnummer nennen und bezahlst. Das würde ich aber heute noch erledigen, die sind sehr schnell mit Sperren.«

Ein viertes Mal steht Peter nun also vor der Angestellten. Ein noch breiteres Lächeln als zuvor begrüßt ihn. Er nennt ihr die Nummer, und eine Minute später ist der rettende Draht zum Kleinen Li gesichert.

»Bis morgen«, kichert die Angestellte. Sie hat anscheinend nicht vergessen, dass Peter ja noch Strom kaufen will.

Zurück in der Wohnung muss Peter feststellen, dass die eine Heizung tatsächlich nicht für eine kuschelige Wärme ausreicht. In der Küche sind knapp sechzehn Grad, zu kalt, um gemütlich ein gutes Buch zu lesen. Aber eigentlich gerade richtig für einen köstlichen, heißen Tee!

Während das Wasser auf der Flamme erhitzt wird, schaut Peter grübelnd auf die Gasflasche. Was, wenn die nun leer ist? Muss er dann auch zur Bank oder Post, um eine neue zu kaufen? Irgendwie scheint heute sein persönlicher Tag der häuslichen Grundversorgungsfragen zu sein – am besten sollte er auch diese Frage direkt beantworten oder beantwortet bekommen. Und dafür fällt ihm nur einer ein.

»Peter, was kann ich denn jetzt für dich tun?« Der Kleine Li klingt irgendwie ein bisschen genervt.

»Wie bekomme ich eine neue Gasflasche, wenn die alte leer ist?«

»Irgendwo muss ein Heftchen* sein, schau mal bitte nach, von welchem Jahr es ist.«

Es sei von diesem Jahr.

»Fehlt ein kleiner Schnippel in dem Heft?«, forscht der Kleine Li weiter.

Peter blättert in dem Heftchen und stößt auf zwei Seiten mit jeweils vier perforierten Marken. Eine davon fehlt.

»Dann ist die Flasche wahrscheinlich neu«, folgert der Kleine Li.

*Dieses ominöse Heftchen mit dem wohlklingenden Namen *gāngpíng shǐyòng dēngjìzhèng* enthält Bezugsscheine für Gasflaschen. Jeder Haushalt kann damit verbilligt zehn Flaschen pro Jahr beziehen. Ist das Heft aufgebraucht, muss der volle Preis der Flasche gezahlt werden. Der Unterschied beträgt ungefähr zwei Euro. Wenn Peter aber nur Tee kocht und ab zu ein Süppchen, dann wird die Flasche voraussichtlich für seine gesamte Zeit locker ausreichen.

»Sollte sie aber irgendwann leer sein, rufst du die Nummer aus dem Heftchen an, sagst denen deine Adresse, und sie liefern eine neue Flasche. Die alte wird dann gleich mitgenommen.*«

Immerhin braucht Peter dafür also nicht wieder zur Bank oder Post. Beruhigt bedankt er sich bei seinem chinesischen Freund, genießt seinen Tee und gönnt sich, und somit auch dem Kleinen Li, die verdiente Pause.

Die Sparmaßnahme, nur eine Heizung laufen zu lassen, hat Peter zwar kalte Füße während der Nacht eingebracht, aber wenigstens ist nicht wieder der Strom ausgegangen. Gleich nach dem Kaffee am Morgen macht er sich auf zur Bank und lädt seine Stromkarte auf, diesmal nicht zu knapp. Als er sie danach in den Zähler steckt, passiert allerdings rein gar nichts. Er dreht sie in jede erdenkliche Richtung: Chip nach oben, Chip nach unten, Chip nach vorne, Chip nach hinten. Nichts geht. Einmal leuchtete die Zahl der verbleibenden Einheiten zwischendrin auf, aber verändert hat sie sich während der gesamten Versuche nicht.

Die Nummer vom Kleinen Li kennt er seit gestern auswendig.

»Wo brennt es denn jetzt?«, begrüßt ihn der Freund.

Nachdem er das Problem geschildert hat, fragt ihn der Kleine Li, wie viele Einheiten denn noch auf dem Zähler sind. Peter rennt schnell raus zum Zähler, prüft die Einheiten und läuft zurück. »Vierundsechzig«, verkündet er etwas atemlos.

»Ah, kein Wunder! Du kannst den Zähler erst wieder neu einspeisen, wenn du weniger als fünfzig Einheiten hast.«

Was für ein System! Wenn er Pech hat, ist der Strom mitten in der Nacht verbraucht, nur weil er ihn nicht aufladen konnte. Ein Ausweg aus dem Dilemma drängt sich praktisch auf und

---

* Die meisten Chinesen fahren lieber selber zum Gaswerk, um die Flaschen auszutauschen. Eine Lieferung nach Hause kostet umgerechnet noch mal 50 Eurocents. Oft sieht man auf der Straße Fahrradfahrer mit einer waghalsigen Konstruktion, in der die schwere Gasflasche steckt. Das braucht Übung und ist Peter nicht anzuraten.

schlägt zwei Fliegen mit einer Klappe: Die Heizung bis zum Anschlag aufdrehen. Beide wohlgemerkt! Bis zur Schlafenszeit wird er dann locker unter fünfzig Einheiten sein, kann aufladen und entspannt im Warmen einschlummern.

Warum der Dauerauftrag dauert

Lange Zeit und bis vor Kurzem waren alle Chinesen organisiert. Nein, nicht mafiös, sondern in ihrer *dānwèi*, den Arbeitseinheiten. Jede Lebenslage deckte dieser Verband ab, von Wohnungszuteilungen und Versicherungen bis hin zu Lebensmittelmarken und Genehmigungen für eine Heirat. Alle monetären Belange wurden bequem mit dem Gehalt verrechnet. Mit anderen Worten, niemand musste sich darum kümmern, pünktlich Miete, Strom oder Wasser zu zahlen.

Später, als die *dānwèi* langsam begannen, auszusterben, lief Vieles über Bargeld. In den Banken und Postämtern konnten die Nebenkosten bezahlt werden, der Vermieter bekam sein Geld alle drei oder sechs Monate im Voraus. Mittlerweile überweisen viele Leute große Beträge wie die Miete, aber einen Bankeinzug können nur Firmen beantragen, die ein Scheckkonto haben. Privatpersonen dürfen in der Regel nur Sparbücher eröffnen.[*]

Die chinesischen Geldinstitute machen einem die Bankgeschäfte allerdings auch nicht einfach. Viele undurchsichtige Regeln schrecken den Kunden ab. Mehrmaliges Hin- und Herlaufen, bis endlich alle Papiere zusammen sind, ist keine Seltenheit. Es ist einfacher, sich anzustellen und die Überweisung bar oder mit dem Sparbuch einzuzahlen.

Ein Grund für diese komplizierten Vorgänge sind auch die zunehmenden Betrügereien. Die Banken wollen und sollen sich gründlich absichern, dass auch alles seine Richtigkeit hat. Mit

---

[*] Siehe hierzu auch Kapitel 13 »Fán Wén Rù Jié«.

gefälschten Papieren hat sich nämlich schon so mancher ein Immobiliendarlehen erschlichen.

Auch innerhalb der Banken gibt es immer mal wieder Angestellte, selbst in den Reihen des höheren Managements, die sich aus den Kassen bedienen. Gelder werden für Spekulationen an der Börse, Lotterietickets oder hinten herum für Unternehmensgründer abgezweigt, mit der Hoffnung, es ja bald zurückzahlen zu können. Die Banken gehen mit aller Macht und der 2003 ins Leben gerufenen *China Banking Regulatory Commission*, Aufsichtsbehörde des chinesischen Bankwesens, gegen die Betrügereien vor.

Die genauen Bestimmungen der Banken sollen aber auch das Volk schützen. Windige Gesellen schaffen es immer wieder, den Leuten das Geld aus der Tasche zu ziehen. Und das mit so einfachen Mitteln wie einer Kurzmitteilung.

Darin wird der SMS-Empfänger zum Beispiel sehr persönlich um Hilfe gebeten, da der Sender angeblich alles durch einen Unfall oder Überfall verloren hat und dringend Geld für ein Zugticket oder Arztrechnungen braucht. Die Kontonummer ist praktischerweise schon mit angegeben.

Eine weitere Masche sind Anrufe von angeblichen Polizisten, die davor warnen, dass es in der Bank Sicherheitsprobleme gäbe. Um den Schutz des Bankguthabens zu gewährleisten, habe die Polizei ein Sonderkonto eingerichtet, auf welches das Geld überwiesen werden solle. Ein raffiniertes Rückrufsystem sorgt dafür, dass Zweifler mit einer anderen Person verbunden werden, die diesen Umstand bestätigt.

Auch die oft vorkommenden Naturkatastrophen in China, wie Erdbeben oder Fluten, machen sich die Gauner zunutze und appellieren an das Mitgefühl. Per SMS oder durch gefälschte Internetseiten rufen sie die Bevölkerung zu Spenden auf, die dann auch prompt auf den Konten eingehen. Vor allem ältere Menschen fallen auf diese Tricks herein.

Jedoch sind nicht immer die Alten die Opfer. In einem Fall betrog ein 98-jähriger Mann einen *huáqiáo** um knapp 80.000 Euro. Er gab sich als ehemaliger Offizier der Guomindang** aus und gab vor, hohe Summen aus alten Beständen der Partei auf einem amerikanischen Bankkonto zu haben. Er bräuchte allerdings Geld, um an diese heranzukommen. Als Belohnung winkten 20 Millionen *yuán*. Der Auslandschinese, er war übrigens ein Doktor der Physik und Chemie, hatte dann brav immer wieder kleinere Beträge an den Alten überwiesen, bis er irgendwann merkte, dass er betrogen wurde. Da war es dann allerdings schon zu spät - und sein Geld weg.

* *Huáqiáo* bedeutet Auslandschinese. Die Chinesen unterscheiden sich in Festlandchinesen und Auslandschinesen. Zu Letzteren gehören diejenigen, die mal im Ausland gelebt haben oder dort geboren wurden, aber eine klare chinesische Herkunft haben.
** Die Nationalistische Partei Chinas, die 1949 von den Kommunisten besiegt wurde und sich daraufhin in Taiwan etablierte.

13 Fán Wén Rù Jié

Komplizierte Zeremonie, umständliche Förmlichkeit

Das System in Peking, Strom, Telefon und Wasser bei der Bank oder Post zu begleichen, ist Peter ein Dorn im Auge. Bei Strom und Wasser hat er keine andere Wahl, aber das Telefon kann doch auch abgebucht werden. Denkt er. Also macht er sich auf den Weg zur Telekom und fragt nach.

»Kein Problem«, sagt die nette Dame am Schalter. »Schicken Sie uns einfach ein Fax mit Ihrem Namen, Ihrer Adresse, Telefonnummer und Bankverbindung, wir ändern das dann entsprechend.«

Na, wer sagt's denn? Er braucht also nur eine chinesische Bankverbindung – das sollte doch zu schaffen sein.

Frohen Mutes geht Peter zu seiner Bank an der Ecke, um ein Konto zu eröffnen. Er zieht eine Nummer wie beim Schlachter und bekommt angezeigt, dass zehn Leute vor ihm an der Reihe sind.

Er wartet etwa dreißig Minuten, bevor seine Nummer aufgerufen wird und er sich zum Schalter begeben kann.

»Füllen Sie bitte dieses Formular aus«, wird ihm aufgetragen. Alles auf Chinesisch, das meiste kann Peter nicht lesen. Geschweige denn schreiben. Glücklicherweise ist das Mädchen am Schalter sehr hilfsbereit und bietet an, es für ihn zu tun.

Ein paar Minuten später unterschreibt er den Antrag.

»Ich brauche noch Ihren Pass.«

Den hat Peter nicht dabei. Er läuft schnell nach Hause, holt den Pass und muss sich wieder anstellen. Diesmal sind nur sieben Leute vor ihm. Trotzdem muss er wieder dreißig Minuten warten.

Die Bankangestellte prüft den Antrag, kopiert den Pass und sagt: »Sie müssen fünfhundert *yuán* einzahlen, um das Konto zu eröffnen.«

Da Peter nur zweihundert dabei hat, versucht er zu verhandeln. Doch die Dame ist unerbittlich. Abermals läuft er also nach Hause und holt Geld.

Als er zurückkommt, ist in der Bank die Hölle los, er wartet geschlagene fünfzig Minuten. Zieht danach allerdings stolz mit seinem neuen Kontobüchlein von dannen. Hat ja alles in allem nur drei Stunden gedauert.

Zuhause angekommen berichtet er dem Kleinen Li von seinem Erfolg und bittet ihn, ihm beim Schreiben des Faxes an die Telekom zu helfen. Der hilfsbereite Freund zögert nicht lange, und alsbald ist die Nachricht an die Telekom mit allen wichtigen Daten unterwegs.

Am nächsten Tag bekommt er einen Anruf. Er müsse noch ein Formular ausfüllen und dafür vorbeikommen. Peter freut sich, dass alles nun so schnell geht, und fährt zur Telekom, füllt seinen zweiten chinesischen Antrag aus und hört daraufhin: »Ihre Arbeitseinheit muss den abstempeln.«*

»Ich bin Student«, gibt Peter zu Bedenken.

»Dann muss Ihre Universität das Formular stempeln.«

Etwas enttäuscht, erfolglos wieder abmarschieren zu müssen, erledigt Peter das am nächsten Tag.

Seine Bearbeiterin prüft akribisch den Stempel, dreht und wendet das Kontobüchlein, runzelt die Stirn, ruft einen Kollegen an, wählt danach die Nummer der Bank und wendet sich

---

* Wie Sie vielleicht in früheren Kapiteln schon erfahren haben, ist die *dānwèi*, die Arbeitseinheit, ein elementarer Bestandteil im Leben eines Chinesen. Als Individuum zählt er kaum. Die *dānwèi* bürgt für ihre Angestellten, weshalb bei vielen Anträgen der Stempel unabdinglich ist. Die Behörden schützen sich damit vor Betrug. Übrigens: Der Stempel muss rot sein! In China finden Sie auf keinem Formular einen blauen Stempel. Er würde auch nicht gelten.

schließlich Peter zu. »Dieses Konto ist ein Sparbuch. Davon können wir kein Geld abbuchen.« Peter bräuchte ein Scheckkonto, erklärt sie.

Großartig. Auch wenn Peter wenig begeistert ist, bleibt ihm nichts anderes übrig, als wieder zur Bank zu gehen. Zum Glück ist die ja gleich um die Ecke. Wie nicht anders zu erwarten, dauert es wieder fast dreißig Minuten, bis er dran kommt.

»Ein Scheckkonto können Sie nur bei der Hauptfiliale eröffnen«, bedauert die Bankangestellte. Sie schreibt ihm die Adresse auf. Es ist am anderen Ende der Stadt. Nun denn...

Mit der U-Bahn braucht Peter vierzig Minuten, den Pass und Geld hat er vorsorglich dabei.

Im Gegensatz zu seiner Bank herrscht hier gähnende Leere. Er darf gleich zu Schalter Nummer vier. Ein junger Mann reicht ihm einen dritten Antrag, der sowohl in Chinesisch als auch in Englisch ist und den Peter auch nicht in Schriftzeichen ausfüllen muss. Gott sei Dank! Fünf Minuten später steht er wieder vor dem jungen Mann, gibt ihm den Antrag und seinen Pass.

»Warten Sie bitte«, fordert dieser ihn auf.

Peter setzt sich auf eine lange Reihe ungenutzter Stühle. Etwas besorgt beobachtet er den jungen Mann, wie er mit einem Kollegen diskutiert. Immer wieder sieht er Kopfschütteln und Blicke in seine Richtung. Der junge Mann verschwindet in einem Hinterzimmer. Als er nach einer Viertelstunde immer noch nicht aufgetaucht ist, fragt Peter nach.

»Geduld bitte«, kommt als Antwort. »Geduld.«

Peter setzt sich wieder. Er wertet es nicht als gutes Zeichen, dass es so lange dauert.

Endlich erscheint der junge Mann wieder und winkt Peter heran. »Nun«, beginnt er, »wir können Ihrem Antrag nicht stattgeben.«

Wie bitte? Warum denn nicht?

»Diese Art Konto dürfen Privatpersonen nicht eröffnen. Ausländer schon gar nicht. Wenn Sie Diplomat wären oder eine Firma hätten, ginge es.« Der Angestellte reicht Peter seinen Pass und den ausgefüllten Antrag.

»Wie kann ich denn dann meine Telefonkosten abbuchen lassen?«, fragt Peter verzweifelt.

»Gar nicht«, antwortet gelassen der junge Chinese. »Sie können sie aber problemlos hier in unserer Filiale bezahlen.«

Enttäuscht verlässt Peter die Bank. Auf seiner vierzigminütigen Rückfahrt hat er Zeit, über die Frage zu grübeln, warum ihm die Angestellte in seiner Bank nicht schon vorher gesagt hat, dass er gar kein Scheckkonto eröffnen darf.[*] Die Antwort darauf findet er nicht. Stattdessen schreibt er sich einen Notizzettel, den er an den Kühlschrank heften will: Telefonrechnung nicht vergessen!

Papier oder Plastik?

Bargeld ist in China noch immer die häufigste Zahlungsart für Privatpersonen. Dass sie ihre Rechnungen per Bankeinzug erledigen, kommt so gut wie gar nicht vor. Möchte jemand Geld überweisen, zahlt er meist die Summe bar in der Bank ein, die dann dem Empfänger, oft eine Firma, gutgeschrieben wird. Neuerdings sind Kreditkarten groß im Kommen. Ja, richtig: im Kommen. Noch lange ist dieser Sektor nicht vollends erschlossen. Viele Geschäfte akzeptieren kein Plastikgeld, einige Hotels

---

[*] Komischerweise passiert es immer wieder, dass notwendige Informationen nur häppchenweise erteilt werden. Peter hätte sich einige Wege und Wartezeiten sparen können, wenn er vorher gewusst hätte, was er für eine Kontoeröffnung braucht bzw. ob es überhaupt möglich ist. Das hat manchmal mit der Verantwortung zu tun, etwas zu behaupten, was vielleicht gar nicht stimmt. Die Angestellte seiner Bank wusste nicht genau, ob Ausländer Scheckkonten eröffnen dürfen. Bevor sie ihm aber etwas Falsches erzählt, sagt sie lieber gar nichts. Es ist jedem anzuraten, genau nachzufragen, was benötigt wird, um nicht dreimal vorstellig werden zu müssen. Das hat Peter jetzt gelernt. Und wird jeden Monat beim Bezahlen der Telefonrechnung daran erinnert.

besitzen nicht die entsprechenden Lesemaschinen. Auf dem Land ist die Kreditkarte praktisch nicht existent. (Aber da haben auch die meisten Leute noch nicht einmal ein Bankkonto.)

In den 1980er Jahren, als die Kreditkarten in China das Licht der Welt erblickte, gab es nur wenige Geldautomaten. Nur begrenzt boten Hotels oder Läden eine Bezahlung per Karte an. Es sollte noch zehn Jahre dauern, bis sich dieses System stärker durchsetzte. Und auch seitdem ist es im Grunde keine »Kreditkarte«, sondern eine »Debetkarte«. Sein Benutzer muss genügend Finanzmittel auf dem Konto haben, um sie einsetzen zu können. Ist sein Konto leer, verliert die Karte ihren Sinn.

Immerhin müssen die Leute aber nicht mehr mit einem kleinen Koffer voller Geld durch die Gegend ziehen. Es liegt sicher auf dem Konto und kann per Karte genutzt werden.

Erst seit dem Jahr 2003 gibt es Kreditkarten, mit denen die Chinesen bezahlen können, egal ob das Sparbuch voll oder leer ist. Banken begannen zu der Zeit, Werbung für Kreditkarten zu machen. Sie versprachen Werbegeschenke für diejenigen, die im ersten Monat mehr als 2.000 *yuán*, ungefähr 200 Euro, damit ausgeben. Und die Chinesen, Sie wissen, Sparfüchse, nutzten jeden Einkauf, um an den Betrag heranzukommen, winkte doch hinterher zum Beispiel ein neues Fahrrad. Ganz umsonst. Theoretisch.

Das Konzept der Kreditkarte, Bezahlen auf Pump, ist für viele Chinesen allerdings noch undenkbar. Zu groß ist die Angst vor Verschuldung und die damit verbundene Scham.* Die ältere Generation hält sich bei der Verwendung daher weiterhin zurück, die Jüngeren dagegen zücken häufiger Kreditkarten. Banken reagierten bereits vor einigen Jahren auf diesen Trend.

---

* Da das Privatleben der Chinesen ja oft alles andere als privat ist, kommt so etwas schneller ans Licht, als manchem lieb ist. Und bevor die Nachbarn und Kollegen mit dem Finger auf einen zeigen, kaufen sie lieber nur das, was sie sich leisten können.

Studenten, den potenziellen Kunden der Zukunft, wurden die Kreditkarten praktisch hinterher geworfen, Mitarbeiter der Banken köderten die Hochschüler mit Präsenten. Die Rechnung ging allerdings nicht auf. Durch die schlechte Arbeitsmarktlage fanden nur wenige einen Job, zahlten aber fleißig weiter mit Kreditkarte. Sie wurden zu untragbaren Kunden.

Deswegen trat im Juni 2009 eine neue Bestimmung in Kraft: Landesweit ist die Ausgabe von Kreditkarten an Studenten verboten, die alten Karten dürfen nicht verlängert werden. Als diese Bestimmung angekündigt wurde, besorgten sich einige Studenten gleich mehrere Kreditkarten, die sie bis zum Rande ausschöpften.

Auch nahm der Betrug mit Kreditkarten selbstverständlich zu. Geld wurde erschlichen, Identifikationsnummern oder ganze Karten gefälscht. Die Regierung Chinas sah sich veranlasst, drastische Strafen zu erheben. Je nach Schwere des Falls drohen Betrügern nun Haftstrafen zwischen zehn Jahren und lebenslang oder Geldbußen bis zu 500.000 *yuán*, umgerechnet 50.000 Euro. Wer schon eine Karte hat, es sind übrigens zurzeit etwa 140 Millionen in China im Umlauf, Tendenz steigend, kann sich glücklich schätzen.

Um das Risiko für die Banken gering zu halten, wird jeder neue Antragsteller auf Herz und Nieren geprüft. Nicht nur Beruf, Familienstand, laufende Kredite und Kontostände bei anderen Banken sind relevant, auch nehmen die Banken Einsicht in das polizeiliche Führungszeugnis und überprüfen die Eintragungen bei der Verkehrsbehörde. Was Letzteres mit einer Eignung zur Kreditkartennutzung zu tun hat, beantwortet die Bank nur mit dem Wort: *guīdìng*, Vorschrift.*

Dem eh schon öffentlichen Privatleben tut es jedenfalls keinen Abbruch mehr.

---

* Übrigens eine oft wiederkehrende und gern genutzte Erklärung, warum etwas nicht oder nur auf eine bestimmte Weise geht. Manchmal fehlt den Vorschriften die Logik und sie widersprechen sich. Fragt man nach, und der Gesprächspartner erkennt, wie absurd das Ganze eigentlich ist, verliert er nicht das Gesicht, sondern kann Schulter zuckend entgegnen: *guīdìng*.

14 Yī Zì Qiān Jīn

Jedes Wort ist sein Gewicht in Gold wert

Der Klassenraum des Fremdspracheninstituts ist mehr als karg. Keine Bilder oder Tabellen schmücken die Wände, Tische und Stühle erinnern Peter an die auf dem Foto des Schulzimmers seiner Mutter. Es hängt sogar noch eine Kreidetafel hinter dem Lehrertisch.

Peter trifft am ersten Schultag vor seinen Mitschülern ein und sucht sich einen Platz in der Mitte des Zimmers. Professor Xu erscheint und wundert sich: »Setz dich doch hier vorne hin! Du bist der Einzige in dieser Klasse.«

Was? Ein Lehrer ganz für ihn alleine?

»Dein Lehrprogramm ist so speziell, deswegen gibt es keine Mitschüler«, erklärt Professor Xu ungefragt.

Peter wechselt den Platz, drapiert seine Schreibutensilien vor sich und schaut den Professor erwartungsvoll an.

»Die chinesische Sprache ist sehr einfach«, beginnt der Professor elanvoll. »Die Grammatik kennt keine Zeiten. Wörter wie heute, morgen und gestern bestimmen den Zeitpunkt.* Auch gibt es keine Beugung der Verben. *Ich, du, er, sie, es, wir, ihr, sie* haben

---

* Es gibt noch zwei Partikel, *le* und *guo*, die das Verb in die Vergangenheit setzen. Verwirrend kann hier der Umstand sein, dass der Partikel *le* sowohl für die abgeschlossene Vergangenheit als auch für die Bekräftigung einer Aussage oder einen neuen Zustand stehen kann. Die Bedeutung von *le* wird dann nur aus dem Kontext heraus ersichtlich. In der Schriftsprache kommt noch mehr Verwirrung hinzu, denn das gleiche Zeichen drückt auch eine Möglichkeit aus. Dann wird es aber *liǎo* ausgesprochen. Der eine oder andere mag nun Professor Xus Aussage über die einfache Grammatik Lügen strafen wollen - und er darf!

alle die gleiche Konjugation: Ich gehen, du gehen und so weiter.«

Peter runzelt die Stirn. Hat der Professor vergessen, dass er bereits einen Chinesischkurs besucht hat und vor allem hier ist, um Wirtschaftschinesisch zu lernen?

»Substantive sind neutral, das heißt, es gibt keine Kennzeichnung des Geschlechts und folglich kein *der, die* oder *das*. Sie besitzen aber Zählwörter*, die sozusagen den Artikel ersetzen, wie zum Beispiel *zhè liàng chē*, das Auto, oder *yī ge rén*, ein Mensch. Auch gibt es keine Pluralform, es heißt dann schlicht *sān liàng chē*, drei Autos.«

Peter überlegt, ob er den Professor darauf hinweisen soll, dass ihm das schon alles bekannt ist. Bevor er aber diese Entscheidung fällen kann, fährt dieser schon unbeirrt fort: »Neben den Zählwörtern, die oft keine konkreten Übersetzungen haben, gibt es auch Partikel, die so im Deutschen nicht vorkommen. Zum Beispiel *de*, welches den Besitz ausdrückt und Personalpronomen ersetzt. *Tā de chē*, er – *Partikel* – Auto, bedeutet also ›sein Auto‹. Es gibt unterschiedliche Partikel, wie *ba*, Ausdruck einer Vermutung oder Aufforderung, oder ein weiteres, anders geschriebenes *de*, welches zwischen Verb und Adjektiv steht, wie bei *tā xué de kuài*, ›er lernt schnell‹.«

Peter rutscht unruhig auf seinem Stuhl herum. Abgesehen davon, dass diese Grammatik im Laufschritt keiner sofort verstünde, der das erste Mal mit Chinesisch in Kontakt kommt, ist das alles für Peter nichts Neues. Damit hat er sich doch in Bremen schon abquälen müssen. Zögerlich hebt er die Hand, doch Professor Xu winkt ab. Er hält sich an seinen Lehrplan für heute und duldet erstmal keine Zwischenmeldungen.**

---

* Siehe hierzu Kapitel 22 »*Qū Zhǐ Kě Shǔ*«
** Zum Sprachenlernen gehört allgemein viel stumpfes Pauken von Vokabeln und Regeln. In chinesischen Schulen ist es jedoch die Norm, dass der Lehrer doziert, die Schüler mitschreiben und es dann zu Hause auswendig lernen. Eine gemeinsame Erarbeitung des Unterrichtsstoffes zwischen Lehrern und Schülern findet kaum statt. Schüler sollen nur nach Aufforderung reden.

»Die Besonderheit der chinesischen Sprache sind die vier Töne, besser gesagt fünf, rechnet man den neutralen dazu«, monologisiert Professor Xu enthusiastisch weiter. »Und da jede Silbe verschiedene Schriftzeichen als auch Tonarten hat, kommt es schon mal zu Verwechslungen. Nur durch den Zusammenhang erklärt sich manchmal erst die Bedeutung eines Wortes.«

Professor Xu zögert, Peters genervter Gesichtsausdruck verwirrt ihn jetzt doch. So schließt er, viel zu früh nach seinem Geschmack, den Vortrag mit den Worten: »Aber da die Chinesen im täglichen Leben mit einem Wortschatz von ungefähr dreitausend Zeichen auskommen, gibt es relativ selten Missverständnisse.*«

Er räuspert sich, und Peter nimmt endlich die Gelegenheit wahr, seinen Unmut zu äußern: »Professor Xu, das ist mir doch schon alles bekannt. Ich dachte, Sie bringen mir Wirtschaftschinesisch bei.«

Der Lehrer schluckt und lächelt.** »Natürlich«, sagt er ein wenig tonloser. Peter ist nicht sein erster ausländischer Student, und somit auch nicht der Erste, der sehr direkte Forderungen stellt. Daran gewöhnt hat sich der eingefleischte Lehrer dennoch

* Die Anzahl der chinesischen Schriftzeichen liegt ungefähr zwischen 80.000 und 100.000. Bis jetzt hatte wohl keiner Lust, sie alle zu zählen und eine exakte Zahl zu benennen. Der durchschnittlich gebildete Chinese beherrscht 3.500 Zeichen, kennt jemand weniger als 1.000 Zeichen, gilt er als Analphabet. Gelehrte bringen es auf einen Wortschatz von 8.000 Zeichen. Die meisten Schriftzeichen stellen ein Wort dar, bei ein paar Ausnahmen ergeben einige Zeichen nur in Verbindung mit einem zweiten ein sinnvolles Wort. Wie auch im Deutschen gibt es für eine Bedeutung mehrere Zeichen/Wörter. In der Regel besteht ein Wort aus zwei Zeichen. Ein Zeichen hat meist auch mehrere Bedeutungen. Bei der Zusammensetzung durch zwei Zeichen wird die gewünschte Bedeutung konkretisiert.
** Peters Kritik hat natürlich Folgen: Professor Xu hat sein Gesicht verloren. In China ist es nicht üblich, einen Missstand direkt anzusprechen. Vielmehr geschieht so etwas durch die Blume oder mit viel »Honig um den Bart schmieren«. Ein bisschen Lob oder Schmeicheleien vorweg wirken wahre Wunder. Dabei ist es nicht so wichtig, wie ernst es gemeint ist. Dass Professor Xu lächelt, ist übrigens ebenfalls typisch chinesisch. Unsicherheit, Scham oder Blamagen werden mit einem Lächeln quittiert, welches nicht als Spott gedeutet werden darf.

nicht. Es fällt ihm nicht leicht, Peters Beanstandung zu ignorieren. Er kramt umständlich in seiner Tasche und reicht seinem Schüler schließlich ein Lehrbuch. »Fangen wir mit Kapitel eins an: Import, Export.«

Analphabetismus in China

Bei Gründung der Volksrepublik am 1. Oktober 1949 waren 80 % der Bevölkerung Chinas Analphabeten. Schuld daran waren der jahrelange Bürgerkrieg zwischen den Nationalisten und den Kommunisten sowie auch der Ausbruch des Zweiten Weltkriegs. Nach der Machtergreifung begann Mao Zedong mit einer Bildungskampagne, die neben der Erwachsenenschulung auch die Vereinfachung der Schriftzeichen (s. u.) beinhaltete. Es gelang dem Vorsitzenden Mao, die Analphabetenquote auf 10 % zu senken, im Jahr 2000 waren es 6,7 %.

In den letzten Jahren kehrt sich der Erfolg leider wieder um. Mit wachsendem Wirtschaftsaufschwung entscheiden viele Jugendliche, lieber Geld als Arbeiter zu verdienen, als die Schulbank zu drücken. Auch die Bauern schicken ihre Kinder eher aufs Feld als in den Klassenraum. So ist es nicht verwunderlich, dass die meisten Analphabeten auf dem Land zu finden sind bzw. als Wanderarbeiter in den Großstädten. Aber nicht nur die ländliche Armut ist verantwortlich für den Anstieg der Lese- und Schreibunfähigkeit: Viele Provinzbehörden haben die zuständigen Abteilungen im Zuge von Sparmaßnahmen wieder geschlossen. 116 Millionen Chinesen, 9 % der Bevölkerung, sind heute Analphabeten.

Chinesische Schriftzeichen entschlüsselt

Wer chinesische Schriftzeichen lernen möchte, sollte sich auf eine langwierige Fleißaufgabe vorbereiten. Oft hilft nichts anderes als auswendig lernen. Die gute Nachricht ist: Das System enthält eine Logik, die das Lesen und Erkennen einfacher macht.

Wie bei vielen Völkern der Erde begannen auch die chinesischen Zeichen ihr Dasein als eine Bilderschrift. Lässt der Leser seiner Fantasie freien Lauf, kann er die Bedeutung mancher Schriftzeichen also erkennen. Das Symbol für Mensch, *rén* 人, oder Mund, *kŏu* 口 sind Beispiele dafür. Und wie bei diesen beiden Zeichen ist dieses Bildsystem noch auf einige weitere zu übertragen, die somit leichter zu erkennen sind.

Andere Zeichen dagegen ergeben ihren Sinn aus der Zusammensetzung: Erscheint das Zeichen für Baum, *mù* 木, doppelt, handelt es sich um einen Wald, *lín* 林. Taucht es sogar dreimal auf, ist es ein Urwald, *sēn* 森.

Nicht jede Kombination weckt dabei bei allen Lesern die gleiche Idee. So manch einer dächte vielleicht nicht unbedingt an das Wort »Frieden«, *ān* 安, sähe er eine Frau, *nǚ* 女, unter einem Dach, 宀. (Das Zeichen für Dach ist übrigens eines der Radikale*, die keine alleinstehende Bedeutung und somit keine phonetische Schreibweise haben.)

Aber genau wie die Bilder oder die Kombinationen einzelner Zeichen auf die Bedeutung hinweisen, ergeben sich der Sinn und vor allem auch die Aussprache der meisten Zeichen aus den Radikalen. Das Wort Mutter, mā 妈, ist zusammengesetzt aus dem Zeichen für Frau, nǚ 女, und Pferd, mǎ 马. Der erste Teil steht für die Bedeutung, der zweite für die Aussprache. Fast 90 % der Aussprache ist auf diese Weise, also durch das hintere Radikal, definiert.

Bei komplexen Zeichen, die aus vielen einzelnen Grundelementen bestehen, ist es natürlich schwer, das entsprechende Radikal zu erkennen. Und damit es auch nicht zu einfach wird, gibt es natürlich Zeichen, die dieser Regel widersprechen und weder die Aussprache noch die Bedeutung an einem Baustein erkennen lassen.

Die chinesische Sprache besitzt außerdem fünf Töne: ein lang gezogener, ein aufsteigender, ein ab- und dann aufsteigender und ein fallender. Der fünfte Ton ist neutral. Ob eine Silbe in einem lang gezogenen oder einem abfallenden Ton ausgesprochen wird, zeigt das Zeichen nicht an. Da sind Fleiß und Merkfähigkeit gefragt.

Unter Umständen sagt der bemühte Student daher statt »ich liebe es, zu studieren«, *wǒ ài xuéxí* 我爱学习, *wō ái xuèxì* 蜗挨血洗, »die Schnecke erduldet das Blutbad«.

---

* Radikale sind die Grundbausteine jedes Schriftzeichens. Es gibt insgesamt 227, die zusammengesetzt das Schriftzeichen ergeben. Viele Radikale haben auch schon alleine eine Bedeutung, wie z. B. die Frau oder der Mund.

Doch seien Sie beruhigt, in dieser Vehemenz passiert das relativ selten, meist sind es einzelne Wörter, die falsch betont werden. Dieses Missverständnis löst sich dann nach wenigen Sekunden mithilfe des Kontexts auf.*

Darüber hinaus gibt es Zeichen, die gleich geschrieben, aber anders ausgesprochen werden (s. o. Partikel *le*). Doch der Zusammenhang verhindert in diesen Fällen meist das Missverständnis. Es wäre schon ein großer Zufall, hieße der Erzfeind, chóu 仇, qiú 仇 mit Nachnamen.

Die Rechtschreibreform unter Mao Zedong (s. o. Analphabetismus) hat somit nicht nur den Chinesen das Schreiben erleichtert, auch Peter und alle anderen ausländischen Studenten sind dankbar dafür.

Das Zeichen für Körper, tǐ 体, bestand früher zum Beispiel aus 23 Strichen, 體, jetzt hat es nur noch sieben. Trotzdem gibt es noch genug Zeichen, an denen sich selbst Chinesen beim Schreiben die Finger brechen. Das Wort für »näseln«, nàng 齉, hat sage und schreibe 36 Striche. Und es ist kein veraltetes Langzeichen!

Erfreulicherweise benutzt kaum jemand diese komplizierten Wörter. Sie haben Bedeutungen wie Hausmaus, xī 鼷, Haarknoten, huǎn 鬟, oder Vielfraß, tāo 饕. Bei dem Vielfraß ist noch interessant zu entdecken, dass sich das Symbol aus den Zeichen für Maß, hào 号, Drache, lóng 龙, und Essen, shí 食, zusammensetzt. Ein schönes Beispiel der chinesischen Logik.

Für die meisten Fingerbrecher gibt es aber auch gebräuchlichere Varianten, es ist also kein Wunder, dass sie ihr Dasein in einem Wörterbuch fristen.

* Wundern Sie sich bitte auch nicht, wenn der Chinese vor Ihnen alles im vierten Ton ausspricht, wo er es doch eigentlich besser wissen müsste. Ausländer tendieren dazu, die Silben abfallend zu betonen, weil dies geläufiger in einer tonlosen Sprache ist. Es ist sowohl ein Entgegenkommen als auch ein leichter Spott, den Ihnen Ihr Gesprächspartner damit also entgegenbringt. Nehmen Sie es leicht und antworten Sie mit einem Aùgènzwìnkèrn.

15 Chī Qiàn Zhǎng Zhì*

Aus Fehlern wird man klug

Zur Begrüßung lädt das Fremdspracheninstitut Peter und einige andere neue Studenten zu einem Bankett ein. Neben den Studenten sind die Leiter der einzelnen Fakultäten, Professor Xu sowie ein paar seiner Kollegen anwesend. Ungefähr zwanzig Gäste haben sich eingefunden. Als Peter den separaten Saal betritt, den das Institut hierfür in einem beliebten Restaurant angemietet hat, begrüßt er erst einmal die ihm bekannten Studenten.

Professor Xu kommt hektisch zu ihm rüber: »Ich möchte dir die Leiter der Fakultäten vorstellen.«

Peter wird das Gefühl nicht los, etwas falsch gemacht zu haben.

Professor Xu bestätigt seine Ahnung. »In China begrüßt man immer erst die wichtigen Leute, danach die anderen«, raunt er ihm zu. Der Abend fängt ja gut an.

Mit hochrotem Kopf steht Peter schließlich vor der kleinen Gruppe Männer reiferen Alters. Forsch reicht er dem Leiter des Instituts, Herrn Chen, die Hand, als Professor Xu ihn namentlich vorstellt. Der reagiert gar nicht, nickt nur mit dem Kopf. Kein Lächeln, kein Wort. Der Leiter des japanischen Bereichs tut es ihm gleich. Professor Xus Vorgesetzter in der Deutschabteilung dagegen ergreift Peters Hand und sagt: »Nǐ hǎo.**« Ob das daran

---

* Wörtlich: Einen Graben essen und weiser werden.
** »Nǐ hǎo« bedeutet »Guten Tag« und kann mit dem Fragepartikel *ma* zu »Wie geht es dir?« ergänzt werden. Übrigens: Obwohl beide Silben im dritten Ton sind, muss das erste Wort in diesem Fall im zweiten Ton ausgesprochen werden. Das ist eine grammatikalische Regel.

liegt, dass er einen westlichen Bereich leitet?* Möglicherweise nicht, denn die Vorsitzenden der spanischen und französischen Abteilung erwidern den Gruß ebenfalls nur mit einem Nicken.

Es dauert eine Weile, bis jeder jedem vorgestellt wurde, doch nun ist es endlich Zeit, sich hinzusetzen. Peter sucht sich einen Platz aus, wird jedoch von Professor Xu zurückgehalten. »Der Fakultätsleiter muss sich zuerst setzen«, flüstert er Peter zu. Schließlich gebühre ihm der beste Stuhl.**

Die Bedienung beginnt, Tee und Bier einzuschenken, auch die ersten kalten Vorspeisen werden auf dem runden Tisch mit der Drehscheibe arrangiert. Alle reden noch mit ihren Tischnachbarn, nur Peter langweilt sich. Professor Xu rechts von ihm unterhält sich mit einem anderen Studenten, sein Nachbar zur Linken ist quer über den Tisch ebenfalls in ein Gespräch vertieft.

Peter nimmt die Stäbchen auf und überlegt, welches Gericht er zuerst versuchen soll. Gerade als er zugreifen will, tritt ihn Professor Xu leicht unter dem Tisch und schüttelt kaum merklich mit dem Kopf.*** Erschrocken legt Peter sein Besteck zurück. Jetzt werden schon heiße Gerichte serviert, darunter ein großer Fisch. Der appetitliche Duft strömt in Peters Nase. Wann geht es denn endlich los?

Da erhebt sich Fakultätsleiter Chen, rechts hält er sein Bierglas. Alle verstummen augenblicklich und schauen erwartungsvoll zu

* Nicht ganz. Die Hand bei der Begrüßung zu geben, ist in China unüblich. Sie sollten besser immer darauf warten, ob Ihr Gegenüber Ihnen die Hand reicht. Professor Xus Vorgesetzter ist mit den westlichen Gepflogenheiten bekannt und schon an dieses Ritual gewöhnt.
** Zum Thema Hierarchien in China können Sie in Kapitel 25 »Duì Zhèng Xià Yào« mehr erfahren.
*** Der Gastgeber, in diesem Fall Fakultätsleiter Chen, bestimmt, wann mit dem Essen und Trinken begonnen wird. (Tee bildet hier eine Ausnahme, den dürfen Sie vor dem Startschuss schon trinken.) Auch wenn er alle herzlich einlädt, zuzugreifen, sollten Sie nicht vor ihm anfangen. Ihm gebührt der erste Bissen. In einer kleineren Runde kann es deswegen zu einem kleinen Kampf kommen, denn der Gastgeber fordert Sie zum Essen auf - und Sie müssen ablehnen. Das geht so lange hin und her, bis der Gastgeber schließlich nachgibt und zugreift. Diese Regel gilt nur bei formellen Einladungen. Im Kreise guter Freunde macht jeder, was er will und wann er will.

ihm hin. Fast zehn Minuten referiert er über die Geschichte des Instituts, preist die guten Beziehungen zu den ausländischen Partneruniversitäten und erinnert die Studenten an fleißiges Lernen.

Das Essen wird kalt und Peters Magen beginnt zu knurren. Der Tisch biegt sich schon vor lauter Köstlichkeiten.

Endlich ruft er: »*Gānbēi**!«, woraufhin alle Chinesen aufstehen und ihre Gläser erheben. Die Ausländer beeilen sich, es ihnen gleich zu tun. Nachdem Fakultätsleiter Chen getrunken hat, leeren auch alle anderen ihre Gläser. Sofort kommt die Kellnerin herbei und füllt jedem nach.

Trotz einladender Geste halten sich die Chinesen mit dem Essen zurück, nur die Studenten greifen beherzt zu. Außer Peter, der einen strengen Blick von Professor Xu zugeworfen bekommen hat. Als ein spanischer Student mit seinen Stäbchen in dem Fisch herumfuhrwerkt, zieht Professor Xu scharf die Luft ein. »Das ist das Hauptgericht! Fakultätsleiter Chen muss davon zuerst essen«, wispert er Peter zu. Dem hängt der Magen übrigens schon auf halb acht, dennoch begnügt er sich erst einmal nur mit den Vorspeisen. Als Professor Xu endlich alle Speisen als freigegeben signalisiert, gibt es auch bei Peter kein Halten mehr.

Das Essen ist in vollem Gange, immer mehr Speisen werden aufgetragen, laute Gespräche übertönen das Schmatzen und Schlürfen. Zwischendrin steht immer mal wieder einer auf, hebt das Glas und ruft »*Gānbēi!*«. Peter fällt auf, dass keiner der Chinesen während des Essens Bier trinkt, nur dann, wenn er aufgefordert wird. Sicherheitshalber trinkt er Tee, um das Essen hin und wieder

---

* Der Trinkspruch in China schlechthin. Wörtlich übersetzt bedeutet er »das Glas trocknen«, und wahrhaftig wird das auch verlangt: Alle müssen ihre randvollen Gläser »*auf ex*« austrinken. Glücklicherweise sind die Gläser in chinesischen Restaurants kleiner als ein Kölschglas. Allerdings wird aus ihnen auch Schnaps getrunken, ebenfalls randvoll und auf ex. Es gibt aber einen Trick, womit Sie einen frühen Rausch während eines Banketts umgehen können: Füllen Sie heimlich Tee in Ihr Glas, das machen sogar manche Chinesen!

herunterzuspülen. Er erntet dafür einen anerkennenden Blick von Professor Xu. Die Bedienung achtet zudem peinlich darauf, dass niemand ein halb volles oder gar leeres Glas vor sich stehen hat.

Gingen die Gespräche am Anfang noch um Schule, Chinesisch oder gemeinsame Bekannte aus Partneruniversitäten, lockert die Stimmung mit jedem *gānbēi* sichtlich auf. Sogar der zugeknöpfte Fakultätsleiter Chen gibt Anekdoten aus seiner Karriere zum Besten. Ab und zu steht er schwankend auf und geht zu einem Kollegen oder Studenten, um mit ihm alleine das Glas zu leeren. Seine Augen und Kopf werden von Minute zu Minute roter.*

Ein letzter Gang wird serviert. Die Suppe. Diese steht allerdings nicht wie die anderen Gerichte in der Mitte des Tisches, sondern auf einem Beistelltisch. Und genau wie bei dem Bier, hat nur die Bedienung Zugriffsrechte. Sie füllt kleine Schüsseln ab und platziert sie vor jedem Gast. Glücklicherweise gibt es Löffel dafür. Peter hat allerdings auch schon Chinesen ihre Suppe mit Stäbchen essen sehen: Nudeln, Fleisch und Gemüse werden damit geangelt, die Brühe wird direkt aus der Schüssel getrunken. Es ginge also auch ohne.

Wie auf Kommando beginnt am Tisch ein Schlürfkonzert, unterbrochen wird es nur von Schmatzgeräuschen. Bis auf Peter isst keiner seine Suppe ganz auf.** Jeder probiert nur ein wenig.

---

* Es ist eine wohlbekannte Tatsache, dass Chinesen zwar gerne trinken, aber im Gegensatz zu Westlern Alkohol nicht so gut vertragen. Das gilt nicht für alle, aber bei rund 50 % der Ostasiaten fehlt das Enzym Alkoholdehydrogenase gänzlich oder ist nur in geringer Konzentration vorhanden. Das Enzym ist für den Umbau von Alkohol in Aldehyde (chemische Verbindungen) verantwortlich und fördert den Abbau. Bei den betroffenen Asiaten gelangt der Alkohol unbearbeitet in den Blutkreislauf und steigt ihnen zu Kopf. Selbst nach einem Bier kann es passieren, dass sie schon hochrot anlaufen. Da hilft auch keine Abhärtung.

** Wie auf den großen Tellern sollten Sie auch in Ihrem Essschälchen etwas liegen lassen. Ein leer geputztes Gedeck deutet darauf hin, dass Sie noch nicht satt sind. Das gilt vor allem für den Reis. Je mehr Sie davon essen, desto weniger hat es Ihnen geschmeckt. Bei der Suppe ist es nicht so schlimm, jeder bekommt nur ein paar Schlucke, die sind automatisch schnell aufgegessen. Apropos, sprachlich betrachtet *isst* man in China übrigens keine Suppe, sondern *trinkt* sie.

Die meisten sind schon satt von der üppigen Mahlzeit. Der Reis, der jetzt noch serviert wird, bleibt unangetastet.

Getrunken wird immer noch, die Stimmung ist auf dem Höhepunkt. Nachdem Fakultätsleiter Chen mit jedem einmal getrunken hat, wankt er zu seinem Platz zurück, hebt sein Glas und hält unvermittelt eine kleine Abschiedsrede. Wieder steht jeder auf, trinkt auf sein Geheiß, und unisono ziehen sich alle die Jacken an. Einige kauen noch. Auf dem Tisch türmen sich die Essensreste, von denen Peter eine Woche zehren könnte. Unerwartet schnell verlassen die Gäste den Raum.

Um Ihnen, liebe Leser, ein Gefühl zu geben, wie verdutzt Peter in diesem Moment ist, endet hiermit diese Episode.

16 Jié Wài Shēng Zhī*

Neue Probleme tauchen unerwartet auf

Im Unterricht bei Professor Xu ist die Familie das Thema des Tages. (Und dieses Mal erinnert Peter seinen Lehrer nicht, wie in der ersten Stunde, daran, dass dies ja nichts mit Wirtschaft zu tun habe.)

Ihn irritiert zuerst einmal, dass Geschwister nicht nur *Bruder* und *Schwester* heißen, sondern zusätzlich in *klein* und *groß* unterschieden werden. Demnach hat er einen *gēge*, großen Bruder, und eine *mèimei*, kleine Schwester. Professor Xu dagegen hat einen *dìdi*, kleinen Bruder, und eine *jiějie*, große Schwester. Verrückt ist dann allerdings, dass auch noch die Bezeichnungen für Großeltern sowie Tanten und Onkeln zwischen väterlicherseits und mütterlicherseits unterteilt werden.

Schon nach kurzer Zeit schwirren chinesische Schwager der Schwester seines Vaters in seinem Kopf wie ungewollte Geister herum. Von Cousins und Cousinen will Peter deswegen gar nichts mehr wissen. (Schade, das hätte ihn versöhnt, denn die haben allesamt wieder die gleiche Bezeichnung und können somit nicht der Tante väterlicherseits oder dem Onkel mütterlicherseits zugeordnet werden.)

Wie dem auch sei, Peter wendet sein neu erworbenes Wissen nur wenig später bei einer kleinen Fakultätsparty an. Doch erhält

---

* Wörtlich: Neue Blätter wachsen dort, wo sie nicht sollen.

er auf seine Fragen bei chinesischen Kommilitonen nach einer großen Schwester oder einem kleinen Bruder stets die gleiche Antwort: »Ich habe keine Geschwister*.«

Verwundert fragt er daraufhin den Kleinen Li, wieso niemand Geschwister hat.

»In China gibt es die Ein-Kind-Politik, was so viel heißt, wie: Jeder darf nur ein Kind haben.«

»Aber Professor Xu hat mir erzählt, er habe sowohl eine Schwester als auch einen Bruder. Wie geht das denn?«

Der Kleine Li lacht. »Professor Xu ist ja auch um einiges älter. Diese Politik gibt es erst seit Anfang der 1980er Jahre.«

Eine Studienkollegin vom Kleinen Li, sie heißt Lu Chen, gesellt sich zu ihnen. »Ich habe eine Schwester«, teilt sie den beiden mit.

Was? Sie ist doch auch erst Anfang zwanzig, also nach 1980 geboren.

»Meine Eltern haben einfach die Strafe gezahlt. Sie sind sehr reich, müsst ihr wissen«, sagt sie verschmitzt und blinzelt Peter kokett zu.

Er grinst verschämt.

»Ein anderer Kommilitone hat einen Bruder«, fällt dem Kleinen Li ein. »Der ist nicht reich, aber er gehört zu einer nationalen Minderheit. Die sind von den Beschränkungen der Bevölkerungspolitik ausgeschlossen.«

Chinas Minoritäten

Offiziell gibt es 56 Minderheiten in China. 92 % der Bevölkerung gehören zu den Han-Chinesen. Sie repräsentieren die allgemein bekannte chinesische Kultur. Sie waren auch die Ersten, die sich niederließen und ihre eigene Kultur aufbauten. 2000 v. Chr., als Mongolen, Hunnen und Mandschus in das chinesische Reich einfielen, zogen die Han süd-

---

* Die chinesische Übersetzung für Geschwister ist dann übrigens die Zusammensetzung aller Möglichkeiten: *xiōngdijiěmèi*. *Xiōng* ist ein Synonym für *gēge*, den großen Bruder.

wärts und vermischten sich mit den dort lebenden Nationalitäten. Die Eindringlinge aus dem Norden mochten die sesshafte Lebensart und blieben einfach.

Es entstand ein bunter Mix aus Menschen, den Mao Zedong Anfang der 1950er sortieren wollte. Seinem Aufruf folgend forderten über 400 Gruppen, als Minderheit anerkannt zu werden. Neben den Han wurden 54 bestätigt, eine 55. kam 1979 dazu. Um als Minorität zu gelten, mussten sie eine eigene Sprache haben, ein anerkanntes Ursprungsgebiet besitzen, charakteristische Traditionen aufweisen und über einen ausgeprägten Identitätssinn verfügen. Obwohl Mao ihnen Unabhängigkeit versprach und sie damit während des Bürgerkriegs in den 1940er Jahren ins Lager der Kommunisten locken konnte, bekamen sie von der chinesischen Regierung nur eine Autonomie zugebilligt, die der KP unterstellt ist und häufig für Konflikte sorgt, wie die blutigen Ausschreitungen in Tibet oder Xinjiang. Einige lokale Gesetze werden ihren Traditionen angepasst, aber es fehlt an Mitspracherecht. Wirtschaftlich sind die vor allem im unwegsamen Westen ansässigen Minoritäten daher benachteiligt. Fast 80 % der unterhalb der Armutsgrenze lebenden Personen gehören Minderheiten an.

»Es gibt viele Ausnahmen«, bestätigt Lu Chen. »Zum Beispiel darf unsere Generation, die der Einzelkinder, jetzt wieder zwei Kinder haben.«

»Aber ist es nicht ein bisschen frech, sich so in das Privatleben der Bevölkerung einzumischen«, wirft Peter ein.

Der Kleine Li und Lu Chen schauen ihn erstaunt an. »Nein«, sagen sie unisono.*

Jetzt ist Peter überrascht. Dann argumentiert er: »Aber es muss doch noch mehr Faktoren geben, die diese Politik widersinnig machen.«

»Überlege doch mal«, fällt ihm der Kleine Li ins Wort, »China

* Was in unseren Kulturkreisen undenkbar ist, findet der Chinese völlig normal. Vater Staat regelt die Dinge, sie folgen. Wie man sieht, brechen einige aus, nehmen Strafen in Kauf oder Repressalien. Der Großteil jedoch richtet sich nach den vorgegebenen Richtlinien, ohne sie, vor allem laut, zu hinterfragen. Gibt es allerdings schon öffentliche Diskussionen, wie derzeit über den Sinn oder Unsinn der Ein-Kind-Politik, gibt es kein Halten mehr. Das Internet ist voll von Foren, in denen die Leute ihre Meinung sagen. Zu jeglichen Themen, banal oder brisant. Dort nennen aber nur die Mutigen ihren richtigen Namen. Schnell schwebt nämlich die Anklage des Regierungsumsturzes über dem Kopf. Die Willkür der Partei ist noch immer ein Knebel für das Volk.

hat jetzt schon 1,3 Milliarden Menschen. Ohne die Ein-Kind-Politik wären wir vielleicht schon bei zwei Milliarden.«[*]

»Aber es gleicht sich doch oft aus. Einige Eheleute wollen vielleicht gar keine Kinder.« An den Gesichtern seiner Diskussionspartner erkennt Peter, dass dem wohl nicht so ist. »Das allerdings«, stützt er seine These, »kann ja jetzt daran liegen, dass es wegen des Verbots nur eine einmalige Chance gibt, die genutzt werden muss. Also bekommen auch Paare Kinder, die das anfangs nicht in ihrem Lebensplan hatten.«

Der Kleine Li runzelt die Stirn. »Nenn mir einen, der keine Kinder haben möchte«, fordert er Peter heraus.

»Ich«, kommt ihm eine Stimme von rechts zu Hilfe. Der junge Chinese ist ebenfalls ein Kommilitone vom Kleinen Li und lauscht schon seit einigen Minuten der hitzigen Debatte. Peter haut ihm dankend auf die Schulter. »Allerdings will meine Freundin ein Kind. Wenn wir verheiratet sind, werden wir wohl trotzdem eins bekommen.«

Aber Peter hat noch einen Trumpf im Ärmel: »Wenn ich jetzt mal ein bisschen rechne, dann gibt es doch in nicht allzu ferner Zukunft viel mehr alte Leute als junge, die dem Staat dann auf der Tasche liegen. Oder wenigstens nichts mehr aktiv zum Bruttosozialprodukt beitragen.«

Lu Chen lässt ihren Blick über die Menge schweifen. »Oh, da ist meine Freundin, ich muss los!« Und weg ist sie. Auch Peters vermeintlicher Helfer winkt jemandem zu und verabschiedet sich.

»Hm, da habe ich wohl in ein Wespennest gestochen«, vermutet Peter.

»Es ist ein heikles Thema«, entschuldigt der Kleine Li das rüde Verhalten der Kommilitonen. »Es kann sogar sein, dass sie dir

---

[*] Ganz so viele wären es nicht, aber laut einer Erhebung der Regierung ist Chinas Bevölkerung aufgrund der Ein-Kind-Politik innerhalb einer Generation um rund 400 Millionen Menschen weniger gewachsen. Ohne sie gäbe es heute 1,7 Milliarden Chinesen.

insgeheim zustimmen, aber die offene Kritik an der Partei ist hier bei uns eher ungewöhnlich.«

Die chinesische Regierung zu verurteilen, liegt Peter so fern wie der Mond. Ihm gefiel die Diskussion einfach. Höchstwahrscheinlich wären ihm wohl noch mehr Schönheitsfehler eingefallen, mit denen er seine Gesprächspartner weiter arglos kompromittiert hätte. Deren Flucht hat somit vermutlich manchen Gesichtsverlust verhindert.

Neue Frauen braucht das Land

So falsch liegt Peter mit der Vermutung der alternden Gesellschaft nicht. Kritiker sehen nicht nur in der zunehmenden Vergreisung ein Problem. (Statistiken zufolge werden im Jahr 2035 vermutlich 360 Millionen Chinesen über 65 Jahre alt sein, das sind 20 % der Bevölkerung.) Nicht nur fehlen sie, wie Peter zu Recht glaubt, beim Aufbau der Wirtschaft, im Gegenteil, sie müssen versorgt werden. Durch die Lücken im sozialen Netz* können die wenigsten eine ausreichende Rente erwarten. Das Volk verarmt.

Die Situation auf dem Land ist noch gravierender, dort fehlen Sozialversicherungen gänzlich. Und gerade dort liegt auch ein Hauptproblem der Ein-Kind-Politik. Die Bauern sind auf die Unterstützung der Kinder im Alter angewiesen. Mädchen gehen nach der Heirat aus dem Haus, sie sind »wertlos«. Nur ein männlicher Nachfolger bietet eine gewisse finanzielle Sicherheit.

Frauen ließen daher eine Geschlechtererkennung beim Fötus durchführen und, war es ein Mädchen, diesen abtreiben. Sie probierten dann so lange weiter, bis der ersehnte Junge kam. Die Regierung untersagte die pränatale Geschlechterbestimmung sowie die gezielte Abtreibung weiblicher Föten, was dazu führte,

* Siehe Kapitel 10 »Sī Sī Rù Kǒu«

dass viele Familien ihre neugeborenen Mädchen aussetzten. (Sie kamen übrigens ins Waisenhaus, in denen selbst heute noch mehr Mädchen als Jungs leben.)

Zwar durften die Bauern zwischen 1984 und 1987 ein zweites Kind bekommen, wenn das erste ein Mädchen war, doch entstand aus der alten Tradition ein anderes, heute spürbares Problem: ein Männerüberschuss. Auf 100 Mädchen kommen 118 Jungs.

Die Sehnsucht nach einem männlichen Erben verführt viele Paare dazu, drakonische Strafen auf sich zu nehmen, nicht nur finanzieller Natur. Der Familie drohen Benachteiligungen bei der Wohnungs-, Land- und Schulzuteilung oder im Gesundheitswesen. Eheleute, die die Ein-Kind-Regelung einhalten, bekommen dagegen Vergünstigungen in genau diesen Sektoren.

In Shanghai probt die Regierung nun eine Lockerung der Bestimmungen für Paare, die selbst Einzelkinder sind. In der Metropole liegt die Vergreisung jetzt schon bei 20 %, im Jahr 2020 soll sie auf 35 % ansteigen. An diese Folgen hatte Mao Zedong wohl nicht gedacht, als er sein Volk Anfang der 1950er Jahre aufforderte, viele Kinder für den Armee- und Wirtschaftsaufbau zu zeugen. Viele Münder hätten viele Hände, wird er zitiert. Dass die Hände irgendwann nicht mehr arbeiten können, der Mund aber noch gefüttert werden will, hatte er wohl übersehen.

17 Luàn Qī Bā Zāo*

Chaos

Peter ist mit dem Kleinen Li zum Fahrrad-kaufen verabredet. Taxifahren wird auf Dauer teuer. Zudem laden ihn die Radwege, die so breit wie eine komplette Autospur sind, förmlich ein. Peter sieht den Kleinen Li schon gegenüber an der Ampel warten. Sie ist rot, er bleibt also stehen.

Ein alter Mann in einer mit Leuchtstreifen besetzten Weste wedelt mit einer kleinen Fahne die herankommenden Radler an. Die scheren sich kaum drum. Auch das ohrenbetäubende Geräusch seiner Trillerpfeife verfehlt die angestrebte Wirkung.

Sie schlängeln sich, den armen Alten ignorierend, todesmutig durch die Lücken der wütend hupenden Autos.

Fußgänger laufen ebenfalls kreuz und quer über die Straße. Einige achten wenigstens darauf, von welcher Seite ein Auto kommt. Doch manche orientieren sich nur an den vor der roten Ampel stehenden Wagen. Interessiert beobachtet Peter eine Gruppe Chinesen, die, als sie feststellen, dass ja niemand fährt, munter losläuft. Genau in den Verkehr hinein, dessen Ampel just auf Grün umgesprungen ist.

Der Verkehrswächter kommt derweil aus dem Pfeifen gar nicht mehr heraus, sein Kopf ist schon genauso rot wie die Ampel.

---

* Wörtlich: Sieben und acht durcheinander in Unordnung.

Lachend und sich gegenseitig zerrend läuft die Gruppe* auf den rettenden Mittelstreifen, um dort auszuharren, bis sie tatsächlich grün haben. Oder einfach, bis die Lücke zwischen den Autos groß genug ist, um einigermaßen sicher über die Straße zu kommen.

Peter hat nun Grün und geht los. Mit lautem Hupen zwingt ihn ein Rechtsabbieger zum Stoppen.** Sein Herz klopft. Das war knapp! Eine ganze Schlange Abbieger folgt dem ersten Wagen. Peter bleibt nichts anderes übrig, als stehen zu bleiben. Hinter ihm ertönt immer wieder Fahrradklingeln. Er darf auch bloß keinen Schritt zurück machen. Als keiner mehr kommt und Peter endlich freie Bahn hat, blinkt das grüne Ampelmännchen und springt auf Rot um. Der Mann mit der Trillerpfeife sieht seine Chance und stoppt Peter. Zu seiner großen Freude gehorcht dieser sogar. Ein seltenes Erfolgserlebnis. Peter hat also Zeit, sich dieses chaotische Wirrwarr an der Kreuzung genauer anzusehen. Er stellt fest, dass die Linksabbieger noch dreister sind als die Rechtsabbieger. Kaum springt die Ampel auf Grün, rasen sie los, um noch vor den Geradeausfahrern abbiegen zu können. In Deutschland eine Verkehrswidrigkeit. Und genauso wie er eben, warten nun die Autofahrer auf das Ende der Schlange der Linksabbieger. Sie dauert schier endlos. Schließlich schaffen es nur drei Wagen, über die jetzt schon wieder rote Ampel zu kommen. Aber auch nur, weil sie schon mitten auf der Kreuzung stehen und den Weg blockieren.***

* Auch wenn die kultivierten Pekinger keinen Deut besser sind, gehören viele der chaotischen Fußgänger zu der Gruppe Zugereiste aus den Provinzen. In ihren kleinen Dörfern gibt es kaum Autos, geschweige denn Ampeln. Die Gefahr, dort überfahren zu werden, geht gegen Null. Sie sind den Verkehr nicht gewöhnt, die Bedeutung einer Ampel kennen sie, wenn überhaupt, nur vage. Sie machen es wie zu Hause: einfach loslaufen. Zumal ja gerade auch gar keiner fährt. Worauf sollen sie also warten?
** Hat ein Autofahrer Grün, fährt er auch. Egal, ob Fußgänger in ihrer Grünphase die Straße überqueren möchten. Die werden einfach weggehupt. Insofern heißt Grün noch lange nicht gehen!
*** Glauben Sie aber nicht, dass den blockierenden Autos immer die Vorfahrt gewährt wird. Grundsatz jedes Fahrers scheint, soweit es geht, vorwärts zu fahren. Es ist egal, ob er sich dann verkeilt, da er dem im Weg steht, der einem anderen im Weg steht, welcher wiederum ihm selbst im Weg steht. Es ist aber faszinierend, dass sich dieses Knäuel immer wieder auflöst.

Glücklich auf der anderen Seite angekommen, gehen Peter und der Kleine Li zum Fahrradhändler. Nach einer halben Stunde ist Peter Besitzer einer Fliegenden Taube, dem Flagschiff der chinesischen Räder. Er hat noch einen Korb und eine Klingel montieren lassen sowie ein dickes Fahrradschloss gekauft. Doch etwas fehlt: das Licht. Weder gibt es Vorder- oder Rücklicht noch Katzenaugen in den Speichen. »Kein einziges chinesisches Fahrrad hat Licht«, erklärt der Kleine Li. Die Gefahr, einen Autofahrer nachts zu blenden und somit einen Unfall zu verursachen, sei zu groß.

Peter ist sprachlos. Diese Logik entzieht sich seinem Verständnis. »Aber was ist denn, wenn der Autofahrer den Fahrradfahrer nicht sieht und ihn überfährt?«

Jetzt guckt der Kleine Li verblüfft. »Aber das Auto hat doch Licht, der Fahrradfahrer sieht ihn und muss aufpassen.«* Am besten vergäße Peter alle Verkehrsregeln, empfiehlt der Kleine Li. Sich anpassen und unterwerfen sei gesünder.

Apropos Unfall

Laut einer Studie der Weltgesundheitsorganisation sterben in China 250.000 Menschen pro Jahr bei Autounfällen. Das sind 680 am Tag! 45.000 werden täglich verletzt. Auch in der Gesamtwertung liegt China weit vorne: 20 % der tödlichen Unfälle weltweit passieren hier. Der Unfalltod ist gemäß dieser Studie in China die Todesursache Nummer eins bei den 15- bis 45-Jährigen. Regelwidrigem Fahrverhalten sind 92 % der Unfälle zuzuschreiben. Augen auf im Verkehr ist in China deswegen, im wahrsten Sinne des Wortes, lebensnotwendig.

---

* Es scheint, als gelten im chinesischen Straßenverkehr noch feudale Vorschriften. Damals, als der Kaiser in der Sänfte durch die Straßen getragen wurde, musste das Fußvolk warten, bis er passiert hatte. Dann erst durften sie gehen. Im Straßenverkehr ist die Hierarchie nach Größe und Schnelligkeit geordnet: Zuerst kommen die Autos, dann die Mopeds und danach die Fahrräder. Der Fußgänger hat quasi gar keine Rechte. Lastwagen werden auch oft bevorzugt behandelt, da sie stärker und, im Falle eines Unfalls, die Gewinner sind. Kein Auto legt sich gerne mit einem Lkw an. Daneben gibt es noch Regierungs- und Armeekarossen, die an ihren Nummernschildern erkennbar sind. Auch wenn gerade kein VIP befördert wird, haben sie Vorfahrt. Jedenfalls wird ihnen diese von den sich unterordnenden Normalbürgern gewährt.

Die ersten Fahrversuche kann Peter noch an der Seite des Kleinen Li machen, dann trennen sich ihre Wege. Wagemutig reiht sich Peter nun alleine in den Strom der Radfahrer ein. Sich immer vorsichtig umblickend überholt er mehrere Mitfahrer, die so langsam radeln, dass sie eigentlich umkippen müssten. Die Chinesen ihrerseits kümmern sich nicht großartig um die anderen. Sie biegen ohne Handzeichen zu geben ab, halten ohne Grund an, radeln gemütlich zu dritt nebeneinander her. Nicht einer hat sich mal vor dem Abbiegen umgedreht, um zu schauen, was hinter ihm passiert. Manche schauen noch nicht einmal nach vorne, wo sie denn überhaupt hinfahren. Spaziergänger, Fahrräder mit und ohne Anhänger, leise surrende Elektroräder, Mopeds, Lastenräder mit Motor, kleine, dreirädrige Personentransporter, Motorräder und auch Autos tummeln sich auf der deutlich als Fahrradweg markierten Spur. Diejenigen, die schneller sind als Peter, sausen klingelnd oder hupend an ihm vorbei.* Das geht aber auch nur, weil Peter brav rechts fährt und nur nach links ausschert, wenn er selbst überholen will. Die Chinesen dagegen fahren Schlangenlinien (was bei der »Geschwindigkeit« vielleicht auch gar nicht anders geht) oder je nach Gusto mal rechts und mal links. Ordnung herrscht hier jedenfalls nicht!

Er ist froh, als er heil zu Hause ankommt. Während er das Rad über die Schwelle zu seinem Hofhäuschen hievt, bemerkt er ein anderes, den Fahrradfahrern eigenes Geräusch: Singen. Lauthals und nur für sich schmettert ein vorbeikommender Radler den

---

* Ständiges Hupen ist ein weiterer Unterschied zum deutschen Verkehr, in dem die Hupe meist nur für den Vordermann als Hinweis benutzt wird, dass die Ampel grün ist. In China bedeuten die Hupe und das Klingeln: Achtung, ich komme. Was vergleichbar mit der Aussage: Mach Platz da! ist. Unsinnigerweise wird auch dauergehupt, wenn das schon erwähnte Knäuel an einer Kreuzung entstanden ist. Jedem ist klar, dass es kein Vorbeikommen gibt, daran wird die Hupe auch nichts ändern. Trotzdem kommt sie zum Einsatz. Nicht jedes Hupen hat diesen Mach-dich-vom-Acker-Charakter, oft ist es wirklich nur ein freundlicher Hinweis, dass ein Stärkerer rechts abbiegen will (und eventuell nicht bereit ist, zu bremsen).

neusten Schlager aus der chinesischen Hitparade. Peter muss grinsen.

Die chinesischen Fahrradfahrer sind eben schon ein Völkchen für sich!

Verkehrserziehung in China

Dies wird ein kurzes Kapitel, denn es gibt sie nicht. An Schulen wird der halbherzige Versuch unternommen, den Kindern die Gefahren des Straßenverkehrs nahe zu legen, natürlich mit den entsprechenden Benimmregeln. Doch das ultimative Vorbild, die Erwachsenen, ersticken mit ihrem Verhalten jedes erworbene Wissen im Keim. Sie nämlich schleifen ihre kleinen Kinder bei Rot über die Ampeln, ohne darauf hinzuweisen, dass sie ja eigentlich hätten warten müssen.

Natürlich schimpfen die Eltern mit ihren Kindern, wenn sie fast überfahren wurden. Aber nicht mit den Worten: »Du kannst doch nicht bei Rot über die Straße laufen!«, sondern mit »Achte gefälligst auf die Autos!«. Der Hauptzweck einer Ampel wird den Sprösslingen vorenthalten.

Dafür lernen sie aber, dass der chinesische Zebrastreifen nichts mit dem deutschen zu tun hat. In China ist er lediglich ein Vorschlag, hier die Straße zu überqueren, weil es eventuell nur hier eine Öffnung in der Spurentrennung in der Mitte der Straße gibt. Keineswegs bedeutet er, dass Autos freiwillig anhalten, um sie die Straße überqueren zu lassen.

Augen auf im Straßenverkehr ist natürlich auch in China lebensverlängernd. Den Blickkontakt mit einem Fahrer sollten die Passanten dennoch nicht suchen. Der bedeutet nämlich, dass sie ihn gesehen haben und stehen bleiben werden. Haben sie ihn, auch angeblich, nicht gesehen, muss dieser aufpassen, dass sie ihm nicht vor die Füße laufen. Er rechnet ja jetzt damit, dass sie ihn wie ein Hans Guck-in-die-Luft übersehen.

Manchmal scheint es aber auch, dass selbst die Autofahrer nicht wirklich auf den Verkehr achten. Es ist nicht ungewöhnlich, dass ein Taxifahrer auf das Ende einer Autoschlange zurast und erst im letzten Moment abbremst, als ob er es gar nicht bemerkt hätte. Hat er natürlich, er wollte nur vor allen anderen bei der Schlange ankommen.

Vielleicht noch ein Trostwort zum Schluss: Obwohl es so chaotisch klingt, es ist möglich, sich an die chinesische Fahrweise zu gewöhnen. Und, ehrlich gesagt, kann es sogar Spaß machen.

18 Wàn Rén Kōng Xiàng*

Die ganze Stadt ist auf den Beinen

Nicht jede Strecke kann Peter mit seinem neuen Fahrrad zurücklegen, wie ein Blick auf den Stadtplan beweist. Heute beginnt sein Praktikum bei einer Stofftierfirma, die weit draußen, am südlichen vierten Ring, ihre Betriebsstätte hat. Luftlinie allein sind es schon zwanzig Kilometer, bei Stadtverkehr bedeutet das mindestens anderthalb Stunden Fahrt. Ein Taxi wird zu teuer, Peter entscheidet sich für U-Bahn und Bus.

Professor Xu begleitet ihn am ersten Tag, an der U-Bahnstation Gongzhufen haben sie sich verabredet. Peters Häuschen liegt genau zwischen zwei U-Bahn-Linien. Er kann Linie 2** nehmen oder Linie 5, umsteigen muss er bei beiden Optionen, und die Haltestellen liegen auch etwa gleich weit entfernt. Er entscheidet sich für die Linie 5, die seit 2007 in Betrieb ist. Ihre Stationen sind modern, jeder Eingang ist mit einem Röntgengerät für Taschen ausgerüstet (welche die meisten Menschen, und

---

* Wörtlich: 10.000 Menschen sind unterwegs, und die Gassen leer.
** Knapp 30 Jahre lang besaß die Riesenstadt Peking nur zwei U-Bahnlinien. Nr. 1, die von Ost nach West verläuft, und Nr. 2, die am zweiten Ring entlang fährt (sie heißt deshalb auch *huánxiàn*, Kreislinie). Erst im Jahr 2002 kam eine neue Linie, Nr. 13, dazu, und ein Jahr später eine Verlängerung zur Nr. 1, die sogenannte Batong-Linie. Für die Olympischen Spiele stockte die Regierung noch mal ordentlich auf, und mittlerweile gibt es acht Linien sowie eine Flughafenbahn. Weitere sind in Planung und auch notwendig. Mit jedem Jahr vergrößert sich das Stadtgebiet. Für Pendler, die im Zentrum arbeiten, sind die Wege zur Arbeit mühsam und langwierig. Wer kein Auto hat, quält sich morgens mit Millionen anderen durch das Tunnelsystem. Anfahrtswege von über 2 Stunden sind keine Seltenheit. Allerdings brauchen die Autofahrer genauso lange. Sie stehen ja die meiste Zeit im Stau.

auch Peter, ignorieren). Es gibt sogar Kartenautomaten. Die will Peter ausprobieren. Dummerweise müssen die mit den in Peking selten vorkommenden ein *yuán* Münzen* gefüttert werden. Mit seinen Scheinen kommt Peter also nicht weiter.

Neben dem Automaten bemerkt er einen uniformierten Angestellten, der eine große Tasche mit Münzen in der Hand hält und jedem Fahrgast die Scheine wechselt. Der Sinn des Automaten erschließt sich Peter in diesem Moment nicht mehr.

Der Bahnsteig ist voll mit Menschen. Als die Bahn kommt, stellt sich Peter die Frage: Passen die alle rein? Die Waggons sind nämlich schon bis zum Platzen voll. Die Wenigen, die aussteigen wollen, werden von den Hineinstürmenden rücksichtslos zurückgedrängt. Da helfen auch die Striche auf dem Boden, welche die Wartenden in ihre Positionen weisen sollen, nichts. Auch die mit Trillerpfeifen ausgerüsteten Angestellten versagen in ihrer Funktion, die Einsteigenden in Schach zu halten.

Peter quetscht sich unter Mühen noch in die Bahn, festzuhalten braucht er sich nicht, umfallen kann hier eh keiner. Und tatsächlich passen auch nicht alle rein. Die Bahn fährt ab, gut ein Viertel der Leute muss auf die nächste warten.

Als Peter umsteigt, bemerkt er den Unterschied zwischen den neuen und alten Stationen. Linie 5 hält den Vergleich mit der Londoner U-Bahn zum Beispiel locker stand, in Linie 1 dagegen weht noch der sozialistische Wind. Mosaikbilder an den Wänden, heruntergekommene Fußböden und, wie er aber erst auf der Rückfahrt merkt, Kartenabreißer als Arbeitsbeschaffungsmaßnahmen, die nur drei Meter vom Kartenhäuschen entfernt stehen.

An der verabredeten Station trifft Peter Professor Xu. Er hatte seine Zweifel, den Lehrer in der großen Station zu finden, aber

---

* Diese Münzen kommen vor allem in Shanghai vor, warum das so ist, weiß niemand. Bis auf das Kleingeld, 5, 2 und 1 *jiǎo* (auch *máo* genannt, übertragen entspricht es unserem früheren Groschen) gibt es nur Scheine. Der höchste ist ein 100 *yuán* Schein (ungefähr 10 Euro), der kleinste, auch als Schein erhältlich, 1 *fēn*.

dessen Anweisungen, zum Südwestausgang zu gehen, waren Gold wert.* Allerdings liegt die Bushaltestelle auf der Nordseite, was Professor Xu nicht wusste. Sie erkennen sie schon von Weitem an der großen Menschentraube. »Morgens und abends ist eigentlich alles voll, Bus und Bahn gleichermaßen«, seufzt Professor Xu. Sie stellen sich in die Menge und warten. Eine Reihe gibt es nicht, aber dafür wieder mit Fähnchen versehene Ordner. Sie winken den Bussen, pfeifen die Menge zusammen und brüllen: »*Páiduì*! - Anstellen!« Leider schert sich auch hier kaum einer darum. Immerhin retten sie einige Unverdrossene, die sich nicht an die Absperrung halten, vor dem Angefahren werden. Dabei quakt zusätzlich eine laute Warnung vom Band aus dem Bus, dass sich dieser nähert. Auch dieser Sinn erschließt sich Peter nicht sofort. So ein Bus ist doch nicht zu übersehen.**

Einsteigen darf man in manchen Bussen nur vorne, was immerhin den Leuten, die am Ziel sind, das Aussteigen erleichtert. Trotzdem gleicht das Einsteigen einem Nahkampf.

Anstellen ist Übungssache

Dachte sich jedenfalls die Regierung. Und um dem Volk vor dem Ansturm der ausländischen Gäste zu den Olympischen Spielen ein paar Benimmregeln einzubläuen, schickte sie regelmäßig SMS an alle, um sie daran zu erinnern, sich anzustellen. Am 11. jedes Monats sollte das Anstellen geübt werden. Die Zahl 1 sieht dem Schriftzeichen für Mensch ähnlich, 11 symbolisiert zwei friedlich nebeneinander Stehende. Gefruchtet haben die lästigen Kurzmitteilungen nicht besonders viel. Deswegen sollten zusätzlich Aufseher für Ordnung sorgen. Mit mäßigem Erfolg. Etwas Abhilfe schafften erst die nachträglich installierten Absperrungen an den Bushaltestellen, in denen nur zwei Leute nebeneinander Platz hatten. Zwischen Absperrung und Bustür bleibt aber weiterhin genug Platz zum Drängeln.

* Alle Ausgänge der U-Bahnen in Peking sind mit Nord oder Süd gekennzeichnet. Für die Orientierung einfach perfekt.
** Die immer wieder zu beobachtende Unachtsamkeit der Chinesen im Straßenverkehr erfordert zur Unfallvermeidung einen sowohl visuellen als auch auditiven Reiz. Einige Verkehrsteilnehmer, ob zu Fuß, auf dem Rad oder im Auto, verdienen wirklich die Bezeichnung Hans Guck-in-die-Luft. Selten sieht man so viele erschrockene Gesichter und plötzlich zur Seite springende Menschen wie in China.

»Im Stadtzentrum sind die Leute zivilisierter«, beruhigt Professor Xu Peter. Das nützt ihm nur herzlich wenig, fahren sie doch jetzt noch weiter aus der Innenstadt heraus. Einen Sitzplatz bekommen sie natürlich auch nicht. Sie sind froh, überhaupt einen Platz an den Haltestangen zu ergattern. Jedes Mal, wenn einer aufsteht, entsteht ein hektischer Tumult im Kampf um den freien Sitz. Gleichwohl stellt Peter fest, dass viele Chinesen Älteren oder Frauen mit kleinen Kindern ihren Platz anbieten.

Nach schier endloser Fahrt leert sich schließlich der Bus, und beide können ebenfalls sitzen. Das Glück währt allerdings nicht lange, drei Stationen später kommen sie an der Endhaltestelle an.

»Deine Rückfahrt wird mit Sicherheit besser«, verspricht Professor Xu. »Da bekommst du bestimmt gleich einen Platz. Hier endet der Bus ja.«

Peter hält seine Erwartungen lieber niedrig. Zu Recht. Als er nämlich am Ende des Tages die Rückfahrt antreten will, steht wieder eine ähnlich große Menschentraube an der Haltestelle. Hier allerdings gibt es weder Absperrungen, die ein automatisches Anstellen erzwingen, noch die pfeifenden Ordner. Und da Professor Xu zu allem Übel auch schon früher zurückgefahren ist, steht Peter jetzt auch noch mutterseelenallein in dem Pulk Wartender.

Als der Bus kommt und seine Türen öffnet, traut Peter seinen Augen nicht. Wie bei einer Schlacht ums kalte Büffet stürmen die Leute auf den Bus zu, schubsen, drängeln, rammen Ellbogen in die Körper der anderen, rufen, kreischen, stöhnen, quetschen sich zu dritt durch die Tür und führen im Inneren des Busses den erbitterten Kampf um die Sitzplätze munter weiter.

Peter steigt als Letzter ein, unverletzt. Bei der vor ihm liegenden, einstündigen Fahrt fragt er sich allerdings, ob sich ein paar blaue Flecken für einen Sitzplatz nicht doch gelohnt hätten.

Mal ein paar Zahlen

Zehn Städte in China haben eine U-Bahn: Peking, Shanghai, Tianjin, Guangzhou, Dalian, Chongqing, Shenzhen, Shenyang, Wuhan und Nanjing. (Auf offiziellen chinesischen Webseiten werden auch Hongkong und Taipei mitgezählt.) Die Streckenlänge insgesamt umfasst ungefähr 950 Kilometer. Peking allein befährt davon mit seinen acht Linien 250 Kilometer, Shanghai sogar 420 Kilometer.

Bis zum Jahr 2015 sollen 17 weitere Städte* ein U-Bahnnetz bekommen. Die Gesamtlänge soll sich dann auf über 2.000 Kilometer erhöhen. Die Pekinger U-Bahn hat übrigens 123 Stationen. Die chinesische Hauptstadt soll aber aufgerüstet werden. Bis 2015 sollen insgesamt 19 Linien auf 560 Kilometer Strecke fahren.

Das Pekinger Busnetz hat sich dagegen schon sehr gemausert. Gab es 1949 nur elf Routen mit einer Busflotte von 164 Fahrzeugen, sind es heute über 800 Linien mit mehr als 25.000 Fahrzeugen. Jährlich transportieren sie 390 Milliarden Passagiere über 1,5 Milliarden Kilometer.

Und wo wir gerade dabei sind: 1950 gab es in China gerade mal 21.800 Kilometer Eisenbahnstrecken, wovon nur 11.000 Kilometer für den Verkehr geöffnet waren. Heutzutage sind es 75.000 Kilometer, bis 2020 sind zusätzliche 40.000 Kilometer geplant. Jährlich nutzen 1,2 Milliarden Menschen die Bahn, 20 % davon gleichzeitig während des Frühlingsfestes. Bei einer Gesamtfläche von 9,6 Millionen Quadratkilometern sind 75.000 Streckenkilometer nicht besonders viel. Deutschland hat im Vergleich eine Fläche von 350.000 Quadratkilometern, aber trotzdem ein Streckennetz von 36.000 Kilometer.

* Wen es interessiert, es sind die Städte Changzhou, Datong, Dongguan, Fuzhou, Guiyang, Hefei, Jiaxing, Jinan, Lanzhou, Nanning, Quanzhou, Shijiazhuang, Taiyuan, Urumqi, Xiamen, Xuzhou und Macao.

Und zu guter Letzt wollen wir die Autobahnen nicht vergessen. Die haben sich von 80.000 Kilometer in 1949 auf 1,9 Millionen Kilometer heute verlängert. In dem Autofahrerparadies Deutschland* ist das Gesamtnetz nur 12.300 Kilometer lang.

30 Millionen Zivilfahrzeuge gibt es, 16 Millionen sind Privatwagen, jährlich kommen ungefähr 400.000 Neuzulassungen hinzu. Bevor Sie jetzt aber den Taschenrechner herausholen, um nachzurechnen, wann jeder fahrtüchtige Chinese ein eigenes Auto besitzen wird, ein Nachtrag: Von den Neuzulassungen müssen natürlich die verschrotteten Wagen jährlich abgezogen werden, die belaufen sich auf etwa 100.000 im Jahr. Und Sie dürfen außerdem den Trend zur Zweitzulassung nicht vergessen, um die Tage des Fahrverbots auszugleichen. Es wird also noch eine Weile dauern, bis auch die Autobahnen in China nur aus Stau bestehen.**

* Wussten Sie eigentlich, dass es einen wahren Autotourismus für Chinesen gibt? In dem Pauschalurlaub ist dann die Anmietung eines Wagens enthalten, mit dem die Chinesen auf deutschen Autobahnen durch die Gegend düsen. In China gibt es auf allen Strecken Geschwindigkeitsbeschränkungen.
** Ein weiterer Aspekt ist erwähnenswert: Selbst die Leute, die ein Auto haben, fahren nicht, wie die Deutschen, mit diesem in den Urlaub. In China werden Langstrecken geflogen. Und da bei diesem großen Land fast alles Langstrecke ist, sind die Autobahnen vergleichsweise leer. Nur die Stadtautobahnen als Zubringer von außerhalb werden, trotz hoher Gebühren, fleißig genutzt. Auf Strecken durch die ländlichen Provinzen, befahren fast nur Lkws und Busse die Autobahnen.

19 Yóu Shǒu Hào Xián

Herumhängen und den Müßiggang mögen

Heute ist Peters erster Arbeitstag als Praktikant in einem Pekinger Staatsbetrieb, der
Stofftiere produziert. Er hinterlässt gleich
einen guten Eindruck: Ein halbe Stunde zu spät findet er sich
zusammen mit Professor Xu im Büro des Chefs ein. Die Fahrt
hatte länger als gedacht gedauert.

Die Sekretärin, Frau Mi, beruhigt ihn: »Song *jīnglǐ** ist noch
nicht da.«

Sie weist auf eine imposante Sitzgarnitur mit einem braunen
Lederimitatbezug und serviert heißes Wasser im Pappbecher.**
Die breiten Lehnen des Sessels, in dem Peter fast versinkt, eig-
nen sich hervorragend als Beistelltisch.

Abgesehen von den sperrigen Sitzmöbeln, befinden sich in dem
Raum nur noch ein alter Schreibtisch aus Holz, ein abschließba-
rer Rollschrank, ein Regal mit Ordnern, ein Wasserspender und
ein Tischchen mit einem Drucker. Der scheint, genau wie der
Computer von Sekretärin Mi, einer älteren Generation anzuge-
hören. Das Vorzimmer des Chefs hatte Peter sich etwas anders
vorgestellt.

---

* Wie schon erwähnt, werden viele Leute mit ihrem Titel oder Beruf angesprochen wie Professor Xu oder Meister Wang. Herr Song wird daher von
seinen Mitarbeitern Direktor Song genannt.
** Grundsätzlich werden in China Getränke angeboten. Oft natürlich Tee,
manchmal aber auch nur Wasser. Kaffee gibt es selten, in Staatsbetrieben
so gut wie gar nicht. Selbst im Sommer wird Wasser lauwarm gereicht. Es sei
gesünder, als kaltes Wasser, behaupten die Chinesen.

Plötzlich prescht Direktor Song durch die Tür, stutzt erst, dann erhellt sich seine Mine: »Ah, Ai Hua, herzlich willkommen!«

Endlich spricht ihn auch mal jemand mit seinem chinesischen Namen an, denkt Peter.

Direktor Song schüttelt Hände, gibt seiner Assistentin Anweisungen, eilt in sein Zimmer, kommt mit einem Packen Papiere wieder heraus und entschuldigt sich: »Viel zu tun heute, viel zu tun. Wir unterhalten uns später!« Und schon ist er wieder fort.

»Kommen Sie, Ai Hua«, erbarmt sich die Sekretärin, »ich zeige Ihnen die Fabrik und Ihren Arbeitsplatz.«

Professor Xu verabschiedet sich, er wollte nur sicherstellen, dass Peter gut ankommt.

Sekretärin Mi führt Peter über das Gelände mit den einzelnen Hallen, die für die Stofftierproduktion nötig sind: Wareneingang, Lager, Zuschneiderei, Nähsaal, Stopferei, Versand. Überall ist es laut. Die meist weiblichen Arbeiter gehen stumm ihren Tätigkeiten nach, schauen aber neugierig zu dem Ausländer rüber. Viele der Maschinen sehen aus, als hätten sie schon Jahrzehnte auf dem Buckel. Ähnlich wie der Computer.

Die Besichtigungstour endet, wo sie begonnen hatte, in dem Bürogebäude, wo Peter seine neuen Kollegen kennenlernt. Die vielen Namen rauschen in sein linkes Ohr hinein - und aus dem rechten ungespeichert wieder heraus. In jeder Abteilung sitzen mindestens sechs Leute. Peter versucht sich wenigstens die Namen der Mitarbeiter seiner Abteilung, dem Export, zu merken. Doch nach so vielen komischen Namen wie Zhu, Zhao, Meng, Liang, Peng und Ma schwirren nur noch Buchstaben in seinem Hirn. Er hat ja ein paar Monate Zeit, sie sich einzuprägen.

Herr Zhu ist der Abteilungsleiter und übernimmt die weitere Einweisung. Peter bekommt einen Schreibtisch, Papier und Kugelschreiber sowie einen leeren Ordner. Computer gibt es nur einen im ganzen Raum. Der steht bei Verkäufer Liang auf dem Tisch.

»Wir sind für den Export zuständig«, sagt Leiter Zhu auf Englisch.

Verkäufer Meng grinst verschämt und sagt zu seinem Kollegen Ma: »Ich verstehe kein Wort.«

Peter jedoch hat ihn verstanden und wundert sich ein wenig, was ein des Englischen Unkundigen in die Exportabteilung verschlägt. Leiter Zhu erklärt noch ein paar betriebsinterne Abläufe, stellt Peter eine Tasse Tee hin und geht. Die fünf neuen Kollegen wenden sich Peter zu und stellen ihm – in langsamem Chinesisch - die wohlbekannten Fragen zu seiner Person.

Nach zehn Minuten angeregtem Plaudern ist Leiter Zhu noch immer nicht zurück. Irritiert fragt Peter, wo er denn wäre.

»Keine Ahnung«, erwidert Verkäufer Zhao. »Es ist eh gleich elf Uhr, lasst uns schon mal zur Kantine gehen.«*

Als sie nach dem Essen und weiterem Plaudern zurück ins Büro kommen, fragt Verkäufer Peng: »Kannst du Karten spielen?«

Peter schüttelt den Kopf.

»Macht nichts, du kannst ja erst einmal zusehen.«

Die Chinesen reihen ihre Stühle um einen Schreibtisch, Verkäufer Ma mischt und teilt jedem eine Menge Karten aus. Dann geht es los. Knöchel krachen auf die Tischplatte. Grunzlaute begleiten jede abgeworfene Karte. Einige legen mehrere Karten auf einmal ab, andere ziehen wahllos neue. Auch die Reihenfolge der Spieler kommt Peter durcheinander vor. Ab und zu geht die Tür auf und Kollegen aus den anderen Abteilungen stecken die Köpfe herein. Diese wollen allerdings nur Peter anschauen, die Kartenspieler lassen sich dadurch nicht stören.

Auch als Leiter Zhu wieder zurückkommt, und Peter ein wenig schuldbewusst zusammenzuckt, kümmern sich die anderen nicht

---

* Punkt 11 Uhr 30 ist in vielen chinesischen Betrieben Mittagspause. Manche gehen erst um 12, aber selten später. Vor allem staatliche Betriebe und Behörden sind dann bis 1 Uhr nicht erreichbar. Da kann kommen, was will. Wenn je etwas in China heilig gesprochen wurde, dann wohl die Mittagspause.

im Entferntesten darum. Genauso wenig beachtet Leiter Zhu die Aktivitäten seiner Abteilung.

»Wir haben eine Anfrage aus Amerika«, sagt er zu Peter gewandt. »Die können wir ja morgen zusammen bearbeiten.«

Erfreut nickt Peter. Morgen. Was er denn jetzt noch machen solle?

»Äh, ich hab grad nichts«, murmelt Leiter Zhu. »Ihr?«

Die Spieler schütteln die Köpfe. Verkäufer Peng fällt dabei die Asche seiner Zigarette, die zwischen den Zähnen klemmt, auf den Tisch.

Leiter Zhu wühlt desorientiert zwischen den Papieren auf seinem Tisch. »Hier.« Er reicht Peter ein paar zusammengeheftete Zettel. »Das ist der letzte Auftrag. Du kannst ja einfach mal ein bisschen darin blättern.«

Glücklich über eine einigermaßen sinnvolle Aufgabe macht Peter sich ans Werk. Fast alles ist auf Chinesisch. Anfangs sucht er noch eifrig die Übersetzungen in seinem Wörterbuch. Irgendwann merkt er, dass er alleine mit den beliebig aneinandergereihten Wörtern nichts anfangen kann. Es müssen Produktnamen sein, die er noch nicht kennt. Das Lachen und Rufen seiner Kollegen bringt ihn auch immer wieder aus seiner Konzentration. Vielleicht sollte er besser den heutigen Tag einfach nur dazu nutzen, dieses Kartenspiel zu lernen.

Papa Staat hat′s ja

Verstehen Sie mich bitte nicht falsch: Die Stofftierfirma ist kein Exempel par excellence für chinesische Unternehmen! Wohl aber für Staatsbetriebe. Seit den 1980er Jahren sind allerdings viele private Unternehmen entstanden, die genauso wie westliche Firmen mit der Wirtschaftlichkeit kämpfen und entsprechend organisiert sind. Dort werden Sie die Angestellten auch nur in den Pausen beim Kartenspielen antreffen. Wer nichts schafft, fliegt raus. Eine ganz einfache ökonomische Regel. (Dort werden Sie zudem die neuesten Computer- und Datenverarbeitungsprogramme antreffen, wie auch ein schickes Innendesign und moderne Möbel.)

Staatsbetriebe gehören aber, wie die Große Mauer, zu China. Und mit ihnen die dort gängige Arbeitseinstellung. Auch wenn die eiserne Reisschüssel* schon große Kerben aufweist, hat sich die Arbeitsmoral noch nicht den wirtschaftlichen Ansprüchen angepasst.

Mit einer Umstrukturierung versucht die chinesische Regierung, den oft maroden und vor allem ineffizienten Firmen zu Leibe zu rücken. Vorwiegend durch Privatisierung. Laut Handelsministerium der Volksrepublik China gibt es derzeit über 130 zentral verwaltete Staatsbetriebe, die nach lokaler Aufteilung mit mehr als 140.000 Einzelunternehmen zu Buche schlagen. Dem gegenüber stehen 3,6 Millionen Privatunternehmen.

Während Letztere vor allem Handel und Produktion betreiben, liegen Rüstungsindustrie, Telekommunikation, Energiekonzerne und Bauwesen in Regierungshand. Bei wichtigen Ausschreibungen, wie zum Beispiel für den Ausbau der Infrastruktur, werden Staatsbetriebe oft bevorzugt. In solchen Fällen bestimmt meist die Politik die Entscheidung. (Oder ein prall gefüllter Beutel mit Bestechungsgeldern.)

Ist ihre Anzahl auch fallend, Staatsunternehmen werden auf internationale Wettbewerbsfähigkeit gedrillt und bei Umsatzsteigerungen in den chinesischen Medien hoch gelobt. Jeder Börsengang macht Schlagzeilen, ausländische Niederlassungen sind ein Beleg ihrer Bedeutsamkeit. Die rasante Wirtschaftsentwicklung in China und die Globalisierung wird aber auch bei ihnen irgendwann Spuren hinterlassen. Bei großen und strategisch wichtigen Staatsunternehmen liegt die Priorität schon auf

---

* Siehe Kapitel 10 »SĪ SĪ RÙ KÒU«

Wirtschaftlichkeit. Die kleineren werkeln noch mit den alten Strukturen.

Aber auch bei diesen müssen die Karten im Zuge der weiteren Entwicklung des Landes neu gemischt werden. Allerdings geht es dann nicht mehr um Spielkarten.

20 Fèn Bù Gù Shēn

Die eigene Sicherheit außer Acht lassen

Peter hat ein neues Hobby: Einkaufen im Supermarkt. Jedes Mal entdeckt er neue Lebensmittel, die er ausprobiert. Das macht Spaß, sehen sie doch oft widerlich aus, entpuppen sich dann aber als sehr schmackhaft. Wie zum Beispiel die schwarzen Eier. Das Auge isst in dem Fall nicht mit, aber sie schmecken gut, na ja, einfach nur nach Ei eben. Manchmal wirft Peter aber allein nach dem Riechen seine Errungenschaft schon in den Mülleimer. Wie kürzlich bei dem in Plastik eingeschweißtem *chòu dòufu*, wörtlich und tatsächlich: stinkender Tofu. (Übrigens eine Delikatesse für Chinesen, die aber unseren Käse als eklig ablehnen.*) Er hatte sogar die Mülltüte raus bringen müssen, weil dieser unbeschreibliche Gestank in der ganzen Küche hing. Ihm ist unbegreiflich, wie jemand so etwas essen kann.

Heute ist Peter wieder in Probierlaune, greift sich einen Einkaufswagen, der mit seinen quietschenden Rädern in alle Richtungen fährt, nur nicht nach vorne, und inspiziert die Regale. Auch ohne chinesische Schriftzeichen zu können, erkennt Peter die gepunkteten Wachteleier im Glas oder die eingelegten Skor-

---

* Das gilt jedenfalls für die meisten Chinesen. Einige Völkergruppen, vor allem die aus dem Norden und Westen, essen selber gerne Käse, den sie aus Yakmilch produzieren. Es gibt wenig Landwirtschaft in ihren Gebieten, weil der Boden dafür nicht geeignet ist. So ziehen sie als Nomaden mit ihrem Vieh über die Wiesen, essen viel Fleisch und eben Käse und Joghurt. Der riecht selten so streng wie z. B. Limburger Käse und schmeckt eher mild und eigentümlich. Aber sehr lecker!

pione. Wie sie schmecken, weiß er allerdings nicht. Er nimmt sie mit. Tüten mit getrockneten Rindfleischstreifen oder die getrockneten kleinen Krabben in großen Kisten zum Pfundpreis findet er langweilig, er rumpelt mit diesem verflixten Einkaufswagen zu den Kühlregalen weiter. Laute Musik dröhnt aus strategisch platzierten Lautsprechern, übertönt wird sie von Werbespots, die aus kleinen Monitoren schrillen.*

Später Feldzug der Hypermärkte

Supermärkte sind übrigens erst seit Anfang der 1990er Jahre in Mode. Bis in die 1980er Jahre gab es Lebensmittelzuteilungen (s. u.), später kauften die Chinesen ausschließlich auf Märkten oder in Kiosken ein. Das Konzept der Selbstbedienung und des Einkaufswagens ist daher noch relativ jung. Da die Chinesen aber alles sehr gerne anfassen, bevor sie es kaufen, erfreuen sich die Supermärkte größter Beliebtheit. Innerhalb von wenigen Jahren ist ihre Anzahl in ganz China auf über 55.000 gestiegen, Shanghai beherbergt davon knapp 10.000, in Peking gibt es ungefähr 4.000 Supermärkte.

Im Kühlregal wird Peter fündig. Die eingeschweißte, küchenfertig zubereitete Pekingente wie auch die blassen Hühnerfüße lässt er links liegen. Ihn interessieren die vielen Würste. Schwarz, weiß und fleischfarben, dick, dünn, kurz und lang sind sie. Er wählt eine schwarze und eine weiße aus. Woraus sie bestehen, kann er nicht erkennen. Er wird später das Wörterbuch konsultieren.** Neben den Würsten liegen geliertes Entenblut und Knochensuppe in dreieckigen Tüten.

Eine junge Chinesin hält Peter ein Tablett mit Wurstwürfeln hin. »Möchten Sie probieren? Die Wurst ist gerade im

---

* Von sanfter, psychologisch wirksamer Einkaufsmusik ist China noch weit entfernt. Je lauter, desto besser. Eigentlich eher zum Weglaufen - den Chinesen stört es aber nicht.
** Möchten Sie es jetzt schon wissen? Die schwarze Wurst wird mit Kiefernblüteneierwurst übersetzt und schmeckt, nun, nach Ei. Die weiße Wurst mit dem blumigen Namen »Weiße Jade« wird aus Bohnen hergestellt und schmeckt nach nichts.

Angebot, zwei zum Preis von einer.« Sie zeigt auf eine riesige Wurst in roter Plastikpelle. Die muss mindestens ein Kilo wiegen. Von einer allein würde eine ganze Kompanie satt werden. Auch wenn Peter weiß, dass er keine kaufen wird, probiert er mutig. Sie schmeckt ähnlich wie Fleischwurst, nur zu süß für seinen Geschmack. (Dieses Phänomen hatte er übrigens schon öfter erlebt: In Speisen, die eigentlich herzhaft sein sollten, ist oft ein süßlicher Beigeschmack. Wurstwaren, Paprikachips, Brot, alles enthält zu viel Zucker. Auch viele der schon zubereiteten »Salate«, wie eingelegter Weißkohl mit Chili oder marinierte Auberginen, die fast jeder Supermarkt an einer Frischetheke anbietet, sind oft süß.)

»*Hái kěyǐ*«, urteilt Peter auf ihren gespannten Blick. Geht so. Peter bedankt sich bei der netten Dame und widmet sich mit einem schlechten Gewissen wieder dem Warenangebot.

Neben kleinen Plastikcontainern mit wokfertigem Gemüse und Fleischgerichten nebst Gewürzmischung liegen Schalen mit länglichen, braunen Würstchen. Er beugt sich ins Kühlregal, um die Dinger genauer zu inspizieren. Vielleicht ist es ja etwas, das er ausprobieren kann. Als sich allerdings eins der Würstchen von alleine bewegt, schreckt er zurück. Jetzt bemerkt er, dass die meisten anderen Würstchen auch noch recht lebendig sind.

»Das sind Seidenraupen«, erklärt die Werbedame mit den echten Würsten.

Ah ja, gut. »Hm«, zögert Peter, »da muss ich erst noch mal ein gutes Rezept suchen.«

Seine Ausrede kauft sie ihm so wenig ab, wie er ihr die riesige Wurst. Die Tatsache, dass er Ausländer ist, entschuldigt ihn schon eher.

Ein zweites Mal flieht Peter vor der jungen Dame. Er landet in der Frischfleischabteilung. Halbe Schweine, Ziegenköpfe und Rindermägen, vielleicht skurril für einen Supermarkt, aber nichts für Peters Einkaufswagen. Ihm gelüstet nach Herausforderungen für den Gaumen, tote wohlgemerkt.

Peter lenkt seinen eigenwilligen Einkaufswagen in die Konservenabteilung. Fast alles, was das Herz begehrt, gibt es in Dosen: Obst, Gemüse, Spaghetti, Fisch, Fleisch, Milch und noch vieles mehr. Allerdings ist nichts dabei, was er als spektakulär betiteln würde. Er schiebt seinen immer wieder nach rechts und links ausbrechenden Einkaufswagen zu den Tresen mit fertigen Speisen. Teigtaschen mit Fleisch oder Gemüse, mehrschichtige Fladen mit und ohne Füllung sowie riesige, eierkuchenähnliche Brotkreise bietet ein junger Verkäufer in einem schmuddeligen Kittel an. Hinter einer Glastheke gibt es noch Weißkohlsalate, eingelegtes Gemüse, Tofugerichte und, endlich, Undefinierbares. Peter bestellt ein Schüsselchen mit einem durchsichtigen, nudelartigen Etwas, wahrscheinlich mariniert in Gürkchen und Chili.

Zufrieden mit der Ausbeute und die Maden verdrängend bezahlt er an der Kasse.

Zu Hause öffnet er erst einmal das Glas mit Skorpionen. Sie sind sehr klein, die Soße, in der sie schwimmen, ist süßscharf mit einem unangenehmen Nachgeschmack, und der kleine Panzer etwas aufgeweicht. Wie Skorpione schmecken, könnte er nach dieser Probe nicht definieren. Er schmeckt nur die Soße. Der Nudelsalat entpuppt sich als Tintenfischsalat, schmeckt ein wenig wie die Weser in Bremen riecht, wenn auch süßer. Die knorpeligen Tentakel schmälern den Genuss zusätzlich.

Peters Fazit: kein gelungener Einkaufstag. Zudem schwirren, oder besser, wimmeln die Maden auch noch in seinem Kopf umher. Schweren Herzens fasst er einen Entschluss: Morgen sucht er sich ein neues Hobby.

Auf die Marke kommt es an

1993 wurde die letzte ihrer Art in China gedruckt, die Lebensmittelmarke. Schon während der Ming-Dynastie (1368-1644) gab es welche. Besonders wichtig für die Chinesen waren sie jedoch nach Gründung der Volksrepublik 1949. Kaum ein Gut, ob Zucker, Ingwer oder Tee, Zahnpasta, Regenschirme oder Handtücher, konnte ohne sie bezogen werden. Alles war rationiert und nur über diese Bezugscheine zu bekommen. Wer Geld hatte, war nicht reich. Nur der, der Coupons besaß.

Für das Überleben waren nach Ansicht der Regierung sieben Dinge notwendig: Brennholz, Reis, Öl, Salz, Sojasoße, Essig und Tee. Das waren alles knappe Güter. (Alle anderen jedoch auch. Selbst für einen Hocker oder ein Stück Stoff musste die Bevölkerung Marken vorlegen. Die Regierung konnte so übrigens das Konsumverhalten lenken und dem tatsächlich vorhandenen Angebot anpassen.)

Der Staat legte fest, wie viel jeder Haushalt monatlich benötigte und verteilte entsprechend die Bezugsscheine. Dieses System sollte gewährleisten, dass jeder genug und alle das gleiche hatten. Ein bunter Tauschmarkt entstand natürlich, der schon fast als Schwarzmarkt bezeichnet werden konnte. Wer sein zugeteiltes Mehl nicht brauchte, konnte sich so eine neue Zahnbürste besorgen.

Nach Zahnbürsten stand aber den wenigsten Menschen der Sinn, sie wollten satt werden. Ein Unterfangen, das in den ersten Jahrzehnten der jungen Volksrepublik fast unmöglich zu erreichen war. Eine Hungersnot jagte die nächste, die Chinesen aßen in den schlimmsten Jahren Blätter, Gras und Lehm, nur um dem Magen ein Völlegefühl vorzutäuschen. Bizarr erscheinen da die vielen bunten Propagandabilder aus jener Zeit, in denen lachende Schlachter vor Schweinehälften ihre Kunden bedienen. Fleisch war nämlich absolute Mangelware für das normale Volk.

Drei Jahre nach dem Ende der Kulturrevolution und nun mit Deng Xiaoping an der Spitze begannen in China Ende der 1970er Jahre die Wirtschaftsreformen. Auf dem Land begann es harmlos mit einem sogenannten Haushaltsverantwortungssystem. Die Planerfüllung wurde von der Dorfebene auf die Haushaltsebene verlegt, was bedeutete, dass Ernteüberschüsse frei verkauft werden konnten. Für die Bauern war das ein Anreiz, mehr zu produzieren, konnten sie doch endlich mal selbst ein wenig Geld verdienen.

Als Nächstes wurde das Staatsmonopol der Lebensmittelmärkte abgeschafft. Bauern konnten ihre Waren auf freien Märkten verkaufen. Bei einigen Produkten, wie Getreide, waren die Preise vorgegeben. Der Anbau lohnte sich finanziell oft nicht, viele Bauern spezialisierten sich auf frei handelbare Obst- und Gemüsesorten. Mit anderen Worten, eine Hauptnahrungsquelle, Mehl, begann, zu versiegen. In den 1990er Jahren gab es zudem Preisanstiege aufgrund von Versorgungsengpässen und Inflation. Die Regierung stellte die Getreideproduktion wieder unter staatliche Kontrolle mit festgelegten Preisen. Keiner wollte aber Getreide anpflanzen, Gewinne gab es kaum. Und in manchen Gebieten war es wegen der Bodenbeschaffenheit gar nicht erst möglich.

Dadurch, dass zwischen den einzelnen Provinzen kein Austausch an Gütern stattfand und jede für die Selbstversorgung zuständig war, entstanden in einigen Gebieten Überschüsse, in anderen Defizite. Kartoffeln vergammelten zum Beispiel auf dem Feld, weil es zu viele gab und eine weitere Ernte deswegen keinen Gewinn einbrachte, gleichzeitig fehlte es aber an Weißkohl. In der Nachbarprovinz war es vielleicht genau entgegengesetzt.

Die Regierung steuerte wieder zurück, die Versorgung der Bevölkerung stand erneut auf dem Spiel. Preise, vor allem für Getreide, wurden erneut angehoben, was die Bauern wieder motivierte. Die Märkte wurden freier, Angebot und Nachfrage bestimmten nun den Preis. Ein Schritt in die sozialistische Marktwirtschaft war geschafft.

Trotz der Freiheiten, welche die Bauern mittlerweile bezüglich des Anbaus genießen, ist das agrarwirtschaftliche Problem noch nicht gelöst. Die Landbevölkerung verlässt die Felder, um in den Städten auf Baustellen und in Fabriken Geld zu verdienen. Viele

Hektar liegen brach oder werden von den Großeltern oder Kindern notdürftig bearbeitet. Das bedeutet auch, dass die Kinder oftmals nicht zur Schule gehen können, und der Kreislauf der Armut weitergeht.

Chinas Regierung beschließt jedes Jahr aufs Neue, dass die Modernisierung der Landwirtschaft Priorität besitzt, damit die Einkommen der Bauern steigen und die Grundversorgung gesichert ist. Tatsächlich passiert nicht so viel, wie angekündigt. Zahlen sprechen für sich: Beruhte das Bruttoinlandsprodukt 1970 noch zu 40 % auf dem Agrarsektor, waren es 2007 nur noch 11 %.

Aus dem Bauernstaat ist mittlerweile ein Arbeiterstaat geworden.

21 Tīng Tiān Yóu Mìng

Dem Himmel sein Schicksal überlassen

Lange im Voraus kündigt sich das chinesische Neujahr, auch Frühlingsfest genannt, an. Peters Nachbarn hängen Spruchbänder* und Glückszeichen** an ihre Türen.

Kioske, die Feuerwerkskörper verkaufen, sprießen wie Pilze aus dem Boden. Obwohl der Verkäufer um seine explosive Ware weiß, hängt ihm die Zigarettenkippe lässig zwischen den Lippen. Vor seinem kleinen Laden hat er praktischerweise Feuerlöscher als Parksperren aufgestellt. Was soll da schon passieren? Außerdem laufen die Geschäfte schon vor dem eigentlichen Feuerwerkstag sehr gut, denn niemand wartet auf den Silvesterabend, es wird zu jeder Tages- und Nachtzeit geböllert. Nach jedem Knaller springt auch mindestens eine Autoalarmanlage an. Ihre sieben verschiedenen Tonvariationen gehen Peter noch mehr auf den Wecker, als das ohrenbetäubende Feuerwerk.

Professor Xu hat Peter eingeladen, den Silvesterabend bei ihm und seiner Familie zu verbringen. Peter hat schon ein Buch besorgt, braucht aber noch ein Fläschchen Schnaps, um

* Ein Set dieser Spruchbänder besteht aus drei Teilen. Sie werden rechts, links und waagerecht über der Tür angebracht. Auf ihnen stehen die Wünsche für das neue Jahr. An Bauernhäusern findet man häufig gute Wünsche für das Wetter und somit für die Ernte. Wichtig ist dabei auch, dass sie sich ergänzen. Steht links das Wort Regen, muss rechts auch der Wind auftauchen.

** Quadratische Papierschilder in Rot und Gold mit dem Schriftzeichen *fú*, Glück, schmücken zum Frühlingsfest chinesische Haustüren. Die meisten Leute hängen es verkehrt herum auf. Dann ähnelt es dem Zeichen *dào*, ankommen. So also bedeutet es: Das Glück soll kommen.

sein Gastgeschenk zu komplettieren. Die Supermärkte sind zum Bersten voll. Besonders beliebt sind Geschenkkartons mit Wein zum Sonderpreis und kunstvoll arrangierte Obstkörbe. Ähnlich wie wir in der Vorweihnachtszeit, frönen die Chinesen vor dem Frühlingsfest dem Konsum. Nicht nur, um andere zu beschenken.*

Der Mondkalender

Obwohl seit dem 1.1.1912 der Gregorianische Kalender gilt, werden chinesische Feiertage nach dem Mondkalender berechnet. Dazu gehören zum Beispiel das Mondfest im September und das Frühlingsfest im Januar bzw. Februar. Der Legende nach hat der Gelbe Kaiser, Huangdi, den Kalender um 2600 v. Chr. erfunden. Da keiner genau weiß, seit wann Huangdis Kalender besteht, ist auch nicht sicher, welches chinesische Mondjahr gerade ist. Den meisten Quellen nach ist unser 2010 das Jahr 4007 in China. Der Mondkalender richtet sich nach den zwölf Mondphasen, die ca. 29 Tage dauern. Das bedeutet also, dass das Mondjahr ungefähr zehn Tage kürzer ist.

Um den chinesischen mit dem gregorianischen Kalender in Einklang zu bringen, haben die Chinesen nicht nur einen Schalttag, sondern einen ganzen Schaltmonat, der alle paar Jahre zum Einsatz kommt. (Ein Jahr mit Schaltmonat ist bei den Chinesen übrigens sehr beliebt für Hochzeiten und Geburten. Ein Jahr mit vielen Monaten bedeutet gleichzeitig eine lange Ehe oder ein langes Leben.) Durch die Differenz der Tage und des eingeschobenen Schaltmonats fällt das Frühlingsfest auch nie auf den gleichen Tag, sondern verschiebt sich jedes Jahr.

Schon am Nachmittag erwartet ihn Professor Xu. Denn ganz traditionell soll es *jiǎozi* geben, gefüllte Teigtaschen.** Nicht die tiefgekühlten aus dem Supermarkt, nein, alle sollen mithelfen, sie zu »packen«, wie es im Chinesischen heißt: *bāo jiǎozi*. Und das dauert.

---

* Da kommt ihnen die Tradition, vor dem neuen Jahr alles neu zu machen, gerade recht als Ausrede. Was im alten Jahr nicht erledigt oder erneuert wird, bleibt unverändert im neuen Jahr, heißt es. Wer den Fortschritt willkommen heißen möchte, kauft noch schnell den neuen Kühlschrank. Auch eine neue Frisur kann Amor im neuen Jahr auf die Sprünge helfen. Ein Versuch ist es wert!
** Diese Tradition gibt es übrigens schon seit der Ming-Dynastie (1368-1644). Nach altem Brauch aßen die Leute zum Jahreswechsel gefüllte Teigwaren. Das Wort *jiǎozi* setzte sich dann aus dem Wort für Wechsel (in Verbindung mit Jahreszeiten), *jiāo*, und einem Wort für Zeit, *zǐ*, zusammen.

Herzlich begrüßt Professor Xu den sich mit weißem Hemd schick gemachten Peter, um im gleichen Moment auszurufen: »Oh, nein, das geht nicht!« Er zerrt den verdutzten Peter in das erste Zimmer, läuft hinaus und kommt mit einer bunten Strickjacke wieder. »Die musst du anziehen«, verlangt er.

Peter tut, wie ihm befohlen.

»Weiß ist die Farbe der Beerdigung. Weiße Hemden sind zwar mittlerweile völlig normal in China, aber am Frühlingsfest wollen wir nicht an die Toten erinnert werden.«

Ein weit hergeholter Gedanke, von einem weißen Hemd auf einen Toten zu schließen, findet Peter. Er möchte aber um Gottes Willen nicht dafür verantwortlich sein, seinen Gastgebern das Frühlingsfest zu verderben. Um abzulenken, überreicht er Professor Xu seine Mitbringsel. Ganz bewusst und damit rechnend, dass Professor Xu diese ablehnt.* Was der aber gar nicht tut. Mit glänzenden Augen nimmt dieser den Schnaps entgegen. Als er das Buch auspackt, kommt jedoch wieder dieser panische Blick. »Das musst du wieder mitnehmen, Peter, tut mir leid«, entschuldigt er sich sichtlich zerknirscht. »Ich bin ja einiges gewöhnt von meinen ausländischen Studenten, mir macht das Buch nichts aus. Aber wenn meine Familie das sieht, ausgerechnet heute, ist das neue Jahr schon verdorben.«

Das Wort für Buch, *shū*, klinge genauso wie das Wort für verlieren, erklärt er. Deswegen seien Bücher immer ein schlechtes Mitbringsel, zum Neujahrsfest ganz besonders. Das ganze Jahr wäre verloren. »Die chinesische Symbolik hat ihren Höhepunkt am Frühlingsfest«, fügt Professor Xu noch an.

Bei Peter klingeln sämtliche Alarmglocken. Heute Abend wird er anscheinend besonders aufpassen müssen! Im Wohnzimmer ist bereits Professor Xus Familie versammelt, Peter versucht, sie zu zählen, aber sie rennen so wild durcheinander, dass er das Vorha-

---

* Siehe Kapitel 6 »*Sǎo Tà Yī Yǐng*«.

ben kurze Zeit später aufgibt. Ein Baby und drei kleinere Kinder gehören zu der jüngsten Generation, die Oma und Eltern von Professor Xus Frau zu der Ältesten. Außerdem sind noch Brüder und Schwestern angereist*, um im Familienkreis das wichtigste Fest des Jahres zu feiern. Die Kinder flitzen kichernd um ihn herum und spielen »Wer traut sich, den Ausländer zu berühren?«

Professor Xu nimmt Peter mit in die Küche. »Eigentlich ist das ja die Frauendomäne hier, aber du sollst schließlich lernen, *jiǎozi* zu machen.«

Mit bemehlten Fingern sind die Damen dabei, die halbrunden Teigtaschen zu füllen. Auf einem Deckchen liegen schon viele fertige *jiǎozi*, kunstvoll von der Mitte an kreisrund arrangiert. Ein fast volles Tablett liegt auf der Anrichte.

»Die Füllung besteht aus Hackfleisch und Gemüse«, erklärt Professor Xu. »Gemüse, *cài*, hat eine ähnliche Aussprache wie Reichtum, *cái*. Die Form der *jiǎozi* gleichen der eines *yuánbǎo*, das ist ein Silberbarren aus dem feudalen China.«

»Wer soll das denn alles essen?«, fragt Peter.

»Wir sind fünfzehn Leute«, was Peters Frage von vorhin beantwortet, »und die Teigtaschen müssen sowohl für heute Abend als auch für morgen früh zum Frühstück reichen. So will es er Brauch.«

Peter macht sich ans Werk. Es sieht einfacher aus, als es ist. Seine *jiǎozi* sind entweder so voll, dass er die Teiglappen nicht mehr zusammengefaltet bekommt, oder zu leer. Die Damen des Hauses amüsieren sich königlich.

Das ändert sich jedoch schlagartig, als eine der Damen feststellt, dass Peter die fertigen Maultaschen auf dem fast vollen

* Jedes Jahr zum Frühlingsfest gibt es wahre Völkerwanderungen in China. Jeder reist in seine Heimatprovinz, um mit der Familie in das neue Jahr zu feiern. Millionen Chinesen sind unterwegs, im Jahr 2010 waren es 210 Millionen Menschen. Viele sehen ihre Familien nur zu dieser Zeit, wie z. B. die Wanderarbeiter. Den Rest des Jahres leben sie getrennt von Ehepartnern und Kindern.

Tablett abgelegt hat. »Es dürfen nur neunundneunzig auf einer Decke liegen«, schrillt es ihm entgegen. Glücklicherweise lassen sich die unförmigen Versuche leicht aussortieren, und der Schaden kann ohne Nachzählen behoben werden.

Professor Xu, der bei dem Aufschrei in die Küche eilt, erlöst Peter von seinen Hausfrauenpflichten. »Neun klingt im Chinesischen genau wie lang, *jiŭ*. Mit den neunundneunzig *jiǎozi* wünschen wir uns, dass Glück und Reichtum lange erhalten bleiben«, flüstert er Peter erklärend beim Hinausgehen zu. »Und die *jiǎozi* liegen im Kreis, weil wir so das Glück und den Reichtum umkreisen«, fügt er noch hinzu.

Peter ist froh, jetzt keinen weiteren Unfug mehr in der Küche anstellen zu können. Noch besteht Hoffnung auf einen glücklichen Jahresbeginn.

Im Wohnzimmer herrscht ein Höllenlärm. Die Kinder toben weiterhin kreischend um Tische und Stühle. Das Feuerwerk draußen klingt wie eine Kriegsfront mitten im Raum. Kein Wunder, die Fenster sind auch sperrangelweit geöffnet. Mit dem Fernseher versucht die Familie, den Lärm draußen zu übertönen. Dem Baby gefällt dies alles gar nicht, und es schreit sich die kleine Seele aus dem Leib. Nicht einmal das sanfte Schaukeln der Mutter kann es beruhigen. Die Erwachsenen sitzen dennoch gelassen vor der Mattscheibe und schauen sich ungerührt ob der Kakofonie die bunte Galashow an.

Peter fröstelt. Durch die offenen Fenster pfeift der eisige, nach Feuerwerk riechende Wind herein. Da hilft nur eins: Zumachen.

»Nein!« zetert die alte Oma, die auf ihrem Krückstock noch ganz rüstig daher gesprungen kommt. Entschlossen reißt sie das Fenster wieder auf. »Das Glück soll doch hereinkommen!«*

Dem erschrockenen Peter bleibt nichts anderes übrig, als sich die

---

* Übrigens kommt das Glück nicht nur durch die Fenster, auch die Türen werden dafür oft aufgelassen.

bunte Strickjacke fester umzubinden und dem farbenfrohen Getanze im Fernsehen zu folgen.

Endlich gibt es etwas zu essen. Mittlerweile ist es schon fast neun Uhr abends, eine sehr untypische Zeit für Chinesen, um zu essen. Der Tisch birst vor Köstlichkeiten. Nicht nur die Teigtaschen liegen dampfend in kleinen Körbchen, es gibt noch ein ganzes, geschmortes Huhn, Nudeln, einen kompletten Fisch, eingelegten Knoblauch, Tofu und Obst. Die erste Schale Teigtaschen stellt die rüstige Oma auf ein Regal mit Räucherstäbchen und kleinen goldenen Figuren.

»Die wird den Ahnen geopfert«, berichtet Professor Xu. »Auf dem Land bekommt das Vieh die zweite Schale, weil die jahrein, jahraus so hart arbeiten. Erst dann bekommt der Mensch etwas.«

Peter hat Mühe, dem Professor zu folgen. Nicht nur das Feuerwerk knallt unermüdlich weiter, auch der Fernseher läuft in voller Lautstärke nebenher. Professor Xus Gattin, Frau Rong, fordert alle auf, zuzugreifen. Die Kinder fallen über die *jiǎozi* her. Professor Xu zeigt auf das Huhn, die Nudeln und den Fisch.

»Neben *jiǎozi* ist Fisch auch ein sehr traditionelles Neujahrsgericht«, sagt er zu Peter. »Die Aussprache von Fisch ist die gleiche, wie von Überfluss, *yú*. Im neuen Jahr wünscht man sich, dass alles reichlich vorhanden sei. Auch die Nudel ist wichtig. Sie symbolisiert ein langes Leben.«

Peter nickt kauend, die *jiǎozi* sind köstlich! Er angelt mit seinen Stäbchen nach den Nudeln.

»Nein«, ertönt das ihm schon bekannte schrille Stimmchen der Oma. »Die Nudeln darf man doch nicht essen!«

Peters Hand zuckt zurück.

»Die anderen Speisen sind nur symbolisch«, erklärt Professor Xu. »Viele essen sie trotzdem, wir nehmen es aber sehr genau. Sie drücken nur unsere Wünsche für das Neue Jahr aus: Überfluss und langes Leben.« *Jiǎozi* dagegen müsse Peter essen, soviel er wolle.

Das lässt Peter sich nicht zweimal sagen. Sie sind ja auch verdammt lecker.

Als er seine Stäbchen satt zur Seite legt, fragt die Oma: »Wie viele hast du gegessen?«

Ups, hat er jetzt etwa das Frühstück und somit doch noch das ganze nächste Jahr ruiniert, weil es nicht mehr reicht? »Dreizehn, glaube ich«, murmelt er betroffen.

»Dann musst du noch eins essen«, bestimmt Professor Xu. »Man sollte unbedingt eine gerade Anzahl essen.«

»Er muss noch drei essen«, meldet sich die Oma. »Vierzehn ist keine gute Zahl.«

Peter hofft, dass ihm die Symbolik nicht noch wahrhaftig auf den Magen schlagen wird, der letzte wollte schon nicht mehr richtig rutschen. Zum Glück hat Professor Xu ein kleines, chinesisches Hilfsmittel parat: Reisschnaps zum Schmieren der Speiseröhre.

Kaum ist das Essen vorbei, springen die drei Enkel ganz aufgeregt herum. Die Oma wie auch alle anderen Erwachsenen überreichen ihnen einen *hóngbāo**. Danach drängt es die ganze Familie nach draußen, natürlich mit reichlich Feuerwerkskörper im Gepäck. Lange Schnüre mit Knallkörpern werden entzündet, bunte Raketen in die Luft gejagt, weit von sich halten die Familienmitglieder Stangen, aus denen glitzernd das Schwarzpulver lodert.

Das Baby schreit noch immer, die Enkel halten sich, wie Peter, die Ohren zu. Die ganze Nachbarschaft ist auf den Beinen und jagt

---

* Der *hóngbāo* ist ein kleiner roter Umschlag, verziert mit guten Wünschen, in denen die Eltern und Großeltern den Kindern Geldgeschenke überreichen. Früher bekamen die Kinder 100 Münzen, die an einer langen roten Schnur aufgefädelt waren. Die Symbolik fehlt auch hier nicht: Die Eltern wünschten ihrem Kind ein 100jähriges, vom Reichtum beschertes Leben. Der *hóngbāo* wird aber nicht nur Kindern überreicht, einige Arbeitgeber reichen darin ihren Angestellten ein 13. Monatsgehalt.

Knaller jeder Art in die von Rauch und Lärm geschwängerte Luft.

Viel Lärm um nichts?

Die Tradition, am Silvesterabend Feuerwerk zu zünden, beruht auf einer alten Legende. Damals, so heißt es, lebte in den Bergen ein großes Raubtier mit Namen *Nian*, Jahr. Es fraß für sein Leben gerne Menschen und Tiere. Die Himmelsgötter hatten es in einem Berg eingesperrt, doch einmal im Jahr, am Silvesterabend, durfte es hinaus. Die Menschen kämpften mit allen Mitteln gegen das Biest. Dabei stellten sie irgendwann fest, dass das Nian Angst vor allem Roten sowie vor Feuer und Lärm hatte. Also begannen sie, ihre Häuser mit roten Bändern zu schützen und Knallkörper zu zünden, um das Nian zu verjagen.

Es half! Und fortan hingen die Menschen zum Neujahr Spruchbänder auf und veranstalteten ein großes Feuerwerk.

Wahrscheinlich ist das Nian schon im folgenden Jahr verhungert, jedoch war dies kein Grund, die Tradition nicht fortzuführen!

Als keine Knaller mehr übrig sind, kehrt die Familie wieder zurück ins Haus. Die Nachbarn sind noch fleißig am Böllern, was die Oma nicht daran hindert, sich schlafen zu legen.

»Früher begann jetzt die Nachtwache«, erklärt Professor Xu. Jung und Alt saßen bis zum Morgengrauen zusammen, erzählten sich Geschichten oder spielten Majiang*. »Heutzutage ist es anders«, betrauert Professor Xu die gute, alte Zeit. »Wer jetzt noch Nachtwache hält, schaut fern oder surft im Internet.«

Der Fortschritt macht auch in China vor alten Traditionen nicht Halt.

Peter gedenkt allerdings nicht, Nachtwache zu halten. Er ist müde und will sich verabschieden.

---

* Bei uns vor allem unter dem Namen *Mah-Jongg* bekannt. Es ist eine Art Dominospiel, bei dem die bebilderten Steine in verschiedene Serien zusammengesetzt werden müssen. Es hat Ähnlichkeiten mit dem Kartenspiel Rommé. Seit wann es das Spiel gibt, ist unklar. Die einen behaupten, Konfuzius hätte es 500 v. Chr. erfunden, andere sagen, es entstand Mitte des 19. Jahrhunderts aus einem Kartenspiel. Wie dem auch sei, es ist beliebt und hat weltweit Fans.

»Das Unheil heute Abend konnten wir ja verhindern«, sagt Professor Xu zwinkernd. »Bevor du dich schlafen legst, noch ein paar Ratschläge für die nächsten vier Tage: Sag' nichts, was in irgendeiner Form mit Unglück zusammenhängt, damit beschwörst du es herauf. Geht dir Geschirr kaputt, bedeutet es, dass du im nächsten Jahr pleitegehst. Du kannst das abwenden, indem du ›Suìsuì píng'ān‹ sagst, Jahr für Jahr ist alles gut. Ein chinesisches Wort für Jahr heißt *suì*, es ist die gleiche Aussprache wie zerbrechen.« Professor Xu überlegt kurz. »Ach ja, ganz wichtig: Du darfst dir auch nicht die Haare schneiden lassen. Damit beschneidest du deinen eigenen Wohlstand. Die beiden Wörter haben sogar das gleiche Schriftzeichen, *fa*, *Wohlstand* wird allerdings im ersten, das *Haar* im vierten Ton ausgesprochen. Und wenn möglich, nimm keine Medikamente ein. Das könnte bedeuten, dass du das ganze Jahr krank sein wirst.«

Peter schwirrt langsam der Kopf.

»Lass die Lichter an«, fährt Professor Xu fort, »damit das Glück den Weg zu deinem Haus findet. Fegen darfst du auch nicht, sonst fegst du das Glück gleich mit aus dem Haus.«

Da macht Peter sich keine Sorgen, nach solchen Aktivitäten steht ihm nicht der Sinn. Die sechzehn *jiǎozi* rumoren schon kräftig in seinem Magen.

»Als Letztes sei dir mit auf den Weg gegeben, dass das, was am ersten Tag des Jahres passiert«, schließt Professor Xu, »die Geschehnisse des neuen Jahres reflektiert.«

Peters Bauch grummelt. Hoffentlich bekommt er keinen Durchfall, denn er will sich lieber nicht vorstellen, was das für eine Symbolik für das ganze Jahr hätte.

22 Qū Zhǐ Kě Shǔ

Etwas an einer Hand abzählen können

Gleich um die Ecke von Peters Hofhäuschen ist ein großer Markt. Dort kann er alles kaufen, was das Herz begehrt: von Obst und Gemüse über Uhren und Haushaltswaren zu Tischen und Stühlen. Auch frisch zubereitete Snacks, frisches Fleisch und Fisch werden feilgeboten. Die Verkäufer unterhalten sich über mehrere Stände hinweg, rufen ihre Waren aus, der Fleischer hackt lautstark seine Schweinehälften klein. Auf Peters Weg durch den Markt strömen unterschiedliche Gerüche in seine Nase, angenehm nach Kreuzkümmel und Sesamöl, streng nach Fisch und einladend nach Gebratenem. Er versucht, sich nicht beirren zu lassen, und geht direkt zu dem ersten Obststand.

»Was willst du kaufen?«, ruft ihm eine Marktfrau entgegen, obwohl er noch fünf Meter entfernt ist. Eine zweite läuft ihm entgegen und will ihn zu ihrem Stand zerren. Ihr Mann wedelt schon mit den Bananen. Kunstvoll aufgetürmt liegen exotische Früchte auf den wackeligen Tischen.*

Peter bleibt aber bei dem angesteuerten Tisch stehen und deutet auf die Äpfel. »Was kosten die?«

---

* Es ist noch gar nicht so lange her, dass es in China nur Saisonfrüchte gab. Obwohl im Süden des Landes viele Obst- und natürlich auch Gemüsesorten wachsen, gab es vor allem lokales Grünzeug zu Erntezeiten. Erdbeeren im Herbst? Spargel im Winter? Fehlanzeige! Heutzutage quellen die Märkte über vor Variationen, zu jeder Jahreszeit, aus dem In- oder Ausland. Der Konsument merkt es am Preis. Ob aus Gewohnheit oder Spartrieb, Chinesen bevorzugen allerdings noch immer das Obst und Gemüse der Saison.

Von der Antwort versteht er nur die Zahl fünf. Egal, die Äpfel sehen gut aus, er möchte zwei. Er hebt die rechte Hand und zeigt die Zahl zwei mit ausgestrecktem Daumen und Zeigefinger.

Die Marktfrau nickt, hält eine Tüte auf und greift mit einer Hand nach zwei Äpfeln. Dann noch einmal, ein drittes Mal, beim vierten Mal kann Peter sie stoppen.

»Zwei«, sagt er atemlos. »Ich möchte nur zwei Äpfel.«

Verständnislos kontert die Frau: »Aber du hast doch acht gezeigt.«

Acht? Wieso denn acht? Das war eine Zwei!

Missmutig räumt die Verkäuferin die Äpfel aus der Tüte bis zwei übrig bleiben.

Versöhnlich sagt Peter: »Na gut, ich nehme drei.« Mit der Hand zeigt er allerdings lieber nichts.

Mit einer Hand zählen

Ja, das können die Chinesen, und das bis zehn! Was Peter gerade zeigte, war eine Acht. Zeigefinger und Daumen zusammen symbolisieren eine Acht in China.

Aber von vorne: Eins bis fünf ist einfach. Eins ist der ausgestreckte Zeigefinger. Für die Zwei kommt der Mittelfinger dazu, mit dem Ringfinger wird's eine Drei, mit dem kleinen Finger eine Vier, und bei der Fünf sind alle Finger ausgestreckt. (Manche fangen auch mit dem kleinen Finger als eins an, beides geht.)

Jetzt wird es kompliziert, Ausgangsposition ist immer die Faust. Der ausgestreckte Daumen und kleine Finger bedeuten sechs, bei der Sieben treffen sich die Spitzen des Zeigefingers und Daumens, für die Acht werden Zeigefinger und Daumen ausgestreckt (wie bei uns die zwei), die Neun ist eine Faust mit einem gekrümmten Zeigefinger, und die Zehn ist ein Faust (wahlweise auch beide Zeigefinger über Kreuz, aber dann ist der Witz dahin, mit einer Hand zehn Zahlen zeigen zu können).

»Möchtest du noch Litschis? Oder Drachenaugen*?«
Peter schüttelt den Kopf.

* Drachenaugen sind Früchte des Longanbaums, ein Seifenbaumgewächs. Er wächst in Mittel- und Südchina. Die Früchte haben eine dünne, harte Schale, einen großen Kern und schmecken sehr süß und aromatisch.

Enttäuscht wiegt die Verkäuferin die Äpfel.

Peter zahlt und geht schnell in Richtung Gemüse. Er versteht noch nicht, was eigentlich gerade passiert ist. Er muss unbedingt den Kleinen Li später danach fragen.

In der Gemüseabteilung ist Peter, wie in der Obstecke, ein heiß begehrter Kunde. Die Verkäufer winken stürmisch und buhlen lautstark um den hoffentlich zahlungskräftigen Ausländer. Als ob ihn nichts aus der Ruhe bringen könnte, schlendert Peter an den Ständen entlang. Auf den Tischen bieten alle die gleichen Gemüsesorten an.

Peter bleibt schließlich einfach am letzten Tisch stehen und zeigt auf die Gurken. »Eine, bitte.«

Der Verkäufer antwortet etwas, das wie eins klingt.*

Peter nickt bestätigend. Er prüft noch die Tomaten, entscheidet sich aber dagegen und bekommt eine Tüte mit drei Gurken gereicht. Drei? Wieso denn das schon wieder? Er wollte doch nur eine! Bevor er sich mit langen Erklärungen abmüht, nimmt er zwei wieder heraus, gibt sie dem Verkäufer zurück und wedelt mit der übrig gebliebenen Gurke. »*Yī ge!*« Ein Stück!

»Ach, doch nicht ein *jīn*?«, fragt der Verkäufer.

Jīn, was ist das denn? Peter ist geknickt. Da lernt er so fleißig Chinesisch und kann noch nicht einmal Lebensmittel einkaufen.

Am Ausgang erregt ein Stand mit Handschuhen seine Aufmerksamkeit. Er hofft zwar auf baldigen Frühling, doch ein paar Handwärmer kann er noch mitnehmen. Das kann ja nicht so schwer sein. »Diese hier möchte ich.«

»*Yī tào?*«

Tào? Nein, nur einmal! »*Yī ge!*«, betont er.

»Ein Stück?«, fragt die Verkäuferin irritiert.

---

* Egal, um was es geht, eine Bestellung im Restaurant, die Anweisung an den Taxifahrer oder eben beim Obstkaufen, ein Chinese wiederholt immer das Gewünschte, um dies noch einmal bestätigt zu bekommen. Das natürlich in korrektem Chinesisch, was dann zu Missverständnissen führen kann. Die Auflösung können Sie weiter unten lesen.

»Ja, ein Stück.«

Sie reicht Peter fragend den rechten Handschuh. Den linken hält sie unschlüssig in der Hand.

Peter nimmt ihn ihr aus der Hand und hält sie beide schüttelnd hoch. »Ah, *yī tào*!«, ruft sie triumphierend. Peter nickt ergeben, dann muss er wohl ein *tào* kaufen, bezahlt und beeilt sich, den Ort der Schmach zu verlassen.

Eine Einheit für die Substantive

Was Peter gerade ein wenig in die Verzweiflung getrieben hat, sind die chinesischen Zählwörter. In diesem Fall sind es relativ einfache, und auch in der deutschen Übersetzung logische Beispiele: *Tào* bedeutet Paar und *jīn* bedeutet Pfund. Auch in Deutschland kaufen wir ein Paar Handschuhe oder ein Pfund Gurken. Peter wollte jedoch nur eine einzige Gurke. Er hat das allgemein nutzbare Zählwort *ge* verwendet, was durchaus nicht falsch ist. Korrekterweise erfordert eine Gurke allerdings (wie auch Bananen, Nadeln, Kerzen oder andere schmale, längliche Dinge) das Zählwort *gēn*. Der Verkäufer indes denkt natürlich in den üblichen Verkaufseinheiten wie Pfund. Deshalb die Rückfrage: Ein Pfund? Eine Frage, die Peter wiederum nicht verstand. Kaum ein Chinese kauft nur ein Stück. Sie leben in Großfamilien zusammen, wer sollte von einer Gurke satt werden?

Was wir im Deutschen können, nämlich »Eine Gurke, bitte« verlangen, kann der Chinese nicht. Im Chinesischen brauchen die Substantive ein Zählwort. Sie sagen nicht ein Auto, sondern ein, tja, was eigentlich, Stück (?) Auto. Übersetzungen gibt es für einige Zählwörter nämlich keine. Wie auch, es gibt sie ja nicht im Deutschen. Maßeinheiten der Länge, des Geldes, des Gewichts und Ähnliches haben durchaus ihr deutsches Pendant. Ein schnödes Hauptwort, wie Pferd, Konflikt oder Haare, dagegen nicht.

So muss der arme Sinologiestudent zu jedem Substantiv das passende Zählwort lernen. Viele sind für verschiedene Wörter gleich, wer Hundert davon beherrscht, liegt gut im Rennen. Zählwörter werden oft aufgrund von bestimmten Eigenschaften eingesetzt, wie das für Gurke. Verwirrend wird es allerdings, wenn einem anderen Zählwort ähnliche Eigenschaften zugeschrieben werden. (Eine Schlange hat das Zählwort *tiáo*, was auch für lange, schmale Dinge benutzt wird.) Oder wenn ein Wort mehrere Zählwörter haben kann, wie Hund. Er ist sowohl ein *tiáo* Hund als auch ein *zhī* Hund. (Sie können es ja an dem Körper des Tieres entscheiden: Ist er dick und klein nehmen Sie *zhī*, ist er lang und schmal *tiáo*.)

Trotzdem macht die Sortierung nach Eigenschaften oft sogar Sinn. So haben kleine, runde Dinge, wie Perlen, Saatgut oder Zähne *ke* als Zählwort, schwere Maschinen und Gegenstände, wie Auto, Klavier oder Flugzeug, *tai*.

Manchmal aber scheinen die Zuordnungen keinem Schema zu folgen. Oder würden Sie Tinte, Stein und Speck über einen Kamm scheren? Sie teilen sich nämlich das Zählwort *fang*. Warum auch immer.

Fällt Ihnen das passende Zählwort nicht ein, können Sie, wie gesagt, auch immer *ge* benutzen. Es ist allgemeingültig, wird meistens aber in Verbindung mit Personen benutzt. Es zu verwenden ist immer noch besser als nur »ein... ja, was jetzt eigentlich?... Auto« zu sagen!

23 Nù Fà Chōng Guān

So wütend sein, dass einem der Hut hoch geht

Das neue Fahrrad ist Peters ganzer Stolz. Wann immer die Strecke es erlaubt, radelt er. Ein wenig hat er sich schon an die chaotischen Verkehrsteilnehmer gewöhnt, er versucht jedenfalls tapfer, sich anzupassen. Trotzdem möchte er noch allzu oft seinem Ärger Ausdruck verleihen, wenn jemand ohne Vorwarnung abbiegt und, weil derjenige sich vorher nicht umgesehen hat, direkt in sein Rad hinein rasselt. Oder wenn Autos ihn vom Fahrradweg weghupen wollen; ihm, aus der Parklücke kommend, die Vorfahrt nehmen; beziehungsweise ihn generell ignorieren und fast über den Haufen fahren.

Das Einzige, was ihm dann über die Lippen kommt, ist ein inbrünstiges »Idiot!«, und das auch noch auf Deutsch. Damit beeindruckt er hier niemanden. Ganz im Gegenteil, die Chinesen fühlen sich weder angesprochen noch irgendeiner Schuld bewusst.

Er muss Fluchen lernen.

Wer kann da besser helfen, als der Kleine Li.

»Feines Thema!«, ruft dieser aus. »Fangen wir mal klein an.« Mit klein meine er harmlose Sprüche, fügt er hinzu. »*Bèndàn, hùndàn, chǔndàn*«, zählt der Kleine Li auf. »Das bedeutet alles *Idiot* oder *Dummkopf*.« Das lässt es sich gut merken, alle hören ja mit *dàn* auf. »Das ist das *dàn* von Ei«, erklärt der chinesische Freund. »Es wird im übertragenen Sinne für Nachkomme benutzt. Man sagt, es habe sich von dem Schimpfwort *wángbādàn* abgeleitet.« Er macht eine kleine Pause. »Einer Überlieferung zufolge entstand dieses Schimpfwort über Umwege«, beginnt der Kleine Li zu referieren. »Früher nannte man die Leute *wàngbā* (beachten Sie bitte, dass der Ton nicht mehr der zweite, sondern jetzt der vierte ist). Das bedeutet, jemand habe die Acht Tugenden* vergessen. Heutzutage ist Konfuzius zwar noch in den Köpfen, aber die wenigsten verfolgen seine Doktrin. Im Grunde genommen wäre dieses Schimpfwort ausgestorben, wäre da nicht«, der Kleine Li unterbricht, um die Spannung zu steigern, »ein Mann namens *Wangba* gewesen. Er war ein hinterhältiger Schuft, und zwar so schlimm, dass sich sein Name als Bezeichnung für einen Schurken etabliert hat. Man hat dann einfach das *wàng*, vergessen, gegen *wáng*, den Nachnamen, ausgetauscht. Heute bezeichnet man damit eine Frau, die sich durch viele Betten schläft. Nun will es der Zufall, dass so auch eine Weichschildkröte heißt. Ihr Ei, *dàn*, also der Nachkomme, ist demnach auf den Menschen übertragen der Abkömmling einer Hure. Ein kleines chinesisches Wortspiel.«

Zufrieden mit seinen Ausführungen endet der Kleine Li. »Ach so«, ergänzt er, »das Ei hat sich dann bei verschiedenen Schimpfwörtern durchgesetzt.« Peter solle aber besser mit dem *dummen Ei* beginnen, denn *wángbädàn* sei schon recht hart.

Bewaffnet mit den neu gelernten Schimpfwörtern stürzt sich Peter wieder in den Verkehr. Es dauert keine fünf Minuten, da kann er schon aus vollem Leibe »*bèndàn*« rufen. Der angesprochene Chinese dreht sich zu ihm um und fängt an zu grinsen. Peter findet das *dumme Ei* ja eigentlich auch eher niedlich als beschimpfend, aber dass der gleich lachen muss? Das geht zu weit.

Peter braucht schärfere Munition!

---

* Die Acht Tugenden stammen von Konfuzius und beinhalten: Respekt gegenüber den Eltern, Respekt gegenüber den Brüdern, Loyalität (Pflichttreue), Einhaltung von Versprechen, Höflichkeit, Gerechtigkeit, Unbestechlichkeit und Schamgefühl.

»Der hat dich nicht ausgelacht«, glaubt der Kleine Li. »Entweder war es ihm peinlich, dass du ihn vor allen angemotzt hast, oder, was ich eher glaube, fand es amüsant, einen Ausländer chinesisch reden zu hören.«

Wie dem auch sei, Peter ist nicht zufrieden mit den Eiervarianten. Und wenn er davon ausgehen muss, nach der Beschimpfung ein lachendes statt schuldbewusstes Gesicht zu sehen, soll derjenige wenigstens ordentlich was zu lachen haben.

»Gut«, überlegt der Kleine Li, »du kannst natürlich das *Weichschildkrötenei* nehmen, aber das sagen nicht sehr viele Leute. *Shǎguā*, das heißt Dummkopf, ist moderner. *Shǎ* bedeutet dumm, *guā* Gurke.«

Na, denkt Peter, da haben wir ja bald einen Querschnitt vom ganzen Supermarkt.

»Ein anderes fällt mir noch ein, das ist aber sehr heftig«, zögert der Kleine Li. »*Shǎbī**.«

Shǎ bedeutet dumm, das weiß Peter. »Was ist denn *bī*?«

»Das ist ein sehr unschönes Wort für das weibliche Geschlechtsteil.«

Ah, da kommt Peter der Sache doch schon näher, das klingt doch nach einer schönen Beleidigung!

»Wenn wir schon dabei sind, du könntest auch *cào nǐ mā* sagen.« Der Kleine Li läuft rot an. »Wörtlich übersetzt: ›Fick deine Mutter‹.«

Peter lacht. Ihm tut der Kleine Li schon fast leid. Dem ist das jetzt wohl doch sehr unangenehm.

»Es gibt noch ein Wort, das ist kein Schimpfwort, hat aber

---

* Zu diesem Wort gibt es auch eine schöne Geschichte: Für ein Fußball-computerspiel zog einst jemand los, in den Stadien der Welt die Rufe der Fans aufzunehmen. Diese sollten in das Spiel integriert werden. Mit Schrecken stellte die chinesische Regierung dann fest, dass ihre Hooligans mit *shǎbī*-Gesängen in Erinnerung bleiben werden. Der Versuch, den Chinesen die Gesänge zu verbieten, misslang. Die Funktionäre regten daher an, doch lustige Lieder zu singen. Übrigens auch erfolglos.

auch mit dem *bī* was zu tun«, macht der noch immer rote Freund Peter neugierig. »*Niú bī**! *Niú* heißt Rind und *bī*, na, du weißt.« Man könne es mit dem deutschen Wort klasse oder geil gleichsetzen, übersetzt er.

Peter ist mit der neuen Ausbeute schon ganz zufrieden und fühlt sich seinen Gegnern im Straßenverkehr gewappnet. Wer weiß, vielleicht kann er irgendwann einmal ein Lob an einen gesitteten Verkehrsteilnehmer aussprechen. Das hätte er ja auch parat: *Niú bī*!

Chinesische Rohrspatzen

Vor allem laut muss es sein. Immer und ewig, bei allem, was ein Chinese tut. Auch beim Schimpfen. Ein noch so hasserfüllt gezischtes »Arschloch!« verfehlt seine Wirkung völlig. Ein lautes »Idiot!«, auch wenn das Wort milder ist, verspricht dagegen mehr Erfolg.

Der Grund ist ganz einfach: Gesichtsverlust. Je mehr Leute von den Streitereien mitbekommen, desto größer ist die Peinlichkeit. (Das schließt nicht aus, dass die Chinesen nicht auch mit Wonne die dreckigsten Schimpfwörter herausbrüllen.) Wichtig ist vor allem, dass es jeder hört.** Der Angeschrieene wehrt sich natürlich, und nach kurzer Zeit bildet sich ein Kreis Lauschender um

---

* Das war übrigens ein weiteres Wort in dem Fußballspiel. Denn die chinesischen Mannschaften haben ja schließlich auch mal »geile« Manöver zum Besten gegeben.
** In China gibt es das »Straßenfluchen«, weniger in großen Städten als in kleineren Orten, aber es ist eine einfache Methode, wahrhaftig den Ärger aus sich heraus zu brüllen. Über Stunden läuft der Flucher durch die Straßen und berichtet über Schandtaten, die ein anderer ihm angetan hat. Es ist seine Art, sich zu rächen und den Missetäter davon abzuhalten, so etwas noch mal zu tun. Dabei kann es um nicht ausgezahlten Lohn gehen, einen ehebrechenden Mann oder andere kleine Betrügereien. Die Gesetzeshüter Chinas nehmen ihre Pflichten oft nicht so genau, sodass einem manchmal nichts anderes übrig bleibt, als schreiend durch die Straßen zu laufen. Ob dadurch die Gerechtigkeit siegt, bleibt zweifelhaft. Aber es kann sehr befreiend sein. Jedenfalls so lange, bis man heiser ist.

die Kontrahenten. Es wird so lange weiter gezetert, bis einer der beiden die Flinte ins Korn wirft, sein Gesicht sucht und sich von dannen schleicht.

Worauf man beim Streiten in China auch noch achten sollte, ist, nicht den Gegner mit seinen Unfähigkeiten oder Charakterschwächen zu konfrontieren. Besser ist es, dessen Mutter zu beschimpfen. Das macht den anderen wirklich wütend. Indirekt betrifft es ja auch ihn, ist er doch der Nachfahre. Die Ahnen sind heilig, ob tot oder lebendig, und auf sie lässt der Chinese nichts kommen. Eine gängige Übersetzung für Scheiße ist demnach auch *tāmāde*, wörtlich: (Von) seine(r) Mutter.

Der unrühmliche Vorschlag *cào nǐ mā*, fick deine Mutter, ist somit in China schlimmer als in Deutschland. Auch das *bī* bezieht sich in der Regel auf die, entschuldigen Sie, Fotze der Mutter.

Die Chinesen zielen demzufolge nicht auf Sie persönlich, sondern auf Ihre Eltern oder den Gesichtsverlust. Tun Sie es Ihnen gleich, wenn Sie gewinnen wollen. Spicken Sie Ihre Sätze mit einigen *càos* und *bīs*, dann kann nichts mehr schief gehen. Inhaltlich wird sich zwar eine recht langweilige Diskussion ergeben (besonders vielfältig sind die Variationen nämlich nicht), aber die Tonlage und Lautstärke machen einiges wett.

Wenn Ihr Gegenüber Sie anscheinend auslacht, nehmen Sie es nicht persönlich. Vielleicht haben Sie ja schon gewonnen. Wahrscheinlicher ist allerdings, dass sich Ihr chinesischer Streitpartner über Ihren Wortschatz freut. Dadurch vergisst er dann eventuell, warum Sie sich eigentlich streiten. Und er spricht Ihnen vielleicht sogar ein Lob aus: *Nǐ shì zhōngguó tóng*! Du bist ein Chinakenner!

Was so ein paar *càos* und *bīs* doch ausmachen können! In welchem anderen Land können böse Schimpfwörter schon in einer interessanten Konversation enden?

24 Sān Chá Liù Fàn*

Gästen sehr entgegenkommend sein

Es ist ein sonniger Sonntagnachmittag. Peter wandert schon seit Stunden durch den Westen der Stadt. Allerdings ohne einer bemerkenswerten Sehenswürdigkeit über den Weg zu laufen. Es gibt nur Schuh- und Modegeschäfte, Restaurants, große Einkaufspaläste oder versteckte Gassen. Die haben es ihm zwar angetan, doch langsam wird er müde. Auch, weil er sich wie im Zoo vorkommt. Hier kommen anscheinend nur wenige Ausländer hin, denn an jeder Ecke bleiben die Chinesen stehen, starren ihn an und tuscheln miteinander. Gefühlte Hundert Mal hört er das Wort *lǎowài***. Da kommt ihm das hübsch mit roten Lampions dekorierte *cháguǎn*, Teehaus, gerade recht. Gleich vier in *qípáos****

---

* Wörtlich: Drei Tees und sechs Gerichte.

** Es ist ungewöhnlich, diesen Ausdruck erst so spät zu erwähnen, ist er doch so präsent im Leben eines Ausländers in China wie die Chinesen selbst. Er ist praktisch die Abkürzung von *wàiguórén*, Ausländer, die politisch korrekte Bezeichnung. *Lǎo* bedeutet ehrenwert, *wài* außen. Sie sind also ein *ehrenwerter Auswärtiger*. Früher wurde dieser Ausdruck noch unbedingt freundlich gemeint, er war aber auch kein Schimpfwort, sondern irgendwas dazwischen. Das Wort hat sich allerdings so verselbstständigt, dass es Ihnen an jeder Ecke entgegenschlägt. Ein Ausländer ist zwar in größeren Städten keine Besonderheit mehr, aber mit dem Einfall der Wanderarbeiter aus den Provinzen, für die Ausländer noch immer Marsmännchencharakter besitzen, oder in Stadtteilen, die selten von den ehrenwerten Auswärtigen frequentiert werden, machen sich die Chinesen untereinander so auf Sie aufmerksam.

*** Das *qípáo* ist ein traditionelles Kleid, welches während der Ming-Dynastie (1368-1644) von beiden Geschlechtern getragen wurde. Das kragenlose, gerade Gewand wurde über die Jahre modisch verfeinert und war während der Qing-Dynastie (1644-1911) am Hof des Kaisers sehr beliebt. Das seidene, mit Stickereien verzierte Kleid wird heute oft von Kellnerinnen guter Restaurants getragen und gilt in vornehmen Kreisen auch immer noch als ein Muss bei festlichen Anlässen. Jetzt allerdings nur noch unter den Frauen.

gekleidete Angestellte eilen auf ihn zu, als Peter eintritt. Jede redet auf ihn ein, überfordert schaut er von einer zur anderen. Irgendwie versteht er auch kein Wort. Dabei fragen sie ihn nur, ob er Tee trinken möchte. Angesichts der Tatsache, dass es ein Teehaus ist, eigentlich eine redundante Frage.

Der Untergang der Teehäuser

Während der Kulturrevolution starb die jahrhundertealte Tradition der Teehäuser fast vollständig aus. Als möglicher Treffpunkt für Konterrevolutionäre wurden die meisten einfach geschlossen. Die paar, die noch übrig waren, verfielen nach und nach. Entweder gab es niemanden, der dahin wollte (die infrage kommende Gruppe war im Zweifel aufs Land verschickt worden, um sozialistische Werte zu lernen) oder die Leute waren zu arm, um sich den Luxus einer Teezeremonie zu leisten. Da die Bauern zu der Zeit gezwungen wurden, bestimmte Agrarprodukte anzubauen, und nur wenige sich auf Tee spezialisieren durften, wurde dieser immer teurer und somit für das normale Volk unerschwinglich. Erst mit der Öffnung Chinas Anfang 1980 besann man sich wieder auf die alten Traditionen. Allerdings erneut geplant: So wie den Bauern vorher verboten wurde, Tee anzubauen, wurden sie nun dazu angehalten.

Obwohl Gäste da sind, ein Pärchen und eine Gruppe von drei Männern - eine Menge, die normalerweise schon ausreicht, in Restaurants eine Atmosphäre wie in einer Bahnhofshalle zu verbreiten - ist es angenehm ruhig, fast schon meditativ. Der Duft der verschiedenen Teesorten hängt tief in den mit offenen Holzregalen abgetrennten Sitzecken.

Eines der Mädchen führt ihn zu einem antiken Tisch. Beim Hinsetzen stößt Peter gegen die Querstrebe, die bei allen alten chinesischen Tischen so ungünstig platziert ist, dass niemand seine Beine darunter bekommt. Laut scheppert das kleine Arrangement an Teekannen und Teetassen in der Mitte des Tisches. Die drei Männer schauen ob des Lärms pikiert herüber, beim Anblick des Ausländers wandelt sich der Blick in Neugierde. Mit hochrotem Kopf zwängt Peter seine Beine unter den Tisch. Das geht nur, wenn er sich auf die Kante des Stuhls setzt.

Einer der Männer redet mit der Bedienung. Wie auf Zehenspitzen kommt sie zu Peter und sagt in leisem, leicht fehlerhaften Englisch: »Die Herren dort drüben möchten Sie gerne zum Tee einladen.«*

Peter stutzt, schaut, und denkt sich dann: Ach, warum eigentlich nicht?

Breit lächelnd empfangen ihn die drei Männer, die sich mit den Namen Gao, Zhang und Hong vorstellen. Bevor sie den Tee bestellen, muss Peter erst einmal die altbekannten Fragen über sich ergehen lassen. Die Serviererin steht derweil mit der Teekarte in der Hand neben dem Tisch und wartet ungeduldig. Nachdem die erste Neugierde gestillt ist, bestellt Herr Zhang.

Die Teemeisterin bereitet alles für die Zeremonie vor. Sie stellt mehrere Teekannen um ein Holzgitter mit Auffangbecken sowie vier Teeschalen in Reichweite von jedem, legt einen Teelöffel aus Bambus daneben und heizt das Wasser in einem Elektrokessel an. Hier wird wohl viel gekleckert, denkt Peter, wenn sogar ein Auffangschälchen notwendig ist. Herr Gao verteilt Zigaretten, der Deutsche lehnt höflich ab. Wie es üblich ist, bietet Herr Gao ihm noch dreimal eine an, und als Peter sie noch immer nicht annehmen will (weil er nun einmal Nichtraucher ist), legt er sie einfach vor ihm auf den Tisch.

Eine zweite Kellnerin rollt einen kleinen Teewagen herbei, auf dem Tellerchen mit verschiedenen Nüssen und getrockneten Früchten sowie kleinen Küchlein stehen. Peter soll aussuchen.

Nach kurzem Überlegen greift er zu den getrockneten Früchten, stellt sie auf den Tisch, doch die Serviererin nimmt sie ihm gleich wieder weg und stellt den Teller zurück auf den Teewagen. Die Männer lachen.

---

* Wenn es in den Städten doch seltener vorkommt, ist es nicht ungewöhnlich, als Ausländer eingeladen zu werden. Die Chinesen sind, wie schon erwähnt, neugierig und gastfreundlich. Als Ausgleich bekommen sie ja Antworten auf ihre endlosen Fragen.

»Das ist nur eine Attrappe«, kichert Herr Zhang. »Die echten Snacks stehen in der Küche.«

Peter läuft wieder rot an, Herr Gao rettete die Situation, indem er noch drei weitere Knabbereien ordert.

Das Wasser kocht, nun kann es losgehen. Zuerst kommt heißes Wasser in die Kanne, dann wird der Deckel draufgesetzt und die Kanne von außen mit heißem Wasser begossen. Das Auffangbecken darunter hat also tatsächlich einen speziellen Sinn.

Mit dem Wasser aus der Kanne werden nun auch die Teebecher aufgewärmt, und das Wasser wieder weggeschüttet. Die Zeremonienmeisterin schaufelt Unmengen Tee in eine Kanne und füllt Wasser in kreisenden Bewegungen auf. »Das ist Pu'er Tee aus Yunnan«, erklärt sie.[*]

Während der Tee zieht, kommen die Nüsse und Früchte auf den Tisch. In jedes Teeschälchen füllt die Teemeisterin dann den ersten Aufguss. Beherzt greift Peter zu.

»Nein! Nicht den ersten Aufguss trinken«, zischt die Bedienung leise, aber bestimmt. Erschrocken stellt Peter das Schälchen wieder ab. Die Finger hat er sich auch verbrannt.

»Der erste Aufguss ist nur, um die Poren der Teeblätter zu öffnen und die Bitterkeit auszuspülen.«

Vielleicht tut Peter besser daran, zu warten, bis die drei Herren aktiv werden. Er isst schon mal eine getrocknete Aprikose. Ein Räuspern lässt ihn aufschauen.

»Macht doch nichts«, sagt da schon Herr Zhang beruhigend. »Er ist doch ein Ausländer.«

Oh je, hat er jetzt eine Attrappe gegessen?

»Die Snacks sind nur dazu da, den Geschmack zwischen den einzelnen Teesorten zu neutralisieren«, erklärt Herr Gao. »Aber nur zu! Wenn es schmeckt!«

---

[*] Vor allem in den mittleren und südlichen Provinzen Chinas wird Tee angebaut. Die grünen Teefelder, wie auch die Reisterrassen, sind Markenzeichen u. a. der Provinzen Yunnan, Jiangsu und Zhejiang.

Peter beschließt endgültig, sich ab jetzt nur noch nach seinen Mittrinkern zu richten.

Der eben aufgebrühte Tee verschwindet in einem Eimer neben dem Tisch, und neues Wasser wird aufgegossen. Nach einer kurzen Ziehzeit gießt die Teemeisterin in jedes Schälchen einen kleinen Schluck. Peter hält sich zurück und wartet ab, was die Männer machen. Die machen gar nichts. Dann weiß Peter auch warum. Ein zweiter Schluck kommt in der gleichen Reihenfolge in die Schalen, was so lange weitergeht, bis sie voll sind. *

Peter traut sich allerdings immer noch nicht, sein Schälchen zu nehmen, und wartet ab. Die Chinesen trinken aber auch nicht. Sie warten darauf, dass Peter, ihr Ehrengast, beginnt.

Nachdem sie schließlich alle lange genug auf die Tassen gestarrt haben, stellt die Kellnerin Peter sein Schälchen auffordernd vor die Nase. Die Chinesen nicken, also probiert er. Wieder werden die Fingerkuppen verdammt heiß, vor dem ersten Schluck muss er die Tasse wieder abstellen. Seine Trinkbrüder schlürfen dagegen schon geräuschvoll ihren Tee. ** Dabei halten sie die Schalen leicht mit Daumen und Zeigefinger am oberen Rand fest und stützen sie unten mit dem Mittelfinger. Peter versucht, es ihnen gleichzumachen, mit dem Erfolg, dass er sich noch zusätzlich den Mittelfinger verbrennt. Er beißt die Zähne zusammen. Wahrscheinlich haben die Drei schon Hornhaut an den Fingern vom vielen Tee trinken. Vorsichtig nippt er.

Herr Hong, der sprachfaule der Dreien, stupst Peter an und zieht dann geräuschvoll den Tee durch seine Zähne. Seine Art, zu zeigen, wie man Tee trinken muss. Peter macht es ihm nach und

---

* Damit wird verhindert, dass einer einen stärkeren Aufguss als der andere hat. Mit jeder Sekunde, die der Tee zieht, verändert er sein Aroma. Und damit jeder den gleichen Geschmack bekommt, wird der Tee schluckweise reihum eingegossen.
** Wie auch bei Suppen muss der Tee geschlürft werden. Der zugeführte Sauerstoff intensiviert das Aroma. Wer nicht schlürft, vergibt sich den halben Genuss.

schmeckt tatsächlich einen Unterschied. Seine Eltern werden begeistert sein, wenn er mit diesen neuen Manieren beim nächsten Kaffeekränzchen auftaucht.

Als die erste Kanne leer ist, will Peter aufstehen und sich bedanken.

»Nein, nein«, protestiert Herr Gao. »Wir probieren noch ein paar andere!«

Peter hat mitnichten etwas dagegen und setzt sich wieder. Er probiert in der gleichen Art Teesorten mit blumigen Namen wie Drachenbrunnen *(Longjing)*, Weißhaarige Silbernadel *(Baihao Yinzhen)*, Jadegrüne Frühlingsschnecke *(Biluochun)* und Wertvolle Augenbraue *(Zhenmei)*.* Besonders fasziniert ist er von dem »Schießpulver«, einem grünen Tee, dessen Blätter zu einem Bällchen gerollt sind und sich wie eine Blüte im Teewasser entfalten. Alles sehr lecker, alles sehr spannend, aber alles auch sehr auf die Blase drückend. Und in dem Teehaus gibt es keine Toilette.**

Peter muss draußen in der Gasse das öffentliche Klo aufsuchen. Es gehört zu der Sorte Toilette, in die man gar nicht erst reingehen möchte, doch dem armen Peter bleibt nichts anderes übrig, will er sich nicht in die Hose machen. Die ungastliche Stätte bringt ihn aber auf die Idee, mal langsam aufzubrechen, er sitzt schon seit Stunden mit den Herren zusammen. Auch wenn es ihm Spaß macht.

Das nächste Mal sucht er sich allerdings ein Teehaus mit eigener Toilette. Oder eins, wo um die Ecke ein Drei-Sterne-Klo steht.

---

* Es gibt natürlich auch chinesische Tees, die, wie der Assam oder Ceylon Tee, ihre Namen von dem Anbaugebiet haben. Aber ganz viele Teesorten bekommen ausgefallene Namen, die sich entweder aus der Form der Blätter ergeben oder einfach aus Kreativität heraus entstanden sind. Die Teesorte Jadegrüne Frühlingsschnecke hat außer dem Aussehen nichts mit den Kriechtieren gemeinsam, keine Sorge!
** Im Gegensatz zu Deutschland gibt es in China keine Bestimmungen, dass ein Restaurant, ein Teehaus oder eine Kneipe ein eigenes Klo besitzen muss. Da es viele öffentliche Toiletten gibt, wurde, und wird noch immer, keinen gesteigerten Wert darauf gelegt.

It`s tea time!

Wie die Neandertaler vermutlich die Erfahrung machten, dass gebratenes Fleisch ja auch sehr vorzüglich schmeckt, weil ihnen ein Stück Säbelzahntiger in ihr Feuer gefallen ist, so soll auch der Tee zufällig entdeckt worden sein. Vor ungefähr 5.000 Jahren, über die genaue Zeitangabe streiten sich die Experten, ging der Kaiser Shen Nung in seinem Garten spazieren. Der Wind wehte ein Blatt in seine Schale heißes Wasser, färbte es grünlich und verlieh ihm ein würziges Aroma. Zögerlich probierte der Kaiser. Ihm schmeckte das Gebräu und er fühlte sich zudem angenehm erfrischt. So wird der Legende nach die Geburtsstunde des Tees beschrieben.

Der Dichter Lu Yu, der zur Zeit der Tang-Dynastie (618-907) lebte, verfasste die erste Studie über Tee, in der er nicht nur über Teeanbau und –zubereitung philosophierte, sondern auch darauf aufmerksam machte, dass es ohne eine richtige Teekultur auch keinen richtigen Teegenuss gäbe. Auf die korrekte Zubereitung käme es an. Er entwickelte die »Schule des gesalzenen Pulvertees«, bei der es auf die exakte Temperatur des Wassers und die passende Menge Tee ankam.

Kein Wunder also, dass Tee lange Zeit den reicheren Bevölkerungsschichten vorbehalten war. Sie hatten Zeit und Geld, stundenlang dem Teevergnügen mitsamt der aufwendigen Zubereitung zu frönen.

Durch Lu Yu angeregt kultivierten nachfolgende Generationen das feierliche Ritual des Teekonsums. Die sogenannte »Schule der geschäumten Jade« verfeinerte während der Song-Dynastie den Geschmack des Tees, indem das Getränk mit einem Bambusbesen aufgeschäumt wurde. Was die Herren Gao, Zhang und Hong mit Schlürfen erreichen, nämlich das Aroma durch Sauerstoff zu verstärken, erledigte damals der Quirl aus Naturborsten. Wichtig aber war vor allem der Schaum, der dabei entstand.

Am Hof des Kaisers gab es Auszeichnungen für den Teemeister, dessen Schaum am längsten hielt. Zu dieser Zeit wurde der Tee übrigens nur aus schwarzen Schalen getrunken, weil sich so die grüne Farbe besser absetzte.

Zur Ming-Dynastie (1368-1644) hielt der Tee dann auch bei ärmeren Bürgern Einzug. In der »Schule des duftenden Blattes« verfeinerten clevere Kaufleute minderwertige Teeblätter mit Aromen wie Jasmin oder Rosenöl. Der erste aromatisierte Tee kam, mit einem erschwinglicheren Preis, auf den Markt. Die kaiserlichen Ernten, die angeblich nur von jungfräulichen Damen mit Seidenhandschuhen und goldenen Scheren geschnitten werden durften, blieben dem einfachen Volk aber weiterhin verwehrt.

Mit dem aromatisierten Tee entstand auch die noch heute praktizierte Teezeremonie.

Heutzutage gibt es Tees für jeden Geschmack und Geldbeutel. In China wird grüner Tee ungefragt in Restaurants als Begrüßungsgetränk serviert, kaum ein chinesischer Taxifahrer fährt ohne sein verschraubbares Teeglas, was manchmal auch ein umfunktioniertes Würstchenglas sein kann, seine Gäste durch die Gegend. Selbst Spaziergänger schlenkern die mit Laschen versehenen Teegefäße bei ihrem Gang durch den Park hin und her. Tee ist allgegenwärtig. Jeder Chinese schwört auf ihn, werden ihm doch auch wundersame Wirkungen zugeschrieben.

Er soll Karies verhindern, beim Abnehmen helfen, Magen und Darm beruhigen, den Blutdruck regulieren und sogar Krebs vorbeugen. Sitzt man jedoch neben dem dicklichen Chauffeur, der an jeder roten Ampel schnell einen Schluck des Aufgusses trinkt, kommen Zweifel an der Wirksamkeit auf.

Unumstritten bleibt, dass Tee gesund und anregend ist. Ein Wundermittel ist er wahrlich nicht. Doch was spricht auch dagegen, ihn einfach nur zu genießen?

25 Duì Zhèng Xià Yào

Die passende Medizin für ein Wehwehchen

Schon seit Tagen hat Peter ein flaues Gefühl im Magen, er ist appetitlos und spürt einen leichten Druck. Als Schmerz möchte er es nicht bezeichnen, aber irgendetwas stimmt ganz und gar nicht. Erst vermutete er, die scharfen *yángròu chuàn'r** hätten ihm den Magen verdorben, aber so etwas dauert doch selbst in China keine ganze Woche!

Er fragt den Kleinen Li, ob er einen Arzt empfehlen und vielleicht sogar als moralische Stütze mit ihm dorthin gehen könne. Statt einer Beantwortung der ersten Frage zückt der Kleine Li wortlos seinen aus allen Nähten platzenden Visitenkartenhalter und reicht Peter nach kurzem Suchen das sichtlich abgewetzte Kärtchen. Mitkommen könne er allerdings wegen der Prüfungen nächste Woche leider nicht.

Den Arzt zu finden ist einfach, ein Taxifahrer bringt Peter zu der angegebenen Adresse. Das Haus in dem *hútòng* wirkt schäbig. Der Putz fällt in großen Fladen von der Außenwand. Nicht sehr vertrauenerweckend. Ein rotes Kreuz sowie ein Messingschild mit der Aufschrift »Hospital für Traditionelle Chinesische Medizin« in chinesischen Schriftzeichen bestätigen, dass es die Klinik ist.

---

* Hinter *yángròu chuàn'r* versteckt sich ein über Kohle gegrilltes, mit Chili und Kreuzkümmel gewürztes Lammfleischspießchen, das vor allem im Norden Chinas, oft auch illegal, aber dafür an fast jeder Ecke, auf mobilen, kastenförmigen Grills verkauft wird. Für fünf Cent das Stück ist es ein herrlicher Snack für zwischendurch.

Zögerlich öffnet Peter die Tür und steht in einem langen Flur, der weiter drinnen wieder unter freiem Himmel liegt. Die Klinik befindet sich in einem *sìhéyuàn*.

Bevor er jedoch den hübschen Rundgang um den inneren Hof erreicht, wird er barsch von einer Stimme aus der Wand zurückgehalten. Natürlich hat er die Dame an der Rezeption, die sich hinter einer dreckigen, aufschiebbaren Scheibe versteckt, nicht bemerkt und schon gar nicht verstanden. Sie wiederholt das Gesagte eine Nuance lauter, aber mitnichten langsamer.*

Peters Begriffsstutzigkeit macht dann aber doch recht schnell der Logik Platz, natürlich, er muss sich anmelden.

»Zu wem willst du denn?«, fragt die unschwesterlich wirkende Frau.

Peter erklärt seine Beschwerden und sie ruft erfreut: »Ah, *lā dùzi*!«

Peter widerspricht nicht, ein fähiger Arzt wird schon merken, dass er keinen Durchfall hat.

Zehn *yuán* muss er zahlen, bekommt dafür aber auch ein kleines Heftchen mit seinem Namen drauf. Dazu erhält er noch eine Karte mit der Nummer neun, eine vage Handbewegung Richtung Innenhof sowie die Mitteilung: »Melde dich in Zimmer fünf.«

Peter geht zu dem Rundgang, von dem einzelne Zimmer abgehen. In der Mitte des Hofes steht ein Baum. Die Holzfenster sind morsch und haben genauso große Ritzen, wie bei ihm zu Hause. Alles sieht ein wenig heruntergekommen aus. Seit Jahren wurde wohl nicht mehr renoviert.

Vor den Fenstern stehen Bänke und Stühle, auf denen vereinzelt Patienten sitzen und warten. Nicht so vor Zimmer fünf. Dort verheißt die Menschentraube hoffentlich, dass der Arzt gut sein muss. Wer nicht mehr in das Zimmer passt, drängelt sich

---

* Aus unerfindlichen Gründen trifft man in China immer wieder auf das Phänomen, dass die Chinesen lauter reden, wenn man etwas nicht versteht. Auf die Idee, langsamer zu sprechen, kommt keiner.

vor der Tür. Einige Ungeduldige hängen mit halbem Oberkörper in den geöffneten Fenstern. Als Peter erscheint, öffnet sich die Menge vor ihm, wie damals das Meer sich vor Moses teilte. Ein Ausländer? Hier? Das ist interessant!

Ein Chinese im ehemals weißen Kittel wird aufmerksam, studiert Peters Karte und zieht ihn wortlos in den Behandlungsraum. Drei andere Ärzte kümmern sich derweil noch um eine ältere Frau, die halb entblößt und stöhnend auf der hohen Liege die Untersuchung über sich ergehen lässt. Die Umstehenden nehmen regen Anteil an ihrer Krankheit, fachsimpeln und schauen ungerührt auf das nackte Fleisch.* Die ältere Dame scheint sich daran nicht zu stören, sie konzentriert sich nur auf den Arzt. Peter ist froh, dass er keine Pusteln am Allerwertesten hat, sondern nur Magendrücken.

Ein anderer Mitarbeiter des Ärztestabs, der anhand seiner Kleidung auch als Reinigungspersonal hätte durchgehen können, führt Peter zu einer verwaisten Pritsche. Kurze Zeit später stehen die drei Mediziner bei ihm. Der Chefarzt redet langsam, Peter kann ihn verstehen und berichtet von seiner Übelkeit.

Ein Gemurmel geht durch die Menschentraube: Der Ausländer spricht Chinesisch! Damit alle mitbekommen, worum es geht, gibt ein Chinese am Fenster die Untersuchungsergebnisse an die Menge weiter.

Der Arzt fühlt seinen Puls, betrachtet dann Peters Zunge und schaut ihm noch tief in die Augen.** Dann kritzelt er etwas in das Heftchen, wodurch Peter dann doch eine Gemeinsamkeit

---

* Das Wort Privatsphäre gibt es in einem Deutsch-Chinesisch Wörterbuch nicht. Es gibt nur Zusammensetzungen, die der Bedeutung nahe kommen. Aber in einem Land, in dem mehrere Generationen gemeinsam in nur einem oder zwei Zimmern wohnen, kann sowieso niemand ungestört etwas tun, ohne dass es jemand mitbekommt. Die Chinesen sind an ein öffentliches Leben gewöhnt. Da stört es dann auch nicht mehr, wenn man selbst beim Arzt neugierigen Mitpatienten ausgesetzt ist.
** Eine gängige Diagnosemethode der Traditionellen Chinesischen Medizin. Am Ende des Kapitels können Sie mehr über TCM lesen.

zu deutschen Ärzten entdecken kann: Die Handschrift ist kaum zu entziffern. Der Arzt nickt noch einmal und wendet sich dann dem nächsten Patienten zu.

Unschlüssig steht Peter mit seinem vollgekritzelten Heftchen da.

»Du musst zu Zimmer eins und dich dort anmelden«, erklärt der Assistenzarzt.

Hierarchien in China

Dass der Arzt Peter nicht die weiteren Schritte erklärt, liegt daran, dass er dafür nicht zuständig ist. Er ist Arzt, nicht die Auskunft. Auf solche Hierarchien trifft man immer wieder. Aufgaben werden gemäß der Position erledigt, jeder ordnet sich standesgemäß unter. Das beginnt in der Familie (Kinder gehorchen den Eltern), findet sich im Beruf (Angestellte unterstehen den Vorgesetzten), sowie in der Gesellschaft (das Volk richtet sich nach der Regierung). Der eigene Rang kann auch durch arm oder reich, dumm oder intelligent definiert werden. Die Unterscheidungen sind vielfältig.

Diese Unterordnung ist anerzogen. Stellt ein Schüler im Unterricht zum Beispiel selbstständig Fragen, ist er kein aktiver Mitdenker, sondern disziplinlos. Angestellte trauen sich nicht, Verantwortung zu übernehmen, sie lassen alles von oben abnicken. Manch einer nutzt seine Stellung auch aus, ist autoritär oder gar selbstherrlich und behandelt sein Umfeld entsprechend. Solche Menschen haben in China ein Synonym: Fahrradfahrer. Nach oben buckeln, nach unten treten.

In Zimmer eins wird Peters Name auf einer Liste notiert, und er zur Kasse geschickt. Stolze vier *yuán* kostet der Spaß. Mit seinem Beleg findet Peter sich wieder bei Zimmer eins ein und setzt sich auf einen leeren Stuhl. Ein junge Frau neben ihm informiert ihn: »Du musst den Beleg erst bei deinem Arzt abgeben. Und dann kommst du wieder.« Peter tut, wie ihm geheißen.

Als er zurück ist, erklärt die junge Frau: »Den Zettel braucht der Arzt für seine Abrechnung. Und ohne Zahlungsbestätigung bekommst du deine Behandlung nicht.«

Sie unterhalten sich noch ein Weilchen, das heißt, Peter beantwortet die üblichen Fragen, dann sind sie dran. Gleichzeitig wohlgemerkt.

Die Frau muss sich auf eine Pritsche legen und bekommt lange Nadeln in ihren Handrücken gestochen.

Peter ist entsetzt. Ängstlich wartet er auf seine Behandlung. Für ihn verläuft es jedoch erst einmal glimpflich, er schaut nur zu, wie eine Medizin für ihn zusammengestellt wird. Eine Arzthelferin wiegt unterschiedliche Zutaten ab, die sie aus einem großen, mit Hundert Schubladen bestückten Schrank herausholt. Getrocknete Kräuter, kleine Äste und eine knochige Knolle mischt sie zusammen und wirft die Mixtur in einen Topf mit heißem Wasser. Ein unangenehmer, strenger Geruch durchzieht den Raum, bitter und auch etwas säuerlich. Hätte Peter nicht schon ein flaues Gefühl im Magen, spätestens jetzt wäre der Zeitpunkt dafür.

Nach zehn Minuten, die junge Frau hat einen Verband um ihr mittlerweile auf doppelte Größe angeschwollenes Handgelenk bekommen, gießt die Braumeisterin den Sud durch ein Sieb, füllt ihn in kleine Beutelchen und verschweißt sie.

»Morgens und abends trinkst du jeweils einen Beutel. Und vergiss nicht, ihn warm zu machen«, weist sie Peter an. Sie drückt ihm eine große Plastiktüte mit vierzehn Beutelchen in die Hand und holt den nächsten Patienten.

Peter ist entlassen.

Erst als er wieder im Taxi sitzt, fällt ihm auf, dass er ja noch gar nicht weiß, was er eigentlich hat.

»*Wèihuǒ*«, sagt der Kleine Li später trocken, während er das Klinikheftchen von Peter inspiziert, »Magenfeuer. Das bedeutet, dass dein Magen überaktiv ist.«

»Wundert mich nicht«, antwortet Peter. »So viel und so scharf, wie ich hier esse!«

Beherzt macht er sich daran, das erste Beutelchen zu erhitzen. Schon kurz nachdem er den Topf mit dem Sud auf die Gasflamme gestellt hat, strömt der durchdringende Geruch durch die Küche. Nur mit Mühe kriegt Peter die Brühe herunter. Und bei dem Gedanken, noch sieben Tage morgens und abends das Zeug trinken zu müssen, verdoppelt sich sein Unwohlsein. Dennoch hält er tapfer durch.

Dass er eine schlagartige Verbesserung fühlt, kann Peter zwar nicht behaupten, aber nach einer Woche ist das flaue Gefühl verschwunden und nach reichlich Lüften glücklicherweise auch das entsetzliche Odeur.

Traditionelle Chinesische Medizin

Die Traditionelle Chinesische Medizin (TCM) ist über 4.000 Jahre alt und wurde im Laufe der Zeit ständig weiterentwickelt. Sie verfolgt eine ganzheitliche Anschauung medizinischer Probleme und manchmal, im Gegensatz zur westlichen Medizin, weiß der Arzt nur, dass eine Therapie hilft, aber nicht warum.

Grundlage für die meisten Erkrankungen ist laut TCM ein gestörter Fluss der Lebensenergie *qì* und/oder ein Ungleichgewicht von *yīn* und *yáng*, die beiden Grundkräfte, die das Universum beherrschen. Das *qì* muss fließen, *yīn* und *yáng* im Einklang sein, dann ist der Mensch körperlich und geistig gesund.

Es gibt mehrere Arten der Diagnostik in der TCM. Am häufigsten ist die Pulsdiagnostik. Daneben können die Zunge, die Handflächen, die Gesichtsfarbe oder das Aussehen der Augen Aufschluss über den Gesundheitszustand geben. Am Körpergeruch kann der Arzt ebenfalls eine Krankheit identifizieren. Innerhalb von zwei Minuten weiß er, was der Patient hat. Blutabnahmen, Laboruntersuchungen oder ähnlicher Schnickschnack entfallen.

Steht der Befund fest, wählt der Arzt die passende Therapieform. Nicht selten werden mehrere Therapieformen zur Heilung einer Krankheit miteinander kombiniert.

Als die drei Haupttherapieformen gelten Akupunktur*, Moxi-

---

* Behandlung mit Nadeln, die in verschiedene Punkte in die Haut gepikt werden, um den gestörten Fluss des *qis* zu lösen.

bustion* und Pharmakologie**. Daneben gibt es vielzählige andere Behandlungsformen, wie Akupressur***, Schröpfen**** oder Massagen, sowie Therapien mit blumigen Bezeichnungen wie die *Fünf Enthaltungen*, *Fünf Tierbewegungen* oder *Acht Therapeutischen Methoden*.

Bei den *Fünf Enthaltungen* liegt die Theorie zugrunde, dass jedem Organ, *wǔzàng*, wörtlich die fünf Eingeweide (Herz, Leber, Milz, Lunge und Niere), ein Geschmack zugeordnet ist. Wenn eines dieser Organe krank ist, sollte man Speisen mit dem Geschmack vermeiden. Zum Beispiel sollten sich Nierenkranke von salzigen Gerichten fernhalten. Dem Herzen wird bitter zugeschrieben, Leber sauer, Milz süß und Lunge scharf. (Sollten Sie gerade an einer Haar- oder Hauterkrankung leiden, verzichten Sie auf scharfe Gerichte. Die Lunge beherrscht laut TCM Haut und Haar.)

Die *Fünf Tierbewegungen* lassen schon vom Namen darauf schließen: Hier geht es um Heilgymnastik, genauer gesagt *Qi Gong*****. Tiger, Bär, Affe, Hirsch und Kranich standen dem »Erfinder«, ein Chirurg namens Hua Tuo (141-221 n. Chr.), dafür Pate. Ahmt der Patient die Bewegungen des gleitenden Bären oder fliegenden Kranichs nach, verbraucht er das mit der Nahrung aufgenommene *qì*, ein neuer Kreislauf kann beginnen und Krankheiten gar nicht erst entstehen. Vorbeugen ist hier die Devise, doch auch bei Gelenkerkrankungen versprechen diese Übungen Linderung.

Als Letztes noch ein Wort zu den *Acht Therapeutischen Methoden*. Mit Hilfe von Kräutern und Medikamenten soll der Patient

---

* Setzen von Brennkegeln aus z. B. getrocknetem Beifuß an bestimmten Stellen auf der Haut, um die Abwehrreaktion zu erhöhen.
** Verabreichung von Medikamenten und Kräutern, die speziell für das Leiden zusammengestellt sind.
*** Ähnlich wie Akupunktur, nur mit Fingerdruck statt mit Nadeln.
**** Aufsetzen von Schröpfgläsern, die mittels eines Vakuums Haut und Blut anziehen, wodurch die Gifte aus dem Blutkreislauf gezogen werden.
***** Siehe hierzu auch Kapitel 36 »*Wù Yī Lèi Jù*«

durch Harmonisieren, Schwitzen, Erbrechen, Abführen, Erwärmen, Kühlen, Zerstreuen und Tonisieren seinen Organismus wieder ins Gleichgewicht bringen. Meistens geht es dabei um die Wiederherstellung der Balance von *yīn* und *yáng* sowie die Entfernung von Blockaden des *qìs*. Je nach Art der Krankheit werden unterschiedliche Heilmittel eingesetzt, welche die helfende Reaktion auslöst. Das kann die Zerstreuung einer Ansammlung von Schleim sein oder die Abführung überschüssiger Hitze.

Für jedes Zipperlein ist ein Kraut gewachsen. Und wie Sie sehen, bietet die Traditionelle Chinesische Medizin ein Meer von Behandlungs- und Therapiemöglichkeiten an. Probieren Sie es doch beim nächsten Mal einfach aus, auch in der Heimat gibt es mittlerweile eine Vielzahl gut ausgebildeter Ärzte, die TCM-Methoden neben der Schulmedizin praktizieren.

26 Jiāng Cuò Jiù Cuò

Was falsch ist, ist falsch

Peters Chinesisch wird immer besser, er nutzt aber auch jede Möglichkeit, mit jemandem zu reden. An der Bushaltestelle fragt er nach der richtigen Busnummer, im Kaufhaus diskutiert er über die Vorzüge eines Mixers oder fachsimpelt im Restaurant mit der Kellnerin über Rezepte.

Zudem kann er gewiss sein, dass den Gesprächen immer der legendäre Fragenkatalog folgt. Die Antworten über seine Herkunft und sein Tun in China kann er schon im Schlaf aufsagen. Jedes »Du sprichst aber gut Chinesisch« geht ihm runter wie Öl. Und das Kompliment für seine klare Aussprache nimmt er auch gerne an.* Umso mehr wurmt es Peter, wenn ihn sein Gesprächspartner partout nicht verstehen will.**

»Du weißt doch«, beruhigt ihn der Kleine Li, »in Peking leben so viele *wàidìrén****, die einen ganz anderen Dialekt sprechen. Da ist es doch kein Wunder, dass dich nicht alle verstehen. Und du sie auch nicht.«

---

* Ausländer sprechen in der Tat die Silben deutlicher aus als so mancher Chinese. Ihr Anspruch, die Sprache zu lernen, ist einfach groß. Chinesen dagegen lieben es zu nuscheln, als ob sie eine Wolldecke im Mund hätten. Pekinger Taxifahrer hören diese Beschwerde am meisten. Verstanden werden sie trotzdem, jedenfalls von ihren Landsleuten.
** Wie schon erwähnt liegt es nicht unbedingt an Peters Aussprache, sondern daran, dass sein Gegenüber nicht immer erwartet, dass Peter chinesisch redet.
*** So nennt man in China die Zugezogenen aus dem Inland, also z. B. den Shanghaier, der jetzt in Peking lebt. Für Ausländer gibt es ja ein eigenes Wort: *lǎowài*.

Peter nimmt sich vor, das zu beherzigen und sich sein Selbst-bewusstsein nicht durch einen *wàidìrén* nehmen zu lassen.

Heute Abend trifft sich Peter mit dem Kleinen Li in einem Restaurant, das *jiǎozi*, gefüllte Teigtaschen, in schier unendlichen Variationen anbietet. Er hatte einen anstrengenden Tag beim Praktikum gehabt, ist müde und unkonzentriert. Nachdem sie den ersten Teller mit Ei und Tomate gefüllter Maultaschen verspeist und das gezapfte Bier schon getrunken haben, hebt Peter die Hand und ruft: »*Jiǎozi! Jiǎozi!*«

Erschrocken schaut der Kleine Li zu seinem Freund. »Was denn?«, fragt der, »ich will doch nur die Bedienung rufen.«

Der Kleine Li lacht, die Bedienung hat zum Glück auch gar nicht reagiert. »Du hast gerade die Bedienung mit der Teigtasche verwechselt«, kichert der Kleine Li.

Natürlich, *jiǎozi* heißt Teigtasche, Bedienung heißt *xiǎojie**. Ach Mensch, es klingt aber auch ähnlich. Das kann doch mal passieren.

Mit dem richtigen Wort, diesmal entscheidet sich Peter für *fúwùyuán* (wörtlich Servicepersonal und bestimmt politisch korrekt), ruft er die Kellnerin an den Tisch. »*Liǎng ge shǎbī*«, bestellt er.

Der Kleine Li verschluckt sich, die Bedienung wird ganz weiß im Gesicht, der Besitzer schaut drohend zu ihrem Tisch, und alle anderen, die ihn gehört haben, werden still und warten ab. Huch, was ist denn jetzt los? Der Kleine Li redet mit rotem Kopf auf die Kellnerin ein, lacht dann verlegen, zeigt auf Peter und zuckt mit den Schultern. Die Bedienung lächelt und zieht von dannen. Verdutzt schaut Peter zu seinem Freund.

---

* Jedenfalls wurden Kellnerinnen früher immer, heutzutage nicht mehr so häufig auf diese Weise gerufen. *Xiǎojie* heißt eigentlich Fräulein, aber mittlerweile werden auch Prostituierte so genannt. Deswegen ist die Anrede politisch nicht mehr korrekt, auch wenn sie nach wie vor in Gebrauch ist.

»Ich hätte dir die Schimpfwörter nicht beibringen dürfen«, sagt der Kleine Li trocken.

Da bemerkt auch Peter seinen Fauxpas: Was er wollte, waren zwei gezapfte Biere, *zhápí*. Was er bestellte, waren jedoch zwei, Entschuldigung, dumme Fotzen, *shǎbī*. Mit hochrotem Kopf stottert er vorsichtig und vor allem auf die Töne achtend eine Entschuldigung, als die beiden gewünschten Biere gebracht werden. Allerdings sieht er gar nicht, dass jetzt eine andere Serviererin erschienen ist. Die erste will nichts mehr mit dem komischen Ausländer zu tun haben. Peter ist zerknirscht, und die *jiǎozi* mit der köstlichen Fleisch-Zwiebel-Füllung wollen ihm auch nicht mehr so richtig munden.

Der Kleine Li stopft schnell ein paar Teigtaschen in sich hinein, ruft dann zum Bezahlen (Peter ist nur zu glücklich, nun die Chance zu bekommen und sowohl den Kleinen Li einzuladen, als auch ein großzügiges Trinkgeld geben zu können), lässt den Rest einpacken* und erlöst seinen gebeutelten Freund aus dieser peinlichen Situation.

Weit kommen sie nicht. Der Besitzer läuft hinter ihnen her, Peter sieht sich schon mit dem Wok eins über den Kopf gezogen. Der Wirt hat jedoch ein anderes Anliegen. Er wedelt nicht mit dem Wok, sondern mit ein paar Geldscheinen.

»Euer Wechselgeld«, stößt der unsportliche Teigtaschenkoch keuchend hervor.

»Das ist Trinkgeld!«

---

* Reste einpacken lassen, auch wenn man eingeladen wurde und gar nichts bezahlt hatte, ist völlig normal in China. Meistens gibt es noch einen Kampf, wer das Essen mitnimmt. Nicht, weil jeder es will, sondern weil jeder dem anderen etwas Gutes tun möchte. Mindestens dreimal werden die Styroporschachteln über den Tisch geschoben, bis endlich einer nachgibt und mit gespielt gequältem Gesicht annimmt. Akzeptiert gleich beim ersten Mal jemand die Reste, verliert nicht nur er, sondern auch der andere sein Gesicht. Egal, um was es geht (Visitenkarten oder Wechselgeld mal ausgenommen), zweimal muss man mindestens, besser aber dreimal ablehnen. So behält jeder sein Gesicht, und einer hat noch eine reichhaltige Mahlzeit für den nächsten Tag.

»Nein, nein, das können wir nicht annehmen, bitte!«

Es folgt ein kurzes Hin und Her, bis Peter einsieht, dass er das Geld wieder annehmen muss.*

Sein schlechtes Gewissen bleibt also erhalten. Am besten meidet er das Lokal in der nächsten Zeit.

Wer schimpft hier eigentlich mit wem?

Peters Fehler waren allesamt Verwechslungen. Und die hatten diesmal sogar unterschiedliche Schreibweisen in *pīnyīn*, der chinesischen Lautschrift, wie bei *jiǎozi* und *xiǎojie*. Da fehlte ihm wohl wirklich einfach die nötige Konzentration.

Es gibt zwar zwischen 80.000 und 100.000 Schriftzeichen, aber insgesamt nur um die 420 Silben**. Die setzen sich zusammen aus 23 Anlauten, also ersten Buchstaben***, und 24 Auslauten, den Endungen. Mit diesen wenigen Silben werden nun Sätze gebaut.

Fast jeder Chinesischstudent wird in der ersten Unterrichtsstunde von seinem Lehrer gefoppt, der sich frech hinstellt, »*Māma mà mǎ ma?*« sagt und dann behauptet, es hieße »Schimpft die Mutter mit dem Pferd?«. Wenn er gemein ist, sagt er: »*Má mǎ māma mà mǎ ma?*«. Dann heißt die schimpfende Mutter *Ma* mit Nachnamen und ist zusätzlich pockennarbig. Was die Anfänger in dem Moment nicht hören, sind die unterschiedlichen Töne. Die Mutter hat den ersten Ton, ihr Nachname und das Pferd haben den dritten. Schimpfen wird im vierten ausgesprochen. Der Fragepartikel *ma* ist neutral. Wenn ein Neuling diesen Satz zum Besten geben will, sollte er aufpassen, dass nicht unlogischerweise das Pferd die Mutter beschimpft.

---

* Trinkgelder sind noch relativ unbekannt in China. Es passiert sogar, dass jemand wegen umgerechnet 10 Cent die Verfolgung aufnimmt, um das Geld nicht unrechtmäßig behalten zu müssen. Dieses Phänomen verschwindet zwar langsam, aber die Erwartungshaltung ist noch nicht entfaltet.
** Im Deutschen gibt es ungefähr 10.000 Silben.
*** Ausnahmen bilden dabei die Anlaute zh, ch und sh, die aus zwei Buchstaben bestehen.

Die Silbe *ma* ist aber noch nichts gegen die Silben *li* oder *ji*. Im ersten Ton hat die Silbe *ji* zum Beispiel alleine 33 verschiedene Schriftzeichen (zu denen es 76 unterschiedliche Übersetzungen gibt), im zweiten Ton kommen 24 Schriftzeichen dazu (mit 58 Bedeutungen), im dritten, okay, nur zehn (und auch nur 16 Übersetzungen) und im vierten wieder 31 (mit 74 Bedeutungen). Wer jetzt nicht selbst rechnen möchte, dem sei zusammengefasst: Für die Silbe *ji* gibt es 91 unterschiedliche Schriftzeichen und 224 Bedeutungen.*

Es kommt daher nicht selten vor, dass Chinesen, die sich unterhalten, zusätzlich auf ihre Hand oder in die Luft das gemeinte Wort in Schriftzeichen schreiben, damit der andere auch genau weiß, worüber man redet. Dadurch, dass die meisten Wörter aber in zwei Silben ausgedrückt werden, lassen sie, zumal im Kontext, nicht so oft Verwechslungen zu.

Mit anderen Worten: Eine Silbe falsch zu betonen kann schon ein Desaster auslösen. Dann eventuell noch die Silbe falsch auszusprechen, kann verständlicherweise zu komplett falschen Interpretationen führen. Peinlich wird es, wenn Wörter in die Obszönität rutschen, wie z. B. Peters Bierbestellung.

Auch ein Herr Zhao (sprich Dschau) hat im Süden ein schweres Los. Dort sprechen die Chinesen zh wie z oder c aus, also dsau oder tsau. Die Silbe *cào* (tsau) allerdings beschreibt den Akt der Liebe in einer unflätigen Version.**

Auch der Guten Morgen Gruß kann verwerflich werden. Sparsam, wie die Chinesen sind, kürzen sie diesen nämlich auf eine Silbe ab: *Zǎo*. Um auf Nummer sicher zu gehen, sollten Sie also besser bei dem normalen Gruß bleiben: *Nǐ hǎo*. Da gibt es zwar auch genug Möglichkeiten, etwas völlig anderes zu sagen, aber wenigstens keine Unanständigkeiten.

---

* Der Fairness halber möchte ich erwähnen, dass es bei den Übersetzungen durchaus Überschneidungen gibt und einige ähnliche Bedeutungen haben.
** Vergleiche auch Kapitel 23 »Nù Fà Chōng Guān«

27 Jīn Chéng Tāng Chí*

Eine uneinnehmbare Festung

Ein paar Monate ist Peter schon in Peking, das Wetter wird wärmer, sein Chinesisch besser, und langsam ist es auch mal Zeit, die Große Mauer zu besuchen. Es gibt viele Abschnitte der Mauer in der Nähe von Peking, Peter ist unsicher, welcher wohl am sehenswertesten wäre.

»Nicht Badaling«, rät der Kleine Li. »Das ist nur was für Touristenbusse. Simatai und Jinshanling kann man gut verbinden, die Wanderung dauert ungefähr vier Stunden. Die beiden Abschnitte sind aber weiter weg. Mutianyu ist mittlerweile auch sehr touristisch, aber nicht so schlimm wie Badaling.«

Peter überlegt kurz und wählt dann Mutianyu. Dort soll es auch eine lange Rutsche geben. Nach dem anstrengenden Aufstieg ist es bestimmt nett, den ganzen Weg hinunter zu sausen. Der Kleine Li kann leider nicht mitkommen, für sich alleine findet er ein Taxi allerdings zu teuer. Auf der Webseite eines Pekinger Reisebüros sucht Peter nach einer anderweitigen Verbindung und findet einen öffentlichen Bus, der direkt zur Mauer fährt. Wie praktisch!

Er rumpelt nun also mit Bus Nummer 916 gen Norden. Da er der einzige Ausländer an Bord ist, dreht sich so ziemlich jeder andere Fahrgast zu ihm um und tuschelt dann mit seinem Nach-

---

* Wörtlich: Wälle aus Eisen und Gräben voll kochenden Wassers.

barn. Ab und zu hört er *lǎowài* und Kichern. Peter lässt sich nicht beirren und freut sich auf seinen Ausflug.

Als der Bus nach knapp neunzig Minuten auf einen großen, ungepflasterten Parkplatz fährt und der Busfahrer auch ihm andeutet, er möge bitte aussteigen, ist Peter verwirrt. Hier ist doch gar keine Mauer! Im Gegenteil, er steht in einer Kleinstadt, die zudem auch noch hässlich ist.

»Du musst umsteigen«, erklärt ihm ein Angestellter, bei dem er nachfragt.

Komisch, auf der Webseite stand doch, dass Bus 916 zur Mauer fährt.*

»Es gibt keinen direkten Bus von Peking nach Mutianyu«, sagt der Angestellte und führt Peter, ohne auf seine Antwort zu warten, zu einem Minibus. Vorne im Bus liegt ein dreckiges Pappschild, auf dem *Great Wall Mutianyu* steht. Immerhin!

Von Weitem kann Peter aus dem Bus heraus schon Blicke auf das monumentale Bauwerk erhaschen. Die alten Wachtürme ragen aus dem zarten Frühlingsgrün hervor, zwischen ihnen schlängelt sich die Mauer. Die Hinweisschilder für die Touristenattraktion mehren sich, und schließlich biegt der Minibus endlich ab. Der Parkplatz steht voller Busse und Pkws, Chinesen mit bunten Kappen laufen in verschiedenen Gruppen hinter einem Fahnen schwenkenden Reiseleiter her, die Seiten sind voll gestellt mit Verkaufsständen und Restaurantbaracken.

* Das kann Ihnen immer wieder passieren: Sie erfahren nur die Hälfte, und niemand hält es für nötig, Ihnen alles genau zu erzählen. Auch Fragen nach dem Weg werden gerne nur mit »da hinten« oder »immer geradeaus« beantwortet. Leider wissen Sie dann immer noch nicht, wo genau das Ziel ist. Sie müssen immer wieder nachfragen. Es empfiehlt sich auch, mehrere Leute unabhängig voneinander zu befragen. Für einen Chinesen ist Unkenntnis schon Gesichtsverlust, weiß er den Weg nicht, sagt er Ihnen trotzdem, wo Sie hin müssen. Auch wenn es falsch ist. Wenn jemand ohne lange zu zögern antwortet, können Sie ihm ruhig vertrauen. Überlegt er sich die Antwort hingegen, fragen Sie besser noch mal jemand anderen. Und fragen Sie nach Details, sonst bekommen Sie, wie erwähnt, nur die halbe Wahrheit.

Von wegen: nicht so touristisch. Schon als Peter aussteigt, kommen drei Verkäufer auf ihn zu gerannt, bieten ihm Postkarten, Gebetskettchen und Wasser an. Allerdings wird nur er belagert, seine chinesischen Mitreisenden bleiben weitgehend verschont. Ausländer versprechen einfach das bessere Geschäft, zumal viele mit den Preisen nicht vertraut sind und bereitwillig das Zehnfache zahlen, ohne sich zu wundern.

Peter bahnt sich einen Weg zum Verkaufsschalter für die Eintrittskarten und kann dort zwischen Sessellift, Gondel und zu Fuß gehen wählen. Eigentlich will er zu Fuß gehen, entscheidet sich dann aber doch für die Gondel, da ein ganz hartnäckiger Verkäufer ihm selbst noch während des Eintrittskartenkaufs fleißig seine Waren anpreist. Peter sieht also klar die Gefahr, dass der Verkäufer ihn den ganzen Weg verfolgen würde, hätte er sich für den Fußweg entschieden.

Auf dem Weg nach oben genießt er die Ruhe und Einsamkeit. Sie währt allerdings nicht lange, oben angekommen quakt ihm eine laute Stimme aus einem Lautsprecher entgegen. Die Besucher werden erinnert, ihren Müll in die Mülleimer zu werfen. Allem Anschein nach nicht oft genug, denn überall liegen leere Kekstüten, Zigarettenschachteln und Colaflaschen herum.

»Deutschland ist so sauber!«

Das sagt jeder Chinese, der das erste Mal dort war. Bewunderung und Unglauben glänzen dann noch immer in seinen Augen. Dass die Deutschen allerdings auch brav ihren Müll in die Mülleimer werfen und damit zur Sauberkeit beitragen, färbt nicht unbedingt auf die weit Gereisten ab. Obschon es Abfalleimer auf den Straßen gibt, lassen die Chinesen einfach alles fallen, was sie nicht brauchen. Leere Verpackungen, Plastikflaschen oder Styroporschachteln mit Essensresten vom Mittag säumen die Bürgersteige oder fliegen bei Wind munter umher. Vielleicht liegt es daran, dass sie auf den Straßenkehrer zählen, der fast stündlich mit seinem großen Dreirad vorbeikommt und alles auffegt. Die Notwendigkeit, den Unrat so lange mitzunehmen, bis man an einer Mülltonne vorbeikommt, ergibt sich nicht. Ganz klar mangelt es an entsprechender Erziehung. Kinder tun es den Eltern gleich, Appelle an das Umweltbewusstsein fruchten nicht. Keiner will der Tropfen auf dem heißen Stein sein.

Um den Menschenmengen zu entgehen, in der Ferne sieht er noch mehr Gruppen mit bunten Kappen und Fahnen, geht Peter nach rechts. Er ist bei Weitem nicht der Einzige, der sich so entschieden hat, dennoch ist die Zahl der Besucher überschaubarer. Peter überholt eine sich gegenseitig fotografierende Kleinfamilie, Vater, Mutter und das obligatorische Einzelkind. Abwechselnd posieren sie für die Kamera. Sie haben sich auch für den Sonntagsausflug schick gemacht, das kleine Mädchen mit rosa Röckchen und weißen Kniestrümpfen, die Mutter mit Kostüm und, nein, Stöckelschuhen! Kein ideales Schuhwerk für die Wanderung auf der Mauer. Peter erinnert sich an Fotos, die er bei dem Kleinen Li gesehen hat. Nicht nur posierte auf ihnen ebenfalls die ganze Familie abwechselnd vor den Sehenswürdigkeiten, die Mutter hatte bei einem Ausflug an den Strand gleichsam Stöckelschuhe getragen.*

Während Peter die atemberaubende Szenerie der Berge mit der sich windenden Mauer fotografiert, überholt ihn die Familie. Die junge Mutter torkelt mit angestrengtem Blick die unebenen Treppen hinauf. Ihre Absätze verfangen sich in den Ritzen zwischen den Steinen, der Rock ist zu eng, um die teils vierzig Zentimeter hohen Stufen elegant zu meistern, und nicht nur einmal herrscht sie ihren Mann an, ihr doch bitte zu helfen. Peter beeilt sich, die Familienidylle hinter sich zu lassen, nur um beim nächsten Turm einigen erwartungsfrohen Verkäufern in die Arme zu laufen.

Geschäftstüchtig, wie sie sind, bedrängen sie Peter mit geschnitzten Figuren, alten Münzen und bestickten Taschen. Eine Wasserverkäuferin heftet sich an die Fersen des fliehenden Ausländers. Nachdem Peter ihr seine noch volle Wasserflasche

---

* Für viele Chinesen sind Besichtigungen und Reisen immer noch etwas Besonderes. Ergibt sich die Gelegenheit, muss auf jedem Foto deutlich sein, dass man tatsächlich da war, darum die Pose. Und natürlich möchte jeder gut aussehen. Ob Wildnis, Strand oder Museum, die Kleidung wird nicht nach praktischen Aspekten ausgewählt, elegant muss sie sein. Dafür nimmt vor allem die Frau auch gerne die Gefahr von Knöchelbrüchen in Kauf. Das Foto bleibt ein Leben lang, der Fuß verheilt ja nach ein paar Wochen wieder.

zeigt, zückt sie Postkarten. Diesmal zeigt er auf seine Kamera, auch erfolglos. Bis zum nächsten Turm, ungeachtet der steilen Treppe, folgt die Frau ihm. Wie oft sie diese Strecke am Tag wohl hin und her läuft? Peter ist völlig außer Atem. Sie dagegen redet noch immer ununterbrochen auf ihn ein. Bislang hat Peter vermieden, Chinesisch zu reden. Sonst wird er sie ja gar nicht mehr los. Als er sich zu einer Pause auf den Rand setzt, bleibt sie vor ihm stehen. Aus ihrem Beutel kramt sie Silberschmuck hervor, danach geschnitzte Pfeifen. Irgendwas wird der Ausländer schon kaufen. Kopf schütteln, ignorieren und sich demonstrativ wegdrehen bringt alles nichts, sie lässt sich nicht abschütteln. Da naht endlich Peters Rettung: eine kleine Gruppe Spanier. Sie nicken sich grüßend zu und, wie Peter gehofft hatte, verliert die Verkäuferin schlagartig das Interesse an dem geizigen Deutschen und verfolgt die Südeuropäer.

Peter setzt seinen Weg fort, nur noch vereinzelt trifft er Wanderer. Auch die Verkäuferplage nimmt graduell ab, und endlich kann er die Stille und Natur genießen. Er klettert noch weiter, bis seine Beine schon weich werden. Vor seinem geistigen Auge sieht er die Mongolen auf ihren kleinen, kräftigen Pferden angreifen. Chinesische Soldaten in Rüstungen und bis an die Zähne bewaffnet verteidigen tapfer die gemauerte Grenze. Schreie, Wiehern und Hufgetrappel erfüllen die Luft. Nach erbitterten Kämpfen können die Barbaren in die Flucht geschlagen werden. Müde kehren die Soldaten zu den Türmen zurück, um sich auszuruhen.

Peter erwacht aus seinen Gedanken und macht sich voller Vorfreude auf die Rutsche nun auf den Rückweg. Selbst mit seinem leichten Rucksack auf dem Rücken ist es eine beschwerliche Tour, er möchte nicht wissen, wie die Soldaten früher in ihren Rüstungen und bei jeder Witterung gelitten haben.

An der Rutsche angekommen, reiht Peter sich in die Schlange ein und trifft alte Bekannte: Die Gruppe Spanier steht ganz vorne, und direkt vor ihm die Kleinfamilie. Die Mutter hat den Ausflug wider Erwarten ohne gebrochene Knochen überstanden.

Erwartungsfroh beobachtet Peter, wie die Spanier einer nach dem anderen in den kleinen Plastikschlitten die kurvenreiche Bahn hinunter düsen. An jeder Kurve steht ein Aufpasser, der »Langsamer! Langsamer!« brüllt. Sie lassen sich davon nicht irritieren, und die Aufpasser werden immer aufgeregter. Dann rutscht auch schon der Vater mit der Tochter los, nach der Mutter ist Peter dran. Er muss noch einen Mindestabstand einhalten, dann bekommt er den Startschuss.

Den Hebel für die Bremse ganz nach vorne gedrückt, saust Peter los. Der Wind zerrt an seinen Haaren, der Aufpasser an der ersten Kurve schwenkt wild sein Fähnchen, Peter ignoriert ihn und legt sich gekonnt in die Kurve. Mit einem Affenzahn jagt er die Bahn entlang.

Plötzlich erscheint vor ihm die Mutter mit den Stöckelschuhen. Peter muss scharf bremsen, um ein Haar hätte er sie gerammt. Kreischend schleicht sie im Schritttempo dahin, die Bremse zu sich gezogen. Während der Vater mit seiner Tochter noch in einem moderaten Tempo nach unten gleitet, hängt Peter jetzt hinter der Frau fest. Kurzerhand bleibt er ganz stehen, um etwas Entfernung aufzubauen. Für zehn Meter könnte er vielleicht auf fünf km/h kommen. Da wedelt schon wieder ein Aufpasser: »Nicht anhalten! Weiterfahren!«

Hinter Peter rauscht der Nächste an. Es hilft nichts, er muss die Bremse lösen. Völlig gelangweilt und enttäuscht tuckert er hinter Madame Pumps her, die schon sehnlich von ihrer aufgeregten Tochter erwartet wird, der die rasante Fahrt anscheinend ausgesprochen gut gefallen hatte. Peter könnte fast neidisch werden.

Die Spanier lachen ihm zu, freundlich, fast mitleidig. Peter erwidert den Gruß und lächelt gequält. Auf dem Weg zum Parkplatz kommt er mit den Südeuropäern ins Gespräch und freut sich, seine jüngsten Erlebnisse teilen zu können. Die freundlichen, neuen Bekannten bieten ihm spontan an, dass er bei ihnen mitfahren kann – ein Angebot, das Peter nach der doch anstrengenden Hinfahrt nur zu gerne annimmt.

Wahrscheinlich hat er dieses Glück der jungen Mutter zu verdanken – so hatte die langsame Tuckerfahrt doch etwas Gutes. Er schiebt seinen Groll beiseite und freut sich auf eine stressfreie Rückfahrt mit ein paar neuen Bekannten.

Das Highlight Chinas

Ignoriert man den Disney World Charakter, der sich an einigen Abschnitten der Großen Mauer etabliert hat, und taucht, wie Peter gedanklich, in die Geschichte ein, ist die Große Mauer wahrlich ein Ehrfurcht einflößendes Bauwerk. Fast zwei Jahrtausende dauerte die Errichtung des Schutzwalls. Der erste Kaiser, Qinshi Huangdi, begann 200 v. Chr. mit ihrer Errichtung, um sich vor den Mongolen zu schützen. Bis in die Ming-Dynastie (1368-1644) dauerten die Arbeiten an, nur um letztlich doch ihren Zweck zu verfehlen.

Zwar waren es nicht die Mongolen, die das chinesische Reich besetzten, sondern die Mandschuren (die Schwachstelle lag in Shanhaiguan, dem östlichsten Punkt der Mauer, wo sie praktisch ins Meer fällt), das Ergebnis blieb jedoch das gleiche. Die Große Mauer verlor gänzlich ihren Sinn, regierten die Herrscher der neuen Qin-Dynastie nun ja auf beiden Seiten. Niemand kümmerte sich in den folgenden Jahrhunderten um das Bauwerk, es verfiel.

In den 1950er Jahren restaurierte die nun etablierte Kommunistische Partei ein kleines Stück bei Badaling für den Tourismus. Ein paar Jahre später, während der Kulturrevolution, wurde die Mauer Angriffsziel der Roten Garden. Nicht nur fiel sie deren Zerstörungswut zum Opfer, auch diente sie als Materialquelle für den Bau von Straßen. Hunderte von Kilometern wurden demoliert, zurück blieb ein Wall aus Schutt.

Deng Xiaoping befahl 1984 den Wiederaufbau der Mauer, und seitdem werden immer mehr Abschnitte für den Tourismus aufbereitet. Wie gesagt, nicht immer ist der Besuch ein faszinierendes Naturerlebnis, oft gleicht er einem Bummel über den Jahrmarkt. Die wirklich ursprünglichen Ruinen sind leider schwer erreichbar, so konzentrieren sich die meisten Besucher und Verkäufer auf die bequem zugänglichen Abschnitte.

Restauriert ist nur ein Bruchteil der Gesamtlänge, über die es übrigens keine klare Angabe gibt. Die hergeleiteten 5.000 Kilometer aus der chinesischen Übersetzung, *Wanli Changcheng*, 10.000 Li* Mauer, waren schon immer falsch, aber auch die bisher geschätzten 6.300 Kilometer scheinen noch untertrieben zu sein. Messungen mit GPS und Infrarotsystemen haben ergeben, dass die durch mehrere Provinzen** verlaufende Mauer bis zu 10.000 Kilometer lang sein könnte. Den neuen Berechnungen zufolge kommen Geografen jetzt auf 8.850 Kilometer, die sich durch neue, bislang unbekannte Abschnitte ergeben. Experten schließen nicht aus, noch mehr verborgene Überbleibsel des ehemaligen Schutzwalls zu finden.

Glücklicherweise ließe sich der chinesische Name leicht ändern, es fehlte dann nur eine Zwei: *Liangwanli**** Changcheng*.

(Ach, übrigens, auch der chinesische Astronaut Yang Liwei bestätigte nach seinem Weltraumflug, dass die Große Mauer nicht vom Weltall aus zu sehen sei. Auch wenn sie gigantisch ist, ist sie im Grunde ja doch nicht breiter als eine Landstraße. Und die B203 sieht man ja auch nicht...)

---

* Ein *li* sind ungefähr 500 Meter.
** In den folgenden Provinzen und autonomen Gebieten können Sie auf Mauerreste stoßen: Heilongjiang, Jilin, Liaoning, Hebei, Innere Mongolei, Shanxi, Shaanxi, Gansu, Ningxia und Xinjiang sowie den Städten Peking und Tianjin. Außerdem soll es noch in der Äußeren Mongolei wie auch in Russland Abschnitte geben.
*** *Liǎng* heißt zwei, *liǎngwàn* sind demnach 20.000 *li*, also 10.000 km.

28 Qiáng Nǔ Zhī Mò*

Kräfte lassen nach

»Morgen kommt ein wichtiger Kunde aus Amerika«, eröffnet Direktor Song Peter an einem ansonsten ruhigen Arbeitstag. »Wir haben zwar einen Dolmetscher, aber ich möchte trotzdem, dass du bei dem Essen morgen Mittag dabei bist.«

Peter fühlt sich geehrt und sagt dankend zu.** Immerhin verspricht es ja auch ein wenig Abwechslung zu der sonst oft eintönigen Arbeit.

Schick mit Krawatte und Anzug erscheint er am nächsten Tag im Büro. Auch Direktor Song sowie drei weitere leitende Angestellte haben sich fein gemacht. Ein Fahrer holt den Kunden aus dem Hotel ab, nachdem er die Stofftierdelegation in dem feinen Restaurant in der Nähe des Kaiserpalastes abgesetzt hat.

Direktor Song bespricht mit dem Restaurantbesitzer das Menu. Dann ruft er seinen Assistenten, ein großes Bündel Geldscheine wechselt diskret den Besitzer. Ui, denkt Peter, waren das etwa Bestechungsgelder? Das ist ja richtig spannend.

»Direktor Song hat die Rechnung schon im Voraus bezahlt«, enttäuscht ihn sein Abteilungsleiter Zhu, der den aufgeregten

---

* Wörtlich: Ein Pfeil am Ende seiner Flugbahn.
** Dem armen Peter ist nicht klar, dass seine Anwesenheit nicht aus sprachlichen Gründen gewünscht wird, sondern weil es sich gut macht, einen ausländischen Mitarbeiter zu präsentieren. Direktor Song weiß, dass sich westliche Geschäftspartner immer wohlfühlen, wenn sie in einer Firma Ihresgleichen antreffen. Und der Stofftierfabrik verleiht Peter ein internationales Flair, der sie gleich besser dastehen lässt. Auch wenn er nur Praktikant ist.

Blick Peters richtig gedeutet hat. »Dann gibt es hinterher keinen Streit, wer bezahlen darf.«

Wie langweilig, wenn auch vorausschauend. Nicht nur einmal war Peter schon Zeuge in Restaurants, in dem sich zwei, manchmal auch drei Herren lautstark darum stritten, wer bezahlen darf. So manch gesittetes Diner endet so in einem Fiasko.

Mit Verspätung trifft auch endlich Mr. Hewitt aus Texas ein. Direktor Song nimmt ihm dies nicht übel. Nicht, weil er den Pekinger Verkehr kennt, sondern weil Mr. Hewitt wichtig ist. Bei anderen Kunden oder gar Angestellten wäre er nicht so großzügig. Mr. Hewitt ist das erste Mal in China, der eigentliche Gesprächspartner konnte wegen eines Beinbruchs nicht kommen. In der Jeans und dem karierten Hemd sieht er ein wenig wie ein übergewichtiger Cowboy aus. Direktor Song versucht, seine Garderobe zu ignorieren*, und stellt ihm seine Mitarbeiter nebst Peter vor. Mr. Hewitt spricht jeden auf Englisch an** und schüttelt herzhaft Hände, dass selbst Peter zusammenzuckt. (Sein Fauxpas vom Schulbankett ist ihm noch in lebendiger Erinnerung.) Der Amerikaner merkt auch gar nicht, dass die Chinesen nicht einmal zudrücken. Amüsiert beobachtet Peter, dass sich jeder hinterher die Hand reibt, um den Schmerz zu vertreiben. Das kann ja ein lustiges Mahl werden.

Direktor Song wie auch die anderen Chinesen zücken ihre Visitenkarten. Wie es Brauch ist, reichen sie diese mit beiden Hän-

---

* Auch in China machen Kleider Leute, vor allem, wenn es um Geschäfte geht. Ein salopper Aufzug bedeutet mangelnden Respekt. Mr. Hewitt hat Glück, dass er Kunde ist, da drückt Direktor Song noch mal ein Auge zu. Im Gegensatz zu Deutschland müssen Sie aber nicht immer mit Anzug und Krawatte erscheinen, eine vernünftige Hose mit schlichtem Hemd reicht aus. Alte Jeans, Cordhose oder Flanellhemd sollten Sie aber lieber im Koffer lassen.

** Keiner in China erwartet von Ihnen, dass Sie Chinesisch können, zum guten Ton gehören aber ein paar wenige Brocken wie *nǐ hǎo*, Guten Tag, oder *xièxiè*, Danke. Sie signalisieren damit Entgegenkommen und Ernsthaftigkeit, was auch mit völlig falscher Aussprache positiv bewertet wird.

den so, dass Mr. Hewitt schon ihre Namen lesen kann. Peter ahnt, welcher Lapsus gleich folgen wird.

Und genau: Der Amerikaner stapelt die Karten ungesehen übereinander und lässt sie in seiner Tasche verschwinden. Er selbst verteilt seine wie bei einem Skatspiel. Die Abteilungsleiter spähen unsicher zu Direktor Song. Als er die Karte nach einem kurzen Blick darauf ebenfalls in seine Tasche gleiten lässt, tun sie es ihm nach.*

Ihr persönliches Aushängeschild

Wenn Sie geschäftlich nach China reisen, empfiehlt es sich, nicht nur genügend Visitenkarten dabei zu haben, sondern möglichst auch mit chinesischer Übersetzung. Sie sollten als Gast übrigens auch der Erste sein, der eine Visitenkarte überreicht. Geht dies nicht gleich am Anfang, werfen Sie sie um Gottes Willen nicht später quer über den Tisch. Warten Sie lieber bis zum Ende der Veranstaltung und händigen Sie dann Ihre Karten aus. Soweit bekannt, halten Sie dabei die Hierarchie ein: Der Ranghöchste bekommt zuerst eine Karte, dann der Vize und so weiter. Das Überreichen mit zwei Händen bedeutet Respekt. Nehmen Sie nur eine, wird das Ihrer anbahnenden Geschäftsbeziehung jedoch keinen Abbruch tun. Wichtiger ist, dass Sie Ihr Gegenüber dabei anschauen. Sie sollten die empfangenen Karten lesen, bevor Sie sie wegstecken, oder besser, wenn Sie schon sitzen, offen vor sich auf den Tisch legen. Sie können dadurch nicht nur unterscheiden, wer von den sich so ähnelnden Chinesen der wichtigste ist, Sie zeigen Interesse und Achtung. So banal es auch klingt: Achten Sie darauf, nur saubere Karten auszuteilen. Das versteht sich freilich, wie die geputzten Schuhe, von selbst.

Direktor Song verteilt die Sitzordnung, der Texaner rechts von ihm, daneben Peter, der Dolmetscher sitzt auf seiner linken Seite, die Abteilungsleiter gegenüber**. Höflich erkundigt sich

* Das war jetzt sehr diplomatisch von Direktor Song. Damit Mr. Hewitt nicht sein Gesicht verliert, hat auch er der Visitenkarte nicht die übliche Aufmerksamkeit geschenkt und damit den Amerikaner auf seinen Fehler aufmerksam gemacht.
** Wichtige Leute sitzen immer rechts vom Gastgeber. Peter soll die moralische Stütze für Mr. Hewitt darstellen und ihm die Möglichkeit geben, sich in seiner Landessprache unterhalten zu können. Sind mehrere Ehrengäste anwesend, werden auch diese gemäß ihres Rangs platziert. Suchen Sie sich nie einen eigenen Stuhl, sondern warten Sie immer darauf, dass Ihnen ein Platz angeboten wird.

Direktor Song nach dem Flug, wie das Hotel sei und ob ihm China gefalle. Mr. Hewitt redet so schnell, dass selbst Peter Mühe hat, ihm zu folgen. Der Dolmetscher strengt sich gewissenhaft an, die Schachtelsätze des Amerikaners sinnvoll zu übersetzen.*

Er zögert kurz, bevor er Direktor Song den letzten Satz mitteilt: »Mr. Hewitt sagt, China solle unbedingt seinen Verkehr vernünftig regeln. Es herrsche ja ein unglaubliches Chaos auf der Straße.«

Direktor Song lächelt, dann antwortet er: »China ist noch im Aufbau. Aber die Erweiterung der Infrastruktur ist eine der Prioritäten meiner Regierung.« Er greift zu seinem Bierglas, steht auf und heißt Mr. Hewitt formell willkommen.**

Viele köstliche Gerichte stehen schon auf dem Tisch bereit, Direktor Song lädt mit einer Geste ein, zuzugreifen. Da alle erwarten, dass sich Mr. Hewitt das nicht zweimal sagen lässt, überrascht es auch niemanden, dass dieser der Aufforderung unverzüglich Folge leistet.*** Direktor Song zuckt mit den Schultern, Peter grinst, und alle laben sich an den Köstlichkeiten.

»Bei der letzten Lieferung gab es wohl Probleme mit der Füllung«, beginnt Mr. Hewitt mit vollem Mund.

Nachdem ihm dies auf Chinesisch übersetzt wurde, steht Direktor Song auf, pickt ein großes Stück kross gebratenes Huhn auf und reicht es dem Texaner über den Tisch hinüber auf sein

---

* Gerade geht es nur um Smalltalk, bei Verhandlungen sollten Sie aber darauf achten, kurze, prägnante Sätze zu formulieren. So können Sie Missverständnisse eindämmen.
** Direktor Song nutzt die Übersprungshandlung, um von seinem Gesichtsverlust abzulenken. Offene Kritik ist nicht gerne gesehen und kann, selbst mit einer harmlosen Bemerkung über den Verkehr, die Geschäftsbeziehung stören. Halten Sie sich lieber an die alte Weisheit: Wenn du nichts Gutes zu sagen hast, sage lieber gar nichts.
*** Sie erinnern sich an Peters Bankett vom Sprachinstitut? Mr. Hewitt hätte die Einladung zum Zugreifen zurückgeben müssen. Wenigstens einmal. In diesem Fall, anders beim Bankett, wo der Direktor die wichtigste Person und somit auch der Erste sein sollte, ist Mr. Hewitt Kunde und König. Ihm gebührt der erste Bissen. Wie gesagt, allerdings erst nach der höflichen Zurückweisung.

kleines Tellerchen. »Haben Sie schon probiert?«, übersetzt der Dolmetscher. »Es ist vorzüglich.«*

Mr. Hewitt lässt sich nicht lange bitten und steckt es in den Mund. »Hm«, nuschelt er schmatzend, »vorzüglich!«

Direktor Song hebt sein Glas und sagt »*Gānbēi*!«.

Kaum hat Mr. Hewitt ausgetrunken und die Bedienung ihm nachgeschenkt, steht Exportleiter Zhu auf: »*Gānbēi*!«

Peter schaut auf die Uhr. Es ist noch nicht einmal ein Uhr mittags und hier bahnt sich schon ein Besäufnis an.

Mr. Hewitt probiert den Fisch und ruft laut: »Großartig! Die chinesische Küche ist fantastisch!«

Davon ermuntert erklärt ihm Direktor Song mithilfe des Dolmetschers einige Feinheiten der chinesischen Kochkunst. Der nutzt diese Übersetzung und ergreift ebenfalls die Gelegenheit, Mr. Hewitt zuzuprosten: »*Gānbēi*!«

Eine glibberige Seegurke wird serviert. Sie ist der kulinarische Höhepunkt des Begrüßungsmahls, reich verziert mit Blümchen aus Karotten und Gurken. Erneut reicht Direktor Song dem Texaner ein großes Stück, bevor er sich selbst bedient.

Mr. Hewitt verzieht allerdings das Gesicht und ruft: »Oh, nee, das kriege ich nicht runter!«**

Direktor Song verschluckt sich fast an seinem just in den Mund gesteckten Seegurkenstück und spült schnell mit Tee nach.

Produktionsleiter Wen rettet mit einem kräftigen »*Gānbēi*!« die Situation.

---

* Auf direkt angesprochene Probleme reagiert ein Chinese meist mit Ablenkung. Besser ist es, um den heißen Brei zu reden, nachdem man vorher andere Abläufe gelobt hat. Mr. Hewitt die appetitlichsten Stücke des Essens auf den Teller zu legen, gehört ebenfalls zum guten Ton. Hier dient es aber eher der Ablenkung.
** Auch wenn die chinesische Küche wirklich exquisit ist, gibt es immer etwas, was dem westlichen Gaumen widerstrebt. Es wird nicht von Ihnen verlangt, alles hinunterzuwürgen, was serviert wird, nur sollten Sie Ihren Ekel auf gar keinen Fall öffentlich darlegen. Bekommen Sie ein Stück Hund oder Pansen auf Ihr Tellerchen gelegt, bedanken Sie sich und lassen es einfach liegen. Werden Sie bedrängt, es zu essen, sagen Sie einfach: »gleich«! Jeder ist irgendwann so satt und hat Reste vor sich liegen, da fällt das Verschmähte nicht mehr auf.

Mr. Hewitt ist ebenfalls froh, von der Seegurke mit einem Gläschen Bier ablenken zu können und trinkt es, wie gewünscht, aus.

Peter, der sich beim Trinken zurückgehalten hat, durchschaut plötzlich das Spiel der Chinesen: Immer nur einer trinkt mit Mr. Hewitt. Der Amerikaner hat also viermal mehr Bier intus als die Chinesen. Diese Erkenntnis findet er so lustig, dass er sich glatt loyal hinter seine Firma stellt. Er steht auf und prostet Mr. Hewitt zu. Die Chinesen klatschen, erheben auch ihre Gläser und, nachdem der Texaner wieder nachgeschenkt bekommen hat, stoßen alle zusammen an. Direktor Song ordert noch eine Flasche *Erguotou** und das abgekartete Spiel von eben beginnt von Neuem.

Nach einer weiteren halben Stunde fröhlichen Trinkens kann Mr. Hewitt kaum noch stehen. Direktor Song weist den Fahrer an, ihn ins Hotel zu bringen. Die anderen fahren mit dem Taxi in die Firma. Peter darf schon nach Hause, es gäbe nichts Wichtiges heute, erklärt Exportleiter Zhu.

Als Peter in der U-Bahn sitzt, fällt ihm auf, dass, bis auf den einen Satz von Mr. Hewitt über das Füllungsproblem, nicht ein Wort über die Geschäfte gefallen ist. Allerdings verhindern die Biere und der grausige Erguotou jetzt eine genauere Analyse der Frage auf seiner Heimfahrt. Die Antwort wird er besser später suchen, wenn der Kopf wieder klar ist.

Was lange währt, wird endlich gut

Wie beim Sex gibt es bei Geschäften mit Chinesen ein Vorspiel, ohne das nichts geht: Aufbau des Vertrauens. Dieses Vertrauen entsteht nur, wenn man sich kennenlernt. Das geht natürlich am besten bei Wein, Weib und Gesang. Im Gegensatz zu Deutsch-

---

* Das ist chinesischer Reisschnaps, sozusagen der kleine und billigere Bruder vom bekannten *Maotai*-Schnaps.

land werden in China nicht der unterschriebene Vertrag und die sich anbahnende Freundschaft mit einem zünftigen Mahl oder guten Korn gefeiert. In China wird erst gefeiert und Freundschaft geschlossen, dann verhandelt. Das schließt selbstverständlich nicht aus, dass am Ende die Übereinkunft gleichermaßen zelebriert wird.

Zwar hat Direktor Song schon längere Zeit Beziehungen zu Mr. Hewitts Firma, jedoch baut sich das Vertrauen der Chinesen zu bestimmten Personen auf, nicht zu dem Unternehmen generell. Stimmt die Chemie zwischen Einkäufer und Verkäufer, stimmt auch die Chemie zwischen den beiden Firmen. Ein neuer Gesprächspartner bedeutet de facto einen neuen Anfang. Abermals beginnt die Prozedur des Kennenlernens. Mr. Hewitt muss sich in den Augen von Direktor Song als ernstzunehmender Geschäftspartner profilieren.

In der chinesischen Kultur werden Fremde erst einmal argwöhnisch beäugt. Die Chinesen bleiben distanziert und vorsichtig. Im Geschäftsleben ist dies ausgeprägter als im Privaten. Der Neue muss auf seine Qualifikation und auch seine Grundeinstellung zu China hin überprüft werden. Projekte und Verhandlungen können sich also verzögern oder gar scheitern, weil die bekannte und vertraute Person nicht mehr der Ansprechpartner ist.*

Dementsprechend hatte Mr. Hewitt keinen Erfolg bei Direktor Song, als er das Füllungsproblem ansprach. Er wurde einfach ignoriert. Direktor Song muss ja erst einmal schauen, wen er da überhaupt vor sich hat.

Aber auch wenn er es dann irgendwann weiß, ist Mr. Hewitt besser bedient, indirekt darauf hinzuweisen. Unverblümte Kritik, und sei sie noch so gerechtfertigt, drängt den Chinesen in eine

* Sollte ein Wechsel unumgänglich sein, führen Sie die neue Person früh ein und bleiben dann recht schnell im Hintergrund. Es muss klar sein, dass der Neue Ihre Kompetenzen hat. Das können Sie nur beweisen, indem Sie ihm vertrauen und ihm das Feld überlassen.

Defensive, die einem Gesichtsverlust gleichkommt. Die chinesische Kommunikation gleicht eher einem gewundenen Weg mit vielen Schlenkern. Der in Europa und Amerika gängige, direkte Verhandlungsstil ist unüblich. Vergessen Sie besser Ihre Zehn-Punkte-Liste, die Sie im Stakkato abarbeiten wollten. Bereiten Sie lieber Ihre Leber und Ihren Magen auf einen Großkampfeinsatz vor.

29 Qiú Quán Zé Bèi

In jeder Beziehung nach Perfektion streben

Müde vom Jetlag, leicht verkatert, jedoch guter Dinge erscheint der amerikanische Kunde, Mr. Hewitt, in der Stofftierfirma. Peter führt ihn herum, erklärt die einzelnen Produktionsschritte, die aus einem Stück Stoff und Watte ein Kuscheltier machen, und bringt ihn dann kurz vor der Mittagspause zu Direktor Song.

Zur Begrüßung haut der kräftige Texaner dem schmächtigen Chinesen auf die Schulter und poltert: »Da habt ihr mich ja gestern gut abgefüllt!« Er lacht dröhnend.

Direktor Song versteckt seine Irritation.* »Nehmen Sie doch Platz«, bittet er verkrampft lächelnd den Dolmetscher zu übersetzen. Auch Peter soll bleiben und an der Verhandlung teilnehmen.

»Sie sind das erste Mal in China?«, beginnt Direktor Song. Als der Amerikaner bestätigt, zählt er einige Pekinger Sehenswürdigkeiten auf, die Mr. Hewitt unbedingt besuchen müsse. Von jeder erklärt er kurz die Besonderheiten, kulturell und architektonisch. Jetzt, während des Frühlings, seien sie besonders sehenswert. »Am Wochenende schicke ich Ihnen meinen Fahrer, der

---

* Auch wenn Sie sich bei dem geschäftlichen Bankett am Tag vorher schunkelnd in den Armen gelegen haben, es war der Alkohol, der die Barrieren zum Einsturz gebracht hat. Im nüchternen Zustand umgeben diese Ihren chinesischen Geschäftspartner aber immer noch. Zudem werden Berührungen (wozu auch das Händeschütteln gehören kann) und Überschwänglichkeiten nicht geschätzt. Achten Sie auf die Körpersprache Ihres Gegenübers und gehen Sie nicht weiter als er. Passen Sie Ihr Verhalten dem des Chinesen an, geben Sie sich reserviert aber offen. So wahren Sie Respekt und zeigen Anpassungsfähigkeit.

bringt Sie zum Sommerpalast und in die Verbotene Stadt«, bietet Direktor Song an.

Für Peter klingt es mehr wie ein Befehl, und überhaupt, wann geht es denn endlich mal los mit den Verhandlungen?

Ein kurzes Klopfen an der Tür ertönt, herein kommen die Abteilungsleiter der Produktion, Herr Wen, und vom Export, Herr Zhu. Sie grüßen kurz, Direktor Song steht auf und sagt: »Ich habe mir erlaubt, in der Kantine ein Essen vorbereiten zu lassen. Folgen Sie mir.«

In einem schmucklosen Nebenraum der Kantine wartet schon der gedeckte Tisch sowie eine Kiste Bier*. Auch zwei Kellnerinnen stehen bereit. Etwas zwangloser als am Vortag nehmen die Herren Platz, die Vorspeisen sind schon serviert, es kann also sofort losgehen. Und zwar mit dem ersten *gānbēi*.

Erst als die Hauptspeisen aufgetischt werden, lenkt Direktor Song das Gespräch auf die Geschäfte. Mr. Hewitt nutzt die Gelegenheit, noch einmal das Qualitätsproblem anzusprechen: »Mit der letzten Lieferung waren wir nicht zufrieden, die Nähte waren unsauber genäht. Das müssen** Sie ändern. Auch schien mir der Stoff nicht so hochwertig, wie sonst.«

Direktor Song lauscht der Übersetzung und greift dann zu einem Stück Huhn in süßsaurer Soße.

---

* Mal kurz am Rande: Häufig hat das Bier in China Zimmertemperatur. Sie müssen explizit kaltes bestellen, selbst im Sommer. Manchmal fragt die Bedienung, ob es gekühlt sein soll, aber nicht immer. Zu kalte Getränke sind nach chinesischen Vorstellungen nicht gesund.
** Das Wort »müssen« ist in keinem Fall eine gute Wahl. Es lässt keinen Spielraum für Alternativen. Sie denken jetzt zu Recht, dass es die manchmal nicht gibt. Nur drängt dieses kleine, unbedachte Wort den Partner in die Ecke. Besser sind Formulierungen wie »meines Erachtens« oder »es wäre besser, wenn«, um Ihre Forderungen darzulegen. Die Diskussion bleibt dadurch offen und gibt dem Chinesen die Möglichkeit zu agieren und einzulenken, ohne das Gefühl zu haben, er wurde dazu gezwungen. Natürlich sind Qualitätsfragen ein wichtiger Punkt, Sie sollten aber versuchen, Ihre Ansprüche über Umwege zu formulieren. Jeder noch so kleine Gesichtsverlust bei Ihrem chinesischen Partner kann zur Stagnation der Verhandlungen führen.

Produktionsleiter Wen ergreift das Wort: »Wir mussten den Lieferanten wechseln, vielleicht kommen die Unterschiede daher.«

»Wir sollten nachher mal die Stoffe inspizieren und im Detail unsere Vorstellungen durchsprechen«, schlägt Mr. Hewitt vor. »Ich habe auch ein fehlerhaftes Muster dabei, das Sie sich dann anschauen können.«[*]

Eine geräucherte Ente wird serviert, und Direktor Song greift wieder zum Glas: »*Gānbēi*!«

Die Lebensgefahr aus der Flasche

Das ungeschriebene Gesetz, welches Abstinenz bei Verhandlungen verbietet, fordert in China jährlich mehrere Todesopfer. Meist sind es Parteifunktionäre oder hohe Manager, die durch Alkoholexzesse ihr Leben geben. Der Schnaps als wichtiger Baustein der *guānxi*, Beziehungen, gerät immer mehr in Verruf. Aber nicht nur wegen der sich häufenden Todesfälle löst die *gānbēi*-Kultur weitläufige Diskussionen aus. 50 Mrd. Euro, ein Drittel des landesweiten Gastronomieumsatzes, werden jährlich für Geschäftsessen ausgegeben, viele davon durch Steuergelder finanziert. Dabei rinnen 5 Mrd. Liter Reisschnaps die Kehlen hinunter. Ohne Alkohol sind Geschäftsabschlüsse in China schwer zu bewerkstelligen. Einige chinesische Städte haben die luxuriösen Geschäftsessen jetzt zur Mittagszeit verboten. Die Tatsache aber bleibt bestehen: Wollen Sie in China erfolgreich sein, brauchen Sie eine starke Leber. Oder großes Geschick beim Schummeln, wenn Sie den Schnaps mit Wasser austauschen!

In den nächsten zwanzig Minuten, nachdem das leidige Thema Qualität mit den schon leeren Tellern vom Tisch gefegt wurde, besprechen die Geschäftsleute die nächste Lieferung: Zahlen und Bezeichnungen für Menge, Artikel, Lieferzeit und Versandart fliegen im bunten Durcheinander durch den Raum. Peter,

[*] Hier ist Mr. Hewitt mal auf dem richtigen Weg. Es ist wichtig, die Anforderungen an ein Produkt genau zu bestimmen. Der Begriff »Qualität« wird von den Chinesen unterschiedlich definiert. Für sie ist »so gut wie möglich« die beste Qualität, der Westler hingegen denkt da eher an ein nahezu perfektes Produkt. Dazu kommt, dass Chinesen versuchen, mit dem geringsten Aufwand (Kosten) das Beste zu erzielen. Das bedeutet, dass jede Einsparung bei Materialien, Verarbeitung oder Versand letztendlich als Gewinn auf dem Konto landet. Das Ziel ist erreicht. Dass der Kunde damit nicht glücklich ist, ist zweitrangig. Es gibt ja noch genügend andere Kunden, die nicht so pingelig sind.

der von Produktionsleiter Wen den Auftrag bekommen hat, alles zu notieren, kommt kaum mit. Mitnichten werden die einzelnen Aspekte der Reihe nach besprochen, jeder redet ohne Punkt und Komma, springt von einem Thema zum anderen und stellt Fragen zu, wie Peter findet, längst abgeschlossenen Vorgängen. In seinem Notizheft herrscht Chaos, wie soll er das bloß später in die richtige Reihenfolge bekommen?

Pünktlich zum Nachtisch, frittierte Banane mit Karamellüberzug und eine Flasche Reisschnaps, sind die Eckdaten besprochen. Mit einem *gānbēi* begießen Mr. Hewitt und Direktor Song das Ergebnis. Ein letzter Punkt steht allerdings noch aus: der Preis. Doch Direktor Song winkt ab, hebt stattdessen sein Schnapsglas und erklärt dann, als auch diese Flasche endlich leer ist, die Verhandlung als vorerst beendet. Mr. Hewitt habe ja noch viel mit Produktionsleiter Wen zu besprechen.

Zusammen mit Peter diskutiert der Amerikaner in der Fertigung schließlich noch die offensichtlichen Mängel. Produktionsleiter Wen nickt bei jedem Punkt, macht sich Notizen und sagt am Ende: »*Méi wèntí*!« – Kein Problem!

Mr. Hewitt ist zufrieden mit den Besprechungsergebnissen.*

---

* Mr Hewitt freut sich ein wenig zu früh. Die Aussage »Kein Problem!« ist nicht unbedingt gleichbedeutend mit »Ich verstehe, was Sie meinen, wird sofort erledigt!«. Es besagt vielmehr: »Ich verstehe, was Sie meinen, aber ob das so klappt, weiß ich noch nicht.« Auch das Nicken von Produktionsleiter Wen ist lediglich ein Zeichen, dass er zugehört hat und nicht unbedingt als ein Ja zu interpretieren. Um zu bekommen, was Sie wollen, fassen Sie Ihre Anforderungen immer wieder zusammen. Fordern Sie Ihren Partner aber nicht auf, Ihre Zusammenfassung zu wiederholen, das wirkt belehrend. Fragen Sie ihn lieber, was seiner Meinung nach machbar ist. Daran können Sie z. B. auch erkennen, ob technische Schwierigkeiten Ihren Wünschen einen Strich durch die Rechnung machen. Und Sie merken, ob Ihnen wirklich zugehört wurde.
Denken Sie auch immer daran, dass Logik zwar in den Köpfen ankommt, aber einen starken Konkurrenten hat: Sparsamkeit. Auch wenn klar ist, dass zu viele Glasschalen in einem Karton aus Platzmangel nicht ausreichend mit Luftpolsterfolie geschützt werden können, sieht der Chinese nur, dass eine Verschiffung wegen zusätzlicher Kartons teurer wird. Je nachdem, welche Abmachung Sie haben, sollten Sie auch diesen Punkt im Auge behalten.

Beruhigt kann er sich noch ein wenig in der Stadt umsehen, bevor es zum abendlichen Bankett geht.

Ein paar Tipps auf einem Blick

Eine allgemeine Darstellung zu geben, ist immer schwierig, das gilt besonders, aber nicht nur für Geschäfte in China. Je nachdem, mit wem Sie es zu tun haben, können die chinesischen Eigenheiten stärker oder schwächer auftreten. Es gibt Unterschiede zwischen Staatsbetrieben und privaten Unternehmen sowie innerhalb einzelner Geschäftsfelder (ein Exporteur von Spielzeug hat ein anderes Kaliber als ein Betrieb für Infrastruktur). Wichtig ist auch die Frage, wie viele internationale Erfahrungen Ihr Partner in spe mitbringt. Und vor allem auch, in welchem Bereich Sie mit ihm zusammenarbeiten wollen. Ist es ein reines Exportgeschäft? Wollen Sie Ihre Produktion auslagern? Sind Ihre Produkte für den chinesischen oder Ihren heimischen Markt bestimmt? Und, und, und.

Ratsam ist immer, sich im Vorfeld gut zu informieren: Über den potenziellen Partner, über die Konkurrenz, und nicht zuletzt auch, wie Sie am besten zum Ziel kommen. Sie sollten sich nicht scheuen, eine professionelle Beratung in Anspruch zu nehmen, insbesondere, wenn es um hohe Investitionen geht.

Im Folgenden ein paar Ratschläge, die bei einem ersten Kontakt mit chinesischen Partnern relevant sind:

Bleiben Sie offen. Reagieren Sie auf Ihr Gegenüber. Manchmal überrascht ein Chinese Sie mit unerwarteten Ähnlichkeiten, manchmal mit widersprüchlichem Verhalten. Nehmen Sie es, wie es kommt, passen Sie sich an und übertragen Sie nicht Ihre Vorstellungen von Verhandlungen auf dieses unbekannte Wesen. Beide Seiten müssen sich kennen und verstehen lernen.

Versuchen Sie nicht, zu einem schnellen Ergebnis zu kommen. Nehmen Sie sich Zeit, gehen Sie in kleinen Schritten vor.

Definieren Sie im Vorfeld kleine Ziele und setzen diese um. Das bringt oft mehr, als Ihren Partner vor vollendete Tatsachen, wie z. B. eine bestimmte Preisvorstellung, zu stellen. Sie können so über Kompromisse wieder zu Ihrem eigentlichen Ziel gelangen, ohne dass einer als Verlierer dasteht.

Besprechen Sie jedes Detail während der Verhandlung genauestens. Präsentationen zur Veranschaulichung können dabei helfen. Vermeiden Sie dabei direkte Formulierungen wie »Sie sollten…« oder »Sie müssen…« und achten Sie darauf, dass der Partner nicht das Gesicht verliert. Derer Gefahren gibt es viele, wie Mr. Hewitt gezeigt hat. Bei den Verhandlungen kommt es darauf an, dass der chinesische Partner das Gefühl hat, nicht überrumpelt oder in die Ecke gedrängt zu werden. Durch geschicktes Manövrieren können Sie ihn dahin bringen, genau das vorzuschlagen, was Sie im Kopf haben. Beiden ist gedient: Der Chinese fühlt sich als Sieger und Sie bekommen, was Sie wollen.

Kommen die Verhandlungen in die Endphase, scheuen Sie sich nicht, den Chinesen mitzuteilen, dass es auch genug Konkurrenten gibt. Drohen Sie aber nicht damit. Nennen Sie lieber Beispiele, am besten gut recherchiert mit konkreten Namen. Das beruhigt den chinesischen Partner (denn warum sollten Sie sich durch tagelange Verhandlungen mit alkoholträchtigen Abenden quälen, wenn Sie nicht explizit mit ihm zusammenarbeiten möchten), macht ihn aber gleichzeitig aufmerksam, den Bogen nicht zu überspannen. Sie müssen natürlich wissen, wer in welcher Abhängigkeit voneinander steht. Dieser Schachzug nützt rein gar nichts, wenn Ihrem Gegenüber eine Zusammenarbeit gleichgültig wäre.

Machen Sie der chinesischen Firma klar, dass Sie nicht auf Teufel komm raus den Vertrag unterzeichnen werden. Ihr Motto sollte lauten: Lieber keinen Deal, als einen schlechten. So paradox es klingt, Sie unterstreichen damit Ihre Professionalität und Ernsthaftigkeit. Auch hier ist wichtig, dies nicht als Drohung zu formulieren, sondern schlicht als eine Tatsache. Eine feste Position zu vertreten ist gut und widerspricht der Offenheit, die ich eingangs erwähnte. Es sind allerdings zwei Paar Schuhe. Anpassen müssen Sie sich bei den Verhandlungsstrategien. Beharren Sie nicht auf Ihre übliche Taktik, die sich in Deutschland bewährt hat. Die hilft nicht unbedingt in China. Über den Tisch sollen Sie sich aber auch nicht ziehen lassen, da kommt der feste Standpunkt ins Spiel. Sie müssen sich klar sein, welche Kompromisse Sie eingehen können und wollen – und welche nicht. Seien Sie flexibel innerhalb der einzelnen Punkte, verlieren Sie aber nicht Ihr großes Ziel aus den Augen.

Als Letztes noch ein Wort zur Sprache. Auch wenn ein Dolmetscher anwesend ist, muss es nicht heißen, dass die Gegenseite kein Wort von dem versteht, was Sie mit Ihrem deutschen Kollegen besprechen. Seien Sie also vorsichtig mit dem, was Sie sagen. Tauschen Sie keine geheimen Details aus und lästern Sie besser nicht über die Frisur des Firmeninhabers.

Manchmal empfiehlt es sich auch, einen eigenen Dolmetscher mitzubringen. Dem können Sie in jedem Fall vertrauen, dass er alle wichtigen Details übersetzt und auch zwischen den Zeilen lesen kann. Auch wenn dort nur zu lesen ist, dass Ihre Frisur ja auch nicht die Modischste ist.

30 Lù Sǐ Shuí Shǒu*

Wer setzt sich durch?

Seit fünf Tagen begleitet Peter Direktor Song und den Texaner, Mr. Hewitt, bei ihren Verhandlungen über den Stofftierexport. Seit fünf Tagen isst er auswärts, trinkt viel zu viel Alkohol und hat schon ordentliche Ringe unter den Augen. Mr. Hewitt dagegen gefällt dies alles anscheinend sehr. So lustige Geschäftsgespräche hätte er noch nie gehabt, meint er unbedarft. Peter kann das nicht nachvollziehen, haben sie doch noch immer keinen einzigen relevanten Vertrag unterschrieben. Der einzige Erfolg sind ein paar Eckdaten zu Lieferumfängen und Qualitätsproblemen. Die sind meist während eines Gelages besprochen worden, ob sich überhaupt noch jemand daran erinnert? Peter ist skeptisch.

Morgen fliegt Mr. Hewitt wieder nach Hause, und noch immer schwebt der unbekannte Preis der Stofftiere wie ein Damoklesschwert über ihren Köpfen. Direktor Song winkt jedes Gespräch darüber ab, schenkt stattdessen lieber noch einen Schnaps ein. Eigentlich hat Peter ja Null Komma nichts mit diesen Verträgen zu tun, trotzdem sitzt er wohl als Einziger auf heißen Kohlen.

Auch heute läuft Mr. Hewitt nur planlos in der Produktion herum, Direktor Song sei eben beschäftigt, sagt er achselzu-

---

* Wörtlich: Wenn der Hirsch erlegt ist, wer hält ihn in der Hand?

ckend, flirtet zum Ausgleich mit den Näherinnen und stellt Produktionsleiter Wen zum dritten Mal die gleichen Fragen. Peter findet das alles kontraproduktiv, schließt sich aber gerne den nachmittäglichen Rundgängen an. Etwas Spannenderes als der amerikanische Besuch ist ihm seit dem Beginn des Praktikums nicht untergekommen.

Plötzlich stürmt die Sekretärin von Direktor Song herbei, und bevor sich alle versehen, sitzen sie im firmeneigenen Bus, Ziel unbekannt.

»Direktor Song wartet schon auf uns.« Mehr ist aus ihr nicht herauszukitzeln.

Mr. Hewitt findet das spannend wie ein Kind den Heiligen Abend.

Zuerst hält sich die Überraschung allerdings in Grenzen. Sie halten an einem großen glitzernden Palast an und werden in einen Raum gebracht, wo schon das obligatorische, üppige Mahl wartet. Wie an den vergangenen Tagen speist die Gruppe fürstlich, leert fast eine ganze Kiste Bier und redet, wie gewohnt, von allem, nur nicht von Geschäften.

Nach dem Essen führt eine im *qípáo* gekleidete Angestellte des Etablissements die kleine Gruppe durch dunkle Gänge und gewundene Treppen hinauf. Peter wird mulmig: Das Logo *Party World KTV* steht in regelmäßigen Abständen auf den mit Stoff bezogenen Wänden. Heute erwartet sie Karaoke.

Gespenstisch ruhig ist es in dem riesigen Unterhaltungstempel. Dicke Teppiche verschlucken die Schritte, spartanisch platzierte Lämpchen erhellen nur spärlich den Weg. Peter ist überrascht, nicht einen Ton zu hören. Die Isolierung der Zimmer muss topmodern sein.

In einem kleinen Raum mit einer Couch, zwei Sesseln sowie einem Tisch stehen alkoholfreie Getränke, Erdnüsse mit grüner Wasabikruste und Cracker bereit. In der Mitte thront eine Flasche Whisky, die von mehreren Flaschen grünem Tee umzingelt ist.

Direktor Song setzt Mr. Hewitt und Peter in die Mitte der Couch und reicht ihnen einen dicken Katalog: »Sie können ja schon mal ein Lied aussuchen, hinten gibt es auch englische.«

Es haben sich noch nicht alle gesetzt, da presst einer schon auf ein paar Knöpfen herum, und ein Video flimmert über den überdimensionalen Bildschirm. Ein chinesisches Pärchen läuft durch eine romantische Strandkulisse, im Vordergrund erscheinen Schriftzeichen. Direktor Songs Sekretärin ist kaum im Raum und schon nicht zu bremsen. Sie greift, mit einem Arm noch im Mantel steckend, eins der bereitliegenden Mikrofone und singt mit herzergreifendem Tonfall zur scheppernden Instrumentalmusik. Sogar eine Träne verirrt sich in ihr linkes Auge. Niemand bekommt davon etwas mit, alle sind beschäftigt, sich hinzusetzen, Getränke einzuschenken, nach Liedern zu blättern, miteinander zu reden – oder eigentlich mit allem auf einmal.

Peter sitzt verklemmt da. Mr. Hewitt stehen ein paar Schweißperlen auf der Stirn. Direktor Song hat das passende Mittel, diese zum Trocknen zu bringen: ein Glas Whisky mit grünem Tee.

»*Gānbēi!*«, prostet er ihm zu. Peter stopft sich mit den scharfen Erdnüssen voll und hofft im Stillen, der Krug möge an ihm vorbeigehen.

Kaum verklingt die Stimme der Sekretärin, drückt ein anderer ein paar Knöpfe, nimmt sich das zweite Mikro und stellt sich in Pose. Völlig schief, aber dafür umso inbrünstiger, schmettert er einen Klassiker aus Maos Zeiten. Direktor Song drängt Mr. Hewitt, ein Lied auszusuchen. Als der sich immer noch weigert, weist Direktor Song seine Sekretärin an, »Let it be« von den Beatles zu programmieren.

»Ich kann nicht singen«, protestiert Mr. Hewitt bei den ersten Klängen und legt das ihm in die Hände gedrückte Mikro wieder auf den Tisch.

Die blecherne Musik klingt unbesungen durch den Raum. Auch die Gespräche sind verstummt.*

Peter greift zögernd zum Mikro, nimmt noch schnell einen Schluck von diesem komischen Whisky-Tee-Gemisch und steigt dann im Refrain ein.

Die Chinesen sind begeistert, die Stimmung steigt sofort wieder auf Hundertachtzig.

Mr. Hewitt sitzt etwas betreten da, nimmt ebenfalls ein paar Schlucke des ungekühlten Mixgetränks und blättert verlegen im Katalog. Peter lässt das Lied ausklingen, sein Kopf ist rot wie eine Tomate. Produktionsleiter Wen hebt seinen Daumen, er ist sichtlich stolz auf den Praktikanten. Direktor Song tuschelt mit Exportleiter Zhu, sein Gesicht ist ernst.

»Nummer acht«, ruft Mr. Hewitt dem Dolmetscher über den Gesang der erneut am Mikro hängenden Sekretärin zu. Der gibt dies sofort an den Bediener des Liedcomputers weiter, woraufhin Direktor Song in seinem Gespräch innehält.

Als die ersten Klänge von »Hotel California« ertönen, reicht die Sekretärin Mr. Hewitt das Mikro, er trinkt sich noch ein bisschen Mut an, steht auf und verpasst seinen Einsatz.

Die Chinesen schunkeln, mehr sprechend als singend liest Mr. Hewitt nun die markierten Wörter vor. Peter, der von sich selbst dachte, nicht singen zu können, ist überrascht, dass jemand noch schlechter sein kann als er, trommelt aber unterstützend auf dem

* Natürlich, Karaoke ist nicht jedermanns Sache, doch in diesem Fall kommt es vor allem auf Ihre Bereitschaft an. Es ist egal, wie falsch es klingt, oder ob Sie überhaupt auch nur einen Ton treffen, Sie müssen mitmachen. Genau wie beim Trinken ist es unhöflich, das Angebotene abzulehnen. Es wäre wie eine Geburtstagsparty ohne Geburtstagskind. Und Direktor Song veranstaltet dieses Spektakel nur für Mr. Hewitt (auch wenn er selbst und seine Angestellten großen Spaß daran haben und jede Möglichkeit ausnutzen, auf Firmenkosten Singen zu gehen). Wenn Sie sich standhaft weigern, kann das Ihrer Verhandlung ernsthaft schaden. Nicht nur verliert Ihr chinesischer Partner das Gesicht, Sie sind auch eine langweilige Spaßbremse, die alles vermiest und keiner mehr um sich haben will. Schon gar nicht bei langfristigen Geschäften.

Tisch die Melodie mit. Exportleiter Zhu grinst von einem Ohr zum anderen, Direktor Song nickt im Takt, wenn auch verhalten.

Plötzlich scheint Mr. Hewitt Feuer zu fangen. Ob es am Whisky liegt, an den begeisterten Chinesen oder an beidem, kann Peter nicht einschätzen, er sieht aber, dass auch Direktor Song sich mehr und mehr entspannt.

Die erste Flasche Whisky ist leer, die zweite steht bereit. Produktionsleiter Wen rülpst ungeniert, bohrt sich genüsslich im Ohr und betrachtet dann seinen Fund.*

Exportleiter Zhu beendet grad sein Lied, dem keiner zugehört hat, und setzt sich neben Mr. Hewitt. Der ergreift sofort die Gelegenheit als auch den Dolmetscher: »Was können Sie mir denn bei der abgesprochenen Liefermenge für einen Preis geben?«

Exportleiter Zhu erklärt daraufhin groß, breit und ein wenig lallend, wie sich die Kostenstruktur bei der Produktion zusammensetzt.

Mr. Hewitt versteht wegen der Lautstärke und des Whiskys nicht alles und macht dann einen konkreten Vorschlag.

Exportleiter Zhu nickt mit dem Kopf und sagt: »Da muss ich noch mal drüber nachdenken.«**

* Rülpsen, furzen, in der Nase oder den Ohren bohren, nebst dem zutage Fördern, was sich darin befindet, sind in China keine Unhöflichkeiten. Die Chinesen glauben, dass Gase im Bauch, Popel, Ohrschmalz oder Schleim nichts im Körper zu suchen haben und entsorgt werden müssen. Ganz öffentlich. Macht ja schließlich jeder so in China. Auch zwischen den Zähnen wird für jedermann sichtbar gestochert, wenn es für nötig befunden wird. Die Chinesen, die das heimlich oder dezent bewerkstelligen, haben die westliche Vorgehensweise adaptiert. Und gehören nicht zur Mehrheit.

** Sie erinnern sich? Nicken bedeutet nicht, dass jemand zustimmt, sondern schlicht, dass er verstanden hat, was Sie gesagt haben. Nachdenken muss Exportleiter Zhu auch nicht wirklich – aber mit Direktor Song sprechen. Die Entscheidungsgewalt in chinesischen Firmen liegt immer beim Chef. Wenn Sie mit einem Abteilungsleiter etwas absprechen, dann können Sie davon ausgehen, dass die Spitze des Unternehmens dies abgesegnet hat. Alleine würde niemand die Verantwortung für die Absprachen übernehmen. Hören Sie dann den Satz: »Ich denke darüber nach«, meint Ihr Gegenüber: »Ich muss erst mit dem Chef sprechen«. In großen Konzernen kann dies zu langwierigen Verhandlungen führen, da die Leitung nicht immer bei den Verhandlungen dabei ist. Insofern muss dann jeder geänderte Punkt neu mit dem Chef abgesprochen werden.

Mr. Hewitt ist frustriert.* In wenigen Stunden geht sein Flieger, und noch immer ist nichts unter Dach und Fach. Verwirrt nimmt er einen Schluck von dem alkoholisierten Tee. Exportleiter Zhu gesellt sich wieder zu Direktor Song, die Sekretärin ist mit dem Mikro in der Hand in ihrem Element und Peter blättert übertrieben suchend in dem Liederkatalog.

Als das Lied verklingt, greift Direktor Song zum Mikrofon und hält eine kleine Rede für Mr. Hewitt und trägt vor, wie erfreut er ist, ihn kennengelernt zu haben. Er hoffe, sein Aufenthalt habe ihm gefallen und er, Direktor Song, freue sich schon auf das nächste Treffen. »*Gānbēi*!«

Alle heben johlend die Gläser und trinken.

Mr. Hewitt vertraut sich nach dem Zuprosten Peter an, er wüsste wirklich nicht mehr, wie er jetzt noch zu einem Abschluss kommen soll.

Peter fühlt sich überfragt, für ihn ist dies ebenfalls die erste Verhandlung in China, verspricht aber, mit Exportleiter Zhu zu sprechen.

Direktor Song kommt mit dem Dolmetscher im Schlepptau zu den beiden und will anstoßen. In einem Nebensatz erklärt er noch kurz, dass sich die Preisvorstellungen durchaus decken, bevor er wieder zu den wichtigen Themen kommt: »Wie gefällt Ihnen denn nun China?«

Die dritte Flasche Whisky bleibt wider Erwarten halb voll stehen, das heißt, der Dolmetscher steckt sie ein. Mr. Hewitt und auch Peter haben dann tatsächlich noch jeder drei Lieder gesungen, was die anwesende Belegschaft mit großem Beifall und begeisterten Zurufen quittiert hat. Schwankend macht sich die

---

* Jetzt können wir nur hoffen, dass er seinen Frust nicht offen darlegt. Emotionen wie Wut, Frustration und Aggression, oder auch überschwängliche Ausbrüche positiver Natur, haben bei den Verhandlungen keinen Platz. Es ist in den Augen der Chinesen unprofessionell und führt zu Gesichtsverlust auf beiden Seiten.

Truppe nun auf durch die dunklen Gänge zurück auf die neon-beleuchtete Straße.

Der Fahrer, der Mr. Hewitt am nächsten Morgen zum Flughafen bringt, hält noch einen Umschlag für ihn bereit: In einer fein säuberlichen Aufstellung sind die besprochenen Punkte, an die sich Mr. Hewitt nur noch dunkel erinnert, schriftlich fixiert. Die Hoffnung, dass er doch noch mit einem Vertrag in der Tasche nach Hause fliegt, hatte er schon fast aufgegeben.

Die chinesische Taktik

Mr. Hewitt hatte Glück, dass es bei seinem Geschäft »nur« um eine Handelsvereinbarung ging. Verhandlungen über Kooperationen mit Technologieaustausch oder Joint Ventures können den ausländischen Partner durchaus an den Rand der Verzweiflung bringen. Jeder muss Bankette, Trinkgelage und Karaoke über sich ergehen lassen, nur um zum Ziel zu kommen. Und wichtige Gespräche nach einem alkoholträchtigen Abend stellen einen doch schon auf die Probe.

Grundsätzlich ist es ratsam, nicht alleine nach China zu den Verhandlungen zu kommen. Mit einer kleinen Delegation geben Sie Ihrem Vorhaben die angemessene Wichtigkeit und werden dadurch auch seriöser wahrgenommen. Zudem können Sie untereinander absprechen, wer was essen oder trinken muss, um allerorts Gesichter zu wahren und am nächsten Tag mit klarem Kopf Gespräche führen zu können. Ein Schachzug der Chinesen ist es, vor maßgeblichen Verhandlungen den Gegner für den nächsten Tag mit Erguotou kampfunfähig zu machen.

Sind Sie an einem Punkt angekommen, bei dem es kein Vor oder Zurück zu geben scheint, besprechen Sie erst einmal andere Themen. Zu schnell entstehen sonst Frustrationen, die im schlimmsten Fall verbal oder gestikulierend zum Ausdruck kommen. In großen Schritten naht dann der Gesichtsverlust auf beiden Seiten. Jegliche Gefühlsregung sollten Sie tunlichst vermeiden.

Chinesen sind sehr ausdauernd. Ihnen wichtige Detailfragen können in empirischer Länge Ihren letzten Nerv rauben. Bleiben Sie genauso hartnäckig. Bieten Sie Kompromisse an, die nicht als Niederlage empfunden werden, um einen Schritt voran zu kommen. Reagieren Sie auf eine Forderung der chinesischen Seite mit einer Gegenforderung, wenn es passend ist. Und lassen Sie sich nicht beirren, wenn Sie sich wie auf einem türkischen Basar fühlen, auf dem um jedes winzige Detail gefeilscht wird. Auch wenn Sie das Gefühl haben, nicht vorwärts zu kommen, kann es bei dem Chinesen bewirken, nachzugeben. Und Sie als ebenbürtigen Geschäftspartner anzuerkennen.

Ein weiterer Schachzug der Chinesen ist auch, die wichtigsten Punkte auf den letzten Drücker zu legen. Keiner macht den weiten Weg nach China, um mit leerem Koffer zurückzufahren, das wissen sie. Bleibt aber nicht mehr viel Zeit, könnte ja der Ausländer von seinen Zielvorstellungen abweichen und einlenken. Lassen Sie sich nicht darauf ein. Machen Sie lieber darauf aufmerksam, dass die Konkurrenz nicht schläft. Auch wenn das nur ein Bluff von Ihnen sein sollte.

Die Vorgehensweise der Chinesen, erst Freundschaft zu schließen und dann zu verhandeln, hat zwar einen guten und auch nachvollziehbaren Grund, nämlich den Aufbau des gegenseitigen Vertrauens, kann aber auch als Druckmittel genutzt werden. Sind Sie erst einmal *dicke* mit Ihrem Partner, wundern Sie sich nicht, wenn der plötzlich anfängt zu quengeln, dass Sie doch einem Freund gegenüber nicht so hart bleiben können. In jeder Partnerschaft, bei jedem Vertragsabschluss müssen beide Seiten Kompromisse eingehen. Seien Sie aufmerksam, welche Zugeständnisse von Ihnen verlangt werden. Manchmal entsteht ein Schneeballsystem, das auf den ersten Blick nicht erkennbar ist. Kein Geschäftsmann wird Verträge abschließen, die keinen

Vorteil für ihn haben. Wenn es hart auf hart kommt, sollten Sie einen Partnerwechsel nicht ausschließen, und das Ihrem Gegenüber auch mitteilen.

Eine Verallgemeinerung ist, wie schon mal erwähnt, sehr schwierig. Jedes Unternehmen, jeder Vertrag, jede Kooperation und nicht zuletzt auch jeder Mensch ist unterschiedlich. Offenheit, Respekt und Fingerspitzengefühl rentieren sich immer. Je mehr Kenntnisse Sie über Ihren potenziellen Partner haben, desto besser. Geschäftlich wie auch menschlich.

Bleiben Sie sachlich und professionell, auf den Tonfall kommt es oft mehr an als gedacht. Das gilt selbstverständlich nicht beim Karaoke! Dort brauchen Sie keine Scheu vor falschen Tönen zu haben.

31 Shì Dào Lín Tóu

Im letzten Augenblick

Nach Peters Empfinden hatte er jetzt schon lange genug studiert und praktiziert, es ist Zeit für einen Urlaub! Der Kleine Li bietet ihm seine Hilfe an und bucht bei einem Reisebüro eine Pauschalreise nach Hainan. Auf der tropischen Insel im Süden Chinas hofft Peter, am Strand ausspannen und ein paar lange vernachlässigte Bücher lesen zu können. Zwei Tage vor der Abreise fragt er den Kleinen Li, wann denn die Flugtickets und der Hotelgutschein kämen.

»Heute Nachmittag werden sie geliefert«, berichtet dieser nach seinem Telefonat mit dem Reisebüro.

Eine Stunde später meldet sich der Kleine Li wieder: »Sie kommen doch erst morgen.«

Am nächsten Tag packt Peter also seine Sachen und wartet auf die Tickets – aber nichts passiert. »Sie kommen erst heute Abend«, beruhigt ihn der Kleine Li.

Um sechs Uhr wird Peter unruhig. »Der Flieger geht erst um eins, sie bringen dir die Tickets am Vormittag vorbei«, erklärt der Kleine Li. »Das wird aber knapp«, gibt Peter zu Bedenken.

»Keine Sorge, das wird schon!« *

---

* Bei Pauschalreisen passiert das öfter mal in China: Die Tickets werden erst in letzter Minute ausgestellt. Der Grund dafür ist, dass sich die Flugpreise immer wieder ändern. Der Anbieter wartet so lange, bis er sich des günstigsten Tarifs sicher sein kann. Erst dann bucht er den Flug fest. Peter bzw. der Kleine Li hat das Urlaubspaket ja zu einem Festpreis gekauft, an dem nicht gerüttelt werden kann. Durch diese Taktik kann der Anbieter aber an seinem Gewinn rütteln.

Am Reisetag, Peter hat gefrühstückt, die Zahnbürste eingepackt und das Gas abgestellt, bleibt bis zehn Uhr alles ruhig. In einer Stunde muss er los, ob die Tickets noch pünktlich kommen? Das Klingeln des Telefons reißt ihn aus seinen Zweifeln.

»Dein Flugschein ist bei mir gelandet«, informiert ihn der Kleine Li.

Na, großartig!

»Leider haben sie deinen Namen falsch geschrieben, das muss geändert werden.«

Das ist wohl jetzt die eigentliche Hiobsbotschaft. Ob er heute noch wegkommt?

»Sie ändern das und hinterlegen das Ticket innerhalb einer halben Stunde am Schalter.« Der Kleine Li nennt noch die Flugnummer, und Peter macht sich lieber schon mal auf den Weg. Wer weiß, was noch für Probleme auftauchen. Nach diesem Bangen kann er es kaum abwarten, entspannt am Meer zu liegen.

Vor dem Schalter am Flughafen tummelt sich eine Gruppe chinesischer Touristen. Alle sind mit einem identischen Käppchen ausgerüstet, der dazugehörige Reiseleiter hält sie mit seinem Fähnchen in Schach. Gerade sammelt er die Personalausweise zum Einchecken zusammen.

Der Fluch des chinesischen Reisepasses

Als Chinese einen Reisepass zu beantragen ist mittlerweile einfach: Er kann in der Stadt, in der man gemeldet ist, beantragt werden und ist nach ungefähr 15 Tagen fertig. Umständlich ist dabei, dass viele Chinesen nicht mehr dort leben, wo sie gemeldet sind, also für diesen Prozess in ihre Heimatstadt fahren müssen. Studenten, die in einer anderen Stadt studieren, sind durch die Uni dort gemeldet, brauchen aber die Genehmigung der Universität, um einen Passantrag zu stellen. Diese Genehmigung kann auch schon mal ohne Gründe abgelehnt werden.

Besitzt ein Chinese dann schließlich einen Pass, hat er immer noch die Visumsbestimmungen seines Ziellandes zu überwinden. Aus Angst, der Reisende möchte sich dort niederlassen, muss der chinesische

Staatsangehörige Dokumente einreichen, die beweisen, dass er wieder zurückkehren wird, genügend Geld für seinen Aufenthalt im Ausland hat und ausreichend versichert ist. Kontoauszüge bzw. Sparbücher, Immobilienbesitz und auch nicht mitreisende Kinder oder Ehepartner werden für die Prüfung in Betracht gezogen. Für Besitzer eines deutschen Passes ein unvorstellbares Prozedere.

Peter nutzt die Gelegenheit und stellt sich schnell an. Sein Ticket liegt tatsächlich bereit, ohne ihn nach seinen Platzwünschen zu fragen, druckt die Angestellte seinen Bordschein aus. Glücklicherweise hat er einen Gangplatz bekommen, nicht den undankbaren Mittelplatz.

Als er noch mal zur Reisegruppe schaut, stellt Peter fest, dass die zum selben Reisebüro gehören, bei dem auch er gebucht hat. Das werden dann wohl seine Weggenossen sein.

Die Vermutung bestätigt sich, als die Schar am Flugsteig über die leeren Stühle herfällt. Die wenigsten bleiben allerdings geduldig sitzen. Immer wieder springt einer auf, füllt sein verschließbares Trinkgefäß mit Wasser, besucht den Kameraden drei Reihen hinter ihm oder erkundet neugierig den verwaisten Schalter, an dem später die Stewardessen die Bordkarten prüfen. Dabei plaudern sie kreuz und quer durcheinander, ebenfalls über Reihen hinweg, und Peter sehnt sich noch mehr nach Ruhe als sowieso schon.

Endlich wird sein Flug aufgerufen, die Reisegruppe sprintet geschlossen nach vorne, drängelt sich mal von rechts, mal von links zu den Freunden vor und begutachtet gegenseitig ihre Personalausweise. Peter lässt es entspannt angehen, schließlich hat er ja einen festen Sitzplatz.

Weit gefehlt. Als er an seiner Reihe steht, sitzt schon ein dickbäuchiger Mann auf seinem Platz, probiert interessiert alle Knöpfe an seiner Armlehne aus und diskutiert die Funktionen mit seinem Nachbarn. Es dauert ein wenig, bis er versteht, was Peter will. Mürrisch steht er auf und schaut sich suchend um.

Peter schnallt sich an und betrachtet das wuselige Durcheinander. Der Mann von eben hatte sich auf einen Platz zwei Reihen weiter vorn gesetzt, von dem er jetzt wieder vertrieben werden soll. Er diskutiert mit dem neuen Eindringling, der dann von einem Freund gerufen wird: »Hier ist noch was frei!« *

Immer wieder springt jemand auf und tauscht Plätze, die Nachkömmlinge setzen sich in freie Sitze, die kurze Zeit später wieder von einem anderen in Anspruch genommen werden wollen. Die zur Hilfe geeilte Stewardess fühlt sich überfordert, eine Kollegin greift mit ein.

Sie stellen jedoch fest, dass eine Platzierung gemäß der zugeteilten Nummern so kurz vor Abflug nicht mehr möglich ist. Sie weisen den Unschlüssigen einfach freie Plätze zu und müssen mit den restlichen Einsteigern ebenso verfahren. Mehrfach werden sie dabei in Diskussionen verstrickt, dass jemand aber gerne neben einer bestimmten Person sitzen möchte. Oder ob es denn nicht noch zwei zusammenhängende Sitze gäbe. Während die eine Stewardess ruhig bleiben kann, spürt Peter, dass die zweite kurz vorm Explodieren ist. »Wir starten gleich, bitte setzen Sie sich hier hin. Der Flug dauert doch nur drei Stunden!«

Der Willkommensgruß des Piloten ertönt schon, und noch immer quetschen sich ein paar Leute aneinander vorbei oder tauschen heimlich den Platz. Die genervte Stewardess sieht keinen anderen Ausweg, als über den Bordlautsprecher alle, vielleicht ein wenig zu herrisch, anzuweisen, doch bitte Platz zu nehmen, irgendeinen, der Flieger starte gleich. Ein Kichern und Lachen geht durch die Reihen. Die, die nicht nebeneinander sitzen

---

* Es gibt immer noch viele Chinesen, selbst im hohen Alter, die das erste Mal in einem Flugzeug sitzen. Sie kennen nur Busfahren, und da heißt es drängeln und zum erstbesten freien Platz stürmen. Dass jedem ein Sitz zugeteilt wurde, ist ihnen entgangen. Dadurch, dass die Bordkarten der Reihe nach ausgestellt wurden, hatte auch keiner die Chance, entweder nach einem Fensterplatz oder bevorzugtem Nachbarn zu fragen. Da bleibt nur Tauschen. Und somit Chaos.

konnten, kommentieren über drei Reihen hinweg das Geschehen, bis die Stewardess wieder auftaucht und das Anschnallen befiehlt.

Mittlerweile sind sie an der Startposition angekommen, die Triebwerke heulen auf, der Pilot gibt Gas. Da fällt dem Herren zwei Reihen hinter Peter ein, dass er unbedingt noch etwas aus seiner Tasche im Gepäckfach braucht. Kurzerhand steht er auf, etwas wackelig auf den Beinen, denn das Flugzeug hat schon ordentlich Tempo zugelegt.

Eine Stewardess kreischt ihm zu, sich sofort hinzusetzen, stürzt zu dem erschrockenen Mann und schnallt ihn fest. Sie hat gerade noch Zeit, sich in den Gang zu setzen. Ihre Hände sind während des Abhebens in die beiden Außenarmlehnen gekrallt. Erst als der Flieger an Höhe gewinnt und den Steigwinkel ein wenig angleicht, krabbelt sie langsam zu ihrem Platz zurück.

Peter schmunzelt. Das ist ja aufregender als in der Achterbahn!

Kaum hat das Flugzeug seine Reisehöhe erreicht und das Pling der ausgehenden Anschnallzeichen ist ertönt, springen die ersten Mitreisenden wieder aus ihren Sitzen auf und recken sich im Gang, als ob sie schon seit Stunden eingepfercht gewesen wären. Andere wiederum sind auf der Stelle eingeschlafen und schnarchen dröhnend mit offenem Mund. Die beiden Stewardessen rollen quietschend und rempelnd ihre Speisewägelchen durch die Menge, immer wieder um Durchfahrt bittend. Peter lächelt der besonders gestressten Flugbegleiterin freundlich zu, erntet jedoch nur einen starren, eisigen Blick.

Als sie auf dem Rückweg mit der auf Englisch gestellten Frage »Huhn oder Rind?« vor ihm steht, traut er sich trotzdem zu fragen, ob ein Gericht davon mit Nudeln wäre.

Statt einer Antwort fragt sie wieder: »Huhn oder Rind?«

Er formuliert seine Frage um, ob beides mit Reis wäre, woraufhin sie zischt: »Huhn oder Rind?«

Peter entscheidet sich für Huhn und kann sich bei seinem Nachbarn überzeugen, dass sowieso kein Nudelgericht dabei war.

Nach dem Essen baut sich die gelassene der beiden Stewardessen vorne mit dem Mikrofon auf und kündigt eine Auktion an. Zwei Flugtickets von Peking nach Shanghai werden versteigert, jeder kann mitbieten. Bei fünfzig *yuán* steigt sie ein. Die Beteiligung ist aufgrund des schlafenden Publikums anfangs sehr eingeschränkt, doch schließlich meldet sich ein Mutiger. Er öffnet sozusagen die Schleusen, und ein wahrer Ansturm bricht los. Begeistert von dem Spaß schnellen die Hände nach oben.

Innerhalb kurzer Zeit ist der Preis auf vierhundertfünfzig *yuán* angestiegen. Dann ebbt die Ekstase wieder ab, es soll ja noch ein Schnäppchen bleiben.

Am Ende hat eine Dame in der dritten Reihe die beiden Tickets für die Hälfte des Marktwertes erstanden.

Dann kehrt tatsächlich Ruhe ein.

Die Landung verläuft ohne Zwischenfälle, jedenfalls, bis die Maschine sicher aufsetzt und die Fahrt drosselt. Erneut erheben sich die Ersten unverzüglich aus ihren Sitzen und machen sich an den Gepäckfächern zu schaffen. Die Flugbegleiterin ruft allen ein strenges »Hinsetzen!« zu, was keiner richtig wahrnimmt. Immer mehr stehen auf, um frühzeitig beim Ausgang sein zu können. Erst als sie mit bedrohlichem Blick vor den Missetätern steht, fügen sich ein paar in ihrer unmittelbaren Nähe. Die anderen weiter hinten folgen dem Herdentrieb und setzen sich ebenfalls folgsam hin. Die Willkommensansage mit der Bitte, die Mobiltelefone erst nach dem Ausschalten der Motoren anzustellen, ignorieren die meisten ebenfalls. Eine bunte Kakofonie an verschiedensten Klingeltönen ist der Beweis. Bis auf Peter scheint jeder zu telefonieren und seine Ankunft zu verkünden.

Einige Ungeduldige stellen sich auf ihre Sitze, als endlich das Aufstehverbot aufgehoben ist, um so besser an ihre Taschen in

dem gegenüberliegenden Gepäckfach zu kommen. Die wüten-
den Aufschreie von mit Kofferkanten getroffenen Mitreisenden
werden mit einem lapidaren »'tschuldigung« abgegolten. Es gilt,
so schnell wie möglich zum Ausgang zu kommen.

Peter, von hinten geschubst, von der Seite bedrängelt und von
vorne ausgebremst, fühlt sich wie die leibhaftige Sardine in der
Büchse. Erleichtert atmet er auf, als sich die Menge in Bewegung
setzt, schenkt dem in seine Kniekehlen gedrückten Rollkoffer so
wenig Beachtung wie möglich und trippelt hinter den anderen
her.

Auf der Treppe zum Rollfeld saugt er die warme, tropische Luft
ein. Es riecht ganz anders als in Peking, frisch und feucht, nach
Meer eben. Die Palmen neben dem Flughafengebäude winken
ihm zu. »*Zàijiàn*«, verabschiedet sich die genervte Stewardess.
Auf Wiedersehen!

Irgendwie wird Peter aber das Gefühl nicht los, dass sie das
nicht wörtlich meint.

Ach so, falls sich noch jemand fragt, wann denn die Flugtickets
für Peters Rückreise kamen, der darf dreimal raten. Auch die
erreichten ihn erst am Abreisetag, allerdings noch bevor er im
Hotel ins Taxi stieg. Immerhin!

Wenn einer eine Reise tun möchte

Das mit dem Urlaub ist in China so eine Sache. Noch bis vor
wenigen Jahren hatten die Chinesen nur an den nationalen Feier-
tagen jeweils sieben bzw. drei Tage frei: 1. Mai (Tag der Arbeit),
1. Oktober (Gründungstag der Volksrepublik China) und zum
Frühlingsfest im Januar bzw. Februar.

Im Jahr 2008 hat die chinesische Regierung eine neue Regelung entworfen, nach der die sieben Tage im Mai gestrichen, aber
dafür vier neue Feiertage mit jeweils einem zusätzlichen freien

Tag eingeführt wurden. Weiterhin wurde festgelegt, dass jedem Arbeitnehmer bezahlter Urlaub zusteht, gestaffelt nach Arbeitsjahren: ab dem 1. bis zum 10. Arbeitsjahr fünf Tage, zwischen dem 10. und 20. zehn Tage und ab dem 20. 15 Tage.

Bis Anfang der 1990er Jahre beschränkten sich die Urlaubsreisen nur auf das Inland. Ins Ausland durften die Chinesen nur geschäftlich reisen. Das hat sich, mit Einschränkungen, mittlerweile geändert. Auch jetzt dürfen Chinesen allerdings nur in Gruppen Urlaubsreisen ins Ausland unternehmen und lediglich in sogenannte ADS* Länder reisen. Aber das hält sie nicht auf. Über 30 Millionen Chinesen tummeln sich jährlich in der Welt, um auszuspannen. Bis zum Jahr 2020 werden viermal so viele prognostiziert. Schätzungen zufolge verfügen 80 Millionen Chinesen über ein ausreichendes Einkommen, sich solche Reisen zu leisten. Billig sind sie nicht, bis zu 3.000 Euro legen sie für einen Urlaub auf den Tisch.

Rund 60 % der reisenden Chinesen besuchen asiatische Länder, Hongkong, was zwar seit 1997 wieder zur Volksrepublik China gehört, aber immer noch wie Ausland gehandelt wird, liegt dabei an erster Stelle.

Europa liegt auf Platz zwei mit knapp 30 %, Frankreich und Deutschland dabei auf der Beliebtheitsskala weit oben, skandinavische Länder werden komischerweise eher gemieden. Vielleicht liegt es an der Ballung vieler kleiner Länder mit Deutschland als Zentralpunkt. Der Chinese fährt nämlich mitnichten zum Ausspannen nach Europa. Auf dem Reiseplan stehen zehn Länder, die in sechs Tagen besucht werden. So touren sie von

* ADS heißt Approved Destination Status und wird von der chinesischen Regierung vergeben. Neben den EU-Ländern sind noch 20 weitere Staaten für Urlaubsreisen genehmigt worden, darunter viele asiatische Länder. Vorwiegend dient diese Regelung dazu, zu überprüfen, wer wann wohin fährt, andere Länder vor illegaler Einwanderung zu schützen, den eigenen Währungsfluss zu überwachen (der Kauf von Devisen mit einem Visum ist beschränkt) und den Binnentourismus zu sichern. Deutschland besitzt den ADS seit 1.7.2002, in Kraft trat er am 15.2.2003.

einer berühmten Sehenswürdigkeit zur nächsten, machen hier und da ein paar Schnappschüsse, die sie zu Hause stolz vorführen können, und gehen lieber Markenartikel einkaufen, als sich mit Land und Leuten zu beschäftigen. Aber sie geizen auch nicht bei Mitbringseln, für die sie eher Geld ausgeben, als für ein exklusives Hotel oder Eintritt in Museen. Etwas vorzeigen und den Nachbar neidisch machen zu können ist viel spektakulärer, als die Mona Lisa gesehen zu haben.

Einfach haben es die Reisebüros mit den chinesischen Gästen auch nicht immer. Die Erwartungen ihrer Kunden an diese einmalige Reise sind natürlich hoch: Angefangen bei dem merkwürdigen europäischen Frühstück, bei dem es ja gar keine Nudelsuppe gibt, über Sprachprobleme bis hin zu kurzfristigen Planänderungen, denen nicht unbedingt alle aus der Gruppe zustimmen. Der Reiseführer braucht ein dickes Fell. Aber gut, nach sechs Tagen ist ja alles überstanden!

32 Fú Róng Bìng Dì*

Ein Herz und eine Seele

»Am Samstag heiratet ein Freund von mir«, verkündet der Kleine Li. »Hast du Lust, mitzukommen?«

Peter zögert. Er kennt das Brautpaar doch gar nicht so gut, er hat sie nur ein paar Mal getroffen.

»Kein Problem«, versichert der Kleine Li, »sie haben mir extra gesagt, dass du kommen kannst.«

Das lässt Peter sich dann natürlich nicht zweimal sagen, bügelt sein Hemd und putzt die guten Schuhe. Ein Geschenk braucht er auch noch.

»In China schenkt man meistens Geld«, berät ihn der Kleine Li. Peter müsse nur einen *hóngbāo*** kaufen und etwas Geld hineinstecken. Einhundert bis Zweihundert *yuán* seien angemessen.

Hóngbāo – Bei Hochzeiten unerlässlich

Auch in China gibt es die Tradition, eine Geschenkliste des Brautpaars zu bekommen. Verbreiteter ist allerdings ein Geldgeschenk. Entweder kann sich das frischgebackene Ehepaar davon einen lang gehegten Wunsch erfüllen oder, wie es auch oft genug vorkommt, die Hochzeitsfeier finanzieren. Manchmal drängen gar die Eltern auf eine große Feier, obwohl das Paar lieber im kleinen Rahmen feiern möchte. Die Aussicht auf ein hübsches Sümmchen bei 100 Gästen ist einfach zu verlockend.

---

* Wörtlich: Lotus verbunden mit dem Blütenstiel.
** Das ist der kleine, rote Umschlag, der auch beim Frühlingsfest sowie bei vielen anderen Anlässen verteilt wird, an denen es Geldgeschenke gibt. In China wird Geld nicht als ein Verlegenheitsgeschenk betrachtet, im Gegenteil, es ist sogar herzlich willkommen.

Am Samstag holt der Kleine Li Peter vormittags ab. Aber anstatt zu einem Standesamt zu fahren, landen sie vor einem Hotel. Dort warten schon ein paar Gäste, der Eingang ist mit riesigen Blumenkörben geschmückt, eine Tafel daneben weist auf den Ehrentag von Wang Ge und Liu Mei, dem Brautpaar, hin. Neugierige haben sich auch versammelt, sie wollen die Braut sehen.

»Findet die Trauung hier im Hotel statt?«, fragt Peter verwirrt.

»Nein«, lacht der Kleine Li, »verheiratet sind die beiden schon längst, heute ist nur die Hochzeitszeremonie.«[*] Im Gegensatz zu kirchlichen Trauungen beschränke sich die Eheschließung auf Rituale daheim, erklärt der Kleine Li. Den Vortag verbringen die zukünftigen Eheleute bei ihren jeweiligen Eltern, die Braut verabschiede sich so von ihnen. »Der Tradition nach verlässt die Tochter das Haus und zieht zum Mann, und somit meist auch zu dessen Eltern«, erklärt der Kleine Li. Am Hochzeitstag findet vormittags im Haus der Brauteltern eine Teezeremonie statt. »Mit dieser Zeremonie wird die Braut verabschiedet«, fährt er fort, »der Bräutigam kommt dann, um sie abzuholen, und mit einer Ehrung der beiden vor dem Ahnenaltar ist die Vermählung praktisch abgeschlossen. Sie fahren zum Haus der Schwiegereltern, da muss die Braut wieder allen Tee servieren, um ihre Hausfrauenkünste unter Beweis zu stellen. Danach machen sich

---

[*] Die rechtmäßige und standesamtliche Trauung ist eine reine Formsache und wird, wenn überhaupt, nur im kleinsten Familienkreise gefeiert. Viel wichtiger ist die große Party, die manchmal auch erst Monate später stattfindet.

alle auf zum Restaurant, wo die Hochzeitsgesellschaft wartet – also wir.«

»Insofern nehmen wir gar nicht an der Zeremonie teil«, unterbricht ihn Peter, »sondern feiern nur das Fest hinterher mit ihnen.«

»Korrekt«, bestätigt der Kleine Li. Er macht eine kleine Pause. »Es kommt übrigens immer mehr in Mode, sich kirchlich trauen zu lassen, mit Ja-Wort und so. Christlich sind die meisten ja nicht, aber es ist eine exotische und damit reizvolle Art, die Ehe zu schließen.«

Peter muss schmunzeln. Für ihn ist China ja pure Exotik. Dass es Menschen gibt, die deutsche Rituale als exotisch bezeichnen, findet er lustig.

Just in diesem Moment rollt die eigens für die Feier angemietete Limousine mit dem glücklichen Paar heran. Einer der Gäste zündet eine lange Schnur Kracher an.* Erst geht ein ohrenbetäubender Lärm über die Menge hinweg, dann ein gerauntes Ah durch dieselbige.

Die Braut, hübsch geschminkt und flott frisiert, entsteigt in ihrem roten *qípáo*** majestätisch dem Luxusschlitten. Als sie an Peter vorbei schreitet, bemerkt er Reiskörnchen und kleine grüne Bohnen auf ihrem Kleid, die sich in den Stickereien und Knopfleisten verfangen haben.

»Wir beschmeißen uns auch mit Reis«, erklärt der Kleine Li, »das soll Glück bringen. Allerdings nicht, wie bei euch, nachdem die Trauung in der Kirche vollzogen ist, sondern wenn der Bräutigam die Braut abholt.«

---

* Wie beim Frühlingsfest soll auch hier das Feuerwerk die bösen Geister vertreiben.
** Rot ist die Farbe des Glücks, der Freude und der Liebe. Mindestens eins ihrer Hochzeitskleider muss unbedingt rot sein. Meistens das erste. Im Laufe der Feier zieht sich die Braut zweimal um, manchmal auch noch ein drittes Mal, um dann in gemütliche Klamotten zu steigen und die Heimfahrt anzutreten. Die verschiedenen Kleider symbolisieren dabei schlicht den Reichtum der Familie. Bis Mitte der 1980er Jahre trug die Braut nur ein rotes Kleid. Die neue Mode, auch weiß zu tragen, zeigt die Offenheit gegenüber westlichen Gepflogenheiten.

»Was ja auch praktisch nach der vollzogenen Trauung ist«, wirft Peter ein.

Der Kleine Li legt den Kopf schief und nickt dann. Stimmt, sobald die Braut das Haus verlässt, ist sie ja verheiratet.

Vor dem gemieteten Saal begrüßt das Brautpaar die Gäste. In einem mit rotem Samt ausgelegten Kasten sammeln sie die *hóngbāo*, auf einem Stehpult liegt ein rotes Buch bereit, in dem sich die Gäste verewigen sollen. Peter ist der einzige Ausländer.

Das Lächeln der Braut ist schon etwas eingefroren, und erleichtert geht sie mit ihrem Ehemann zu ihrem Tisch in der Mitte, nachdem der letzte Gast endlich eingetreten ist. Der Brautvater hält eine kleine Rede, unterbrochen von kleinen Pausen, in denen er versucht, über seine Tränen Herr zu werden. Die Brautmutter sitzt mit versteinertem Gesicht am Tisch. Nur die Eltern des Bräutigams grinsen erfreut über beide Backen.*

Noch während der Rede beginnen die Kellnerinnen, kalte Vorspeisen zu servieren, nach der Rede werden warme Gerichte auf die Tische gestellt. Einige wenige haben sich schon mal heimlich bedient, aber jeder wartet sehnsüchtig auf das Startzeichen am Brauttisch. Die Ehrengäste müssen ja immer zuerst anfangen.

Da tut sich aber nicht viel, im Gegenteil, das Brautpaar steht auf und bedankt sich bei jedem am Tisch und zieht dann zum nächsten. Als der Brautvater allerdings anfängt, in dem Mandarinfisch herumzustochern, gibt es auch bei den anderen Gästen kein Halten mehr. Peter jedoch beobachtet das Treiben des Brautpaars. Mit einer Flasche Schnaps und zwei Schachteln

---

* Auch wenn sich die Zeiten geändert haben – jedenfalls in größeren Städten – und die Braut im Zweifel sowieso schon längst zum Studieren oder Arbeiten ausgezogen war, ist die Hochzeit für ihre Eltern immer noch wie der Verlust des Kindes. Auf dem Land trifft es die Brauteltern weiterhin hart, besonders, wenn die Tochter in eine andere Gemeinde zieht. Auch deswegen hält sich der Wunsch nach einem Sohn bei der Landbevölkerung so hartnäckig. Siehe dazu auch Kapitel 16 »*Jié Wài Shēng Zhī*«

Zigaretten geht das Brautpaar von einem Tisch zum anderen, verweilt dort, plaudert, der Bräutigam trinkt mit jedem Gast einen Schnaps, die Braut verteilt Zigaretten an die Raucher.

Als sie schließlich an Peters Tisch kommen, schwankt der Bräutigam schon, er hat ja auch noch keinen Bissen zu sich genommen, und sein Kopf ist hochrot. Das verkrampfte Lächeln der Braut entspannt sich langsam, hat sie doch schließlich endlich den letzten Tisch erreicht.

»Danke, dass ihr alle gekommen seid«, lallt der Bräutigam. »Ich möchte mit euch, meinen guten – *hicks* – Freunden, auf meine Braut anstoßen!«

Er füllt die kleinen Schnapsgläschen von jedem Gast, seine Frau verteilt die letzten Zigaretten (unterwegs wurden ihr übrigens neue Schachteln gereicht, die zwei Päckchen reichten natürlich nicht für die zahlreich versammelten Gäste) und fügt hinzu: »Ich freue mich auch, dass ihr alle da seid. Und im Ernst«, flüstert sie dann verschwörerisch, »dieser eine Tisch mit euch hätte mir für meine Hochzeit genügt.«

Jetzt trinkt auch sie einen Schnaps, der Bräutigam setzt sich auf einen freien Stuhl und greift zu den vor ihm liegenden, schon benutzten Stäbchen und schaufelt scharfes Huhn in sich hinein. »Ah, lecker!«

Sanft zupft die Braut an ihm. »Wir müssen zurück.« Und an die Freunde am Tisch gewandt: »Bleibt bitte noch, wenn alles vorbei ist, ja?« Sie zerrt ihren fröhlich winkenden Ehemann zum Ehrentisch zurück, überlässt ihn dort seinen Eltern, verschwindet kurz und kommt dann in einem weißen, langen Kleid zurück. Jetzt macht auch sie sich über die kunstvoll angerichteten Speisen her.

Nach dem Essen erhebt sich der Vater des Bräutigams und hält auch noch eine kleine Rede. Als diese vorbei ist, wird eine große, bunte Torte aufgefahren. Sie besteht aus vielen Schichten.

»Die Schichten symbolisieren den Weg, den das Ehepaar gehen wird«, erklärt der Kleine Li. »Höhen und Tiefen müssen überstanden werden, damit die Ehe ein Erfolg wird.«

Im Gegensatz zu Deutschland beginnen die beiden dann aber, den Kuchen von unten nach oben zu schneiden.

Der Kleine Li kommt Peters Frage zuvor: »Man fängt ja immer unten an im Leben, und somit auch bei der Torte.«

Es sieht schon sehr umständlich aus, wie das Ehepaar an der Torte herumschneidet. Noch umständlicher wird der nächste Teil: Mit ineinander verschränkten Armen beginnen sie sich gegenseitig zu füttern. Für den schwankenden Bräutigam eine schier unlösbare Aufgabe. Mit gespielt bösem Blick erinnert die Braut ihren neuen Ehemann daran, bloß nicht ihr kunstvolles Make-up zu zerstören. Dem gelingt das natürlich nicht, die Hälfte von der klebrigen Masse landet auf der Wange, direkt unter dem zarten Rouge.

Den Rest der Feier verbringt die Braut mit nur einer rosigen Wange. Und einem neuen Kleid. Denn was weder auf ihrer Wange noch in ihrem Mund gelandet ist, lag dann auf ihrem weißen Kleid.

Kellnerinnen servieren jedem Gast ein Stück der Torte. Peters Enttäuschung steht deutlich auf seinem Gesicht. Die außen so raffiniert dekorierte Torte entpuppt sich als ein Haufen Biskuitteig, der nur süß und pappig ist, die Creme ist sogar noch süßer und geschmacklich undefinierbar. Nur die dünnen Schichten der Marmelade dazwischen schmecken fruchtig, allerdings auch künstlich.

»Ich hoffe, die Torte war nicht zu teuer«, würgt Peter hervor.

Der Kleine Li legt beschwörend den Finger auf den Mund und sieht sich um.

»Mich versteht doch eh keiner«, erinnert der Deutsche, verkneift sich dann aber trotzdem weitere Bemerkungen zu der chinesischen Backkunst*.

Erst jetzt, wo Peter sich nicht mehr so auf das Essen konzentriert, fällt ihm auf, dass hinter ihm eine Diashow an der Wand abläuft. Die sich wiederholenden Bilder zeigen das Brautpaar in immer wieder neuen Outfits und Orten. Einige Fotos sind am Computer bearbeitet worden und haben kitschige Rahmen oder sind romantisch verschwommen und weichgezeichnet. Auch auf ihnen lacht das Brautpaar nicht besonders entspannt.

Die Hochzeitsfotos

Vor allem in großen Städten gibt es Hochzeitsläden an jeder Ecke. In den Schaufenstern zeigen sich Puppen mit wallenden Kleidern. Kaufen kann man die nicht, es sind nur die Kostüme für die Hochzeitsfotos. Für jedes Brautpaar unabdingbar und eine Tortur. Zusammen mit Visagisten, Fotografen, Beleuchtern und Helfern ziehen sie los zu romantischen Plätzen in Parks oder Sehenswürdigkeiten und werden stundenlang geschminkt, umgezogen, in Pose gesetzt und fotografiert. Da friert jedem irgendwann das Lächeln ein. Heraus kommen Hunderte von Fotos, die sich die Verwandten und sie selbst in die Vitrine stellen oder interessierten Gästen in dicken Alben präsentieren können. Der zweifelhafte Spaß kostet bis zu 1.200 Euro, hält aber ein Leben lang.

Die Kellnerinnen räumen die Tische ab. Die leichte Unruhe, die sich breit macht, liegt allerdings an den Gästen. Einige verabschieden sich schon von dem Brautpaar. Dabei ist es noch nicht einmal halb zwei.

»Ja, das Fest ist vorbei«, bestätigt der Kleine Li. Dem Bräutigam tut das gut, sein Kopf ruht schon auf der Schulter seiner Braut, die jetzt ein grünes Kleid trägt. Immer mehr Leute bereiten sich auf den Heimweg vor, Peter ist unschlüssig, was er machen soll. Der Kleine Li überredet ihn, zu bleiben.

---

* Apropos: Backen ist in China nicht verbreitet. Die wenigsten Haushalte besitzen einen Backofen. Viele brotartige Erzeugnisse, wie Biskuitteig oder *mántou*, ein nach nichts schmeckendes Brötchen aus Weißmehl, das oft als Reisersatz gegessen wird, werden gedämpft.

Als der Großteil der Gäste schon gegangen ist, kommt die Braut zu ihnen. Sie hat erneut die Garderobe gewechselt und sich ein Kostüm angezogen. »Wir fahren jetzt gleich zum *huǒguō*«*, lässt sie die Freunde wissen. »In einer halben Stunde ungefähr.«

Was? Nach dem dicken Bankett gehen sie jetzt Feuertopf essen? Peter streicht sich über den prall gefüllten Magen.

»Das ist jetzt die Privatfeier des Ehepaars«, erklärt der Kleine Li. »Gegessen haben sie ja nicht viel, und ich schätze, es gibt auch eine Karaokemöglichkeit. Wer satt ist, kann singen.«

Na, wenn das so ist! Peter entscheidet sich aber lieber für eine Verabschiedung – weder hat er Hunger, noch ist er in Singstimmung. Er fühlt sich außerdem nicht als enger Freund und möchte sich auf den »offizielleren« Teil beschränken. Letztlich muss er jetzt auch dringend seine Eindrücke sortieren, unter einer Hochzeit hatte er sich nämlich etwas ganz anderes vorgestellt.

Die Ehe als Versorgungsinstitution

Wang Ge und Liu Mei können sich glücklich schätzen, sie haben sich ineinander verliebt und deswegen geheiratet. Auch wenn sich immer mehr junge Leute durchsetzen und aus Liebe heiraten, gibt es noch viele Chinesen, auch in den Städten, die die Ehe vor allem als Versorgungsgrundlage eingehen. Wie der Appetit beim Essen käme, käme auch die Liebe mit der Ehe. Und Liebe sei ja

---

* Wörtlich bedeutet *huǒguō* Feuertopf. Ähnlich wie beim Fondue werden in einer heißen Brühe Fleisch und Gemüse am Tisch gegart und mit unterschiedlichen Soßen gegessen. Sein Ursprung liegt in der Antike, als geopferte Rinder und Hammel in einem großen Topf gekocht und zusammen um den Topf sitzend verspeist wurden. Der heutige Feuertopf kommt aus dem Norden Chinas und der Mongolei, ist aber mittlerweile im ganzen Land beliebt und verbreitet. In der Regel ist die Brühe scharf und verbrennt einem schon beim Anblick allein den Mund. Es gibt aber Töpfe mit einer Unterteilung in der *yīn-yáng*-Form, in der eine scharfe und eine neutrale Brühe zur Auswahl stehen. Oder auch kleine einzelne Töpfe, bei denen jeder selbst entscheiden kann, wie scharf er die Brühe haben will. Auf jeden Fall ist der Feuertopf neben der Peking-Ente ein kulinarisches Muss bei Reisen nach China.

sowieso nur ein flüchtiges Gefühl. Wichtiger sei, dass man sich um einander kümmere.

Was vor Hunderten von Jahren wie ein Kuhhandel anfing – damals wurden die Kinder schon kurz nach der Geburt verkuppelt und ein Preis für die Mitgift ausgehandelt* – reichte bis in die 1980er Jahre, als arrangierte Ehen noch die Norm waren. Sobald das Kind siebzehn oder achtzehn Jahre alt war, kam ein Heiratsvermittler ins Haus, der aus seinem reichhaltigen Repertoire den passenden Partner auswählte. Was die Kinder davon hielten, war nebensächlich, die Meinung der Eltern dagegen ausschlaggebend. So prägte sich auch das Bild, das die meisten von der Ehe hatten. Es ging vorrangig darum, versorgt zu werden.

Mit der Öffnung Chinas wandelte sich langsam das Bild. Die Chinesen hatten Zugang zu westlicher Literatur und anderen Denkweisen. Die Liebe spielte eine immer größer werdende Rolle bei der Wahl des Partners. Auch die wirtschaftliche Situation jedes Einzelnen machte den Hauptgrund der Ehe, die Versorgung, unbedeutender. Die Entwicklung Chinas hat eine Veränderung der Familienstruktur bewirkt, welche die Großfamilie überflüssig machte. (Abgesehen davon, dass zu der Zeit auch die Ein-Kind-Politik eingeführt wurde und die Großfamilie ausstarb.)

Die veränderte Ansicht über die Ehe hatte aber auch noch eine andere Folge: Die Zahl der Scheidungen verdreifachte sich. Bemerkenswert ist dabei, dass sehr viele ältere Paare, die schon zwanzig oder dreißig Jahre verheiratet sind, sich scheiden lassen. Jetzt, wo eine Scheidung kein soziales Stigma mehr bedeutet, nehmen sie die Chance wahr, eine erfüllte Liebe zu finden.

* Diese Mitgift wurde oft sogar schon nach »Vertragsabschluss« bezahlt. Starb die Tochter vor der Hochzeit, musste entweder eine andere in die Bresche springen oder die Mitgift zurückgezahlt werden. Letzteres war immer ein Problem, da viele dieser Vereinbarungen aus finanzieller Not geschlossen wurden und natürlich längst alles aufgebraucht war. Wehrte sich die Tochter gegen die arrangierte Ehe, waren das Drama und der Gesichtsverlust besonders groß. Viele sahen dann keinen anderen Ausweg mehr, als sich das Leben zu nehmen.

Innerhalb dieser gesellschaftlichen Entwicklungen entsteht auch noch ein weiterer Trend. Das Heiratsalter verschiebt sich mehr und mehr nach hinten. Waren Frauen früher mit dreiundzwanzig und Männer mit fünfundzwanzig noch nicht verheiratet, galten sie als »Spätzünder«. Mittlerweile geht der Trend zu Anfang dreißig. Selbstverwirklichung, Karriere und die Suche nach dem Seelengefährten teilen sich die Prioritätenliste der jungen Generation, dabei bereitet vor allem der letzte Punkt vielen Kopfzerbrechen. Nicht nur ist es wichtig, einen Partner zu finden, den man liebt, man muss überhaupt einen finden. Für Frauen ist das Problem nicht so groß, sie können frei wählen. Aber die heutigen Männer stehen vor dem Problem, dass es nicht genügend Frauen gibt. Durch die Ein-Kind-Politik und den weiterhin bestehenden Wunsch, einen Sohn zu gebären, sind auch heute noch Abtreibungen weiblicher Föten verbreitet, auch wenn sie schon lange verboten sind. In Zahlen ausgedrückt bedeutet das, dass auf 100 Mädchen 118 Jungs geboren werden. Jeder achte Mann in China bekommt de facto keine Frau.

Daraus ergeben sich weitere Konsequenzen, die von hohen (meist finanziellen) Ansprüchen der holden Weiblichkeit bis hin zu Frauenhandel gehen. Vor allem auf dem Land, wo Traditionen noch hoch gehalten werden, »kaufen« Männer Frauen, weil sie keinen anderen Weg sehen, eine Familie zu gründen. Nicht selten währt das Eheglück dann allerdings nur kurz. Einige der gekauften Frauen begehen Selbstmord, um der Misere zu entkommen.

So geht es aber nicht nur den verkauften Frauen. Experten schätzen, dass 70 % bis 80 % der Selbstmorde unter Frauen auf Konflikte in der Ehe zurückzuführen sind. Die Alternative, weglaufen, endet meist in noch entsetzlicheren Lebensumständen, sobald die Frau wieder zu ihrem Ehemann gebracht wird.

Die chinesische Polizei hat zwar Erfolge bei der Jagd auf die Frauenmafia, aber langfristig werden nur Gesetzesänderungen und ein Umdenken in den Köpfen Abhilfe schaffen. Seit Kurzem wird die Ein-Kind-Politik überdacht und gelockert, was ein wenig den Druck von jungen Familien nimmt. Doch der Probelauf dafür findet in Städten wie Shanghai oder Peking statt. Dort kümmern sich schon lange viele Familien nicht mehr um die Strafen, die sie für ein zweites oder gar drittes Kind zahlen müssen. Sie können es sich leisten. Im Gegensatz zur Landbevölkerung sind Kinder für sie auch nicht mehr die Altersvorsorge. Sie freuen sich entspannt auf jedes Kind, ob Mädchen oder Junge. Bis die chinesischen Bauern und Arbeiter in ihren Kindern etwas anderes als ihre Rente sehen, wird allerdings noch viel Zeit vergehen.

33 Ài Wū Jí Wū*

Alles an jemandem lieben

Der Kleine Li nimmt Peter mit auf einen nächtlichen Zug durch die Gemeinde. Sie starten in dem berühmt-berüchtigten Pekinger Kneipenviertel Sanlitun. Die Auswahl an Bars ist groß, drinnen und draußen stehen Tische für die bunte Mischung aus Ausländern und Chinesen bereit.

Die Straße ist gesäumt von pfiffigen Händlern, die ihre Stände mit Zigaretten**, Garküchen oder englischen Büchern*** strategisch günstig aufgebaut haben. Bettler, blind, verkrüppelt oder mit kleinen Kindern auf dem Arm, hoffen in der finanzkräftigen Menge auf ein paar *yuán*. In der kleinen, versteckten Straße ist eine Menge los und viel zu sehen.

Bettler in China

Sie sind ein mitleiderregendes Bild auf Chinas Straßen. An ihnen vorbeizugehen, ohne etwas zu geben, kostet große Überwindung. Doch in den wenigsten Fällen haben sie tatsächlich etwas von den milden

* Wörtlich: Die Liebe zu einem Menschen schließt auch den Raben auf dem Dach ein.
** China ist ja noch immer ein Land der Kopierer. So machen sie auch vor Zigaretten nicht halt. Viele, der auf der Straße angebotenen Zigaretten, sind Fälschungen mit minderwertigem Tabak. Gut, Rauchen ist sowieso schädlich, aber trotzdem lohnt es sich, die Glimmstengel in autorisierten Geschäften zu kaufen, vor allem, wenn es um importierte Marken geht.
*** Interessant ist dabei nicht nur die Tatsache, dass auch diese oft kopiert sind, im wahrsten Sinne des Wortes, man dort aber auch ab und zu Exemplare von in China verbotenen Büchern finden kann. Dass die Verkäufer bei Razzien mit ihrem mobilen Stand schnell weglaufen, liegt aber weniger an diesen Büchern, als daran, dass sie keine Lizenz für den Verkauf haben.

Gaben. Die Alten, Kranken und Kinder werden meist von Mafiabanden organisiert, nicht selten sind sie entführt oder von der eigenen Familie verkauft worden. Die wenigsten Bettler in großen Städten sind »freiberuflich« tätig. Frauen mit Kindern auf dem Arm sind oft gar nicht die Mütter, auch der alte, blinde Opa an ihrer Hand ist nicht mit ihr verwandt. Täglich werden sie zu lukrativen Orten gefahren und aus dem Hintergrund beobachtet, damit sie nicht einen Teil des Geldes in ihre eigene Tasche stecken. Werden die Kinder zu alt und bringen nicht mehr genug Geld ein, hilft eine mutwillig zugefügte Verletzung, um den Leuten wieder mehr aus der Tasche zu ziehen. Die Polizei ist machtlos, an die Hintermänner zu kommen, scheint fast unmöglich. Um wenigstens die Entführten retten zu können, hat das Ministerium für Öffentliche Sicherheit 2009 eine DNA-Bank ins Leben gerufen, die die Identifizierung erleichtern soll.

Der Kleine Li und Peter trinken erst mal ein Bier und betrachten das Treiben. Dann schlägt der chinesische Freund vor, tanzen zu gehen. Mit einem Taxi fahren sie zu einer beliebten Diskothek am Stadion, zahlen ein gepfeffertes Eintrittsgeld und werden von blitzenden Lichtern und lauten Bässen empfangen. Es dauert lange, bis der Kleine Li von der Theke mit zwei Bieren zurückkommt. Die Bude ist brechend voll, zum Tanzen ist kaum Platz, eine Unterhaltung ob der Lautstärke unmöglich. Einige Besucher stört das kaum, sie haben sich getroffen, um Karten zu spielen. Da muss man ja nicht reden. Wegen des Lärms verstehen die beiden auch erst mal nicht, was der Ordner von ihnen will, bis dieser ihnen laut ins Ohr brüllt, dass der Stehtisch, den sie sich direkt an der Tanzfläche ausgesucht haben, einen Mindestverzehr beinhaltet.

»Gute Plätze sind oft kostenpflichtig«, schreit der Kleine Li Peter zu. »So verhindern sie, dass zahlungswillige Gäste gehen, weil sie nicht sitzen können.«

Peter findet das blöd und schlägt vor, das Etablissement zu wechseln, als sein Blick an einem jungen Mädchen hängen bleibt, das schüchtern zu ihm rüber blickt. Sie tuschelt mit ihren Freundinnen, alle sehen zu ihm, und Peter merkt, wie er rot wird. Dem Kleinen Li ist die neue Entwicklung nicht entgangen – er holt wohl wissend doch noch mal zwei neue Biere.

Als er zurückkommt, ist Peter schon mit der Chinesin ins Gespräch gekommen, das heißt, sie brüllen sich an. Da das Geschrei nicht so viel Spaß macht, fordert Peter Feifei, so heißt die junge Dame, zum Tanzen auf.

Nach drei Liedern kommen sie verschwitzt zurück, die Plauderei fortzuführen ist noch immer undenkbar, also fragt Peter, ob sie und ihre Freundinnen nicht Lust hätten, woanders hinzugehen.

»Ich muss gleich nach Hause«, enttäuscht sie ihn, zückt dann aber einen Stift und schreibt ihre Nummer auf seine Hand. »Ruf mich an!«

Dann ist sie in der Menge verschwunden.

An diesem Abend geht Peter beschwingt nach Hause.

Zwei Tage später traut er sich endlich, Feifei anzurufen. Sie verabreden sich zu einem ersten Treffen im Park, am folgenden Wochenende erneut – und nach zwei Zoobesuchen und drei weiteren Parks darf er sie schließlich küssen.

Peter schwebt auf Wolke sieben, auch wenn er unsicher ist. Manchmal darf er ihre Hand halten, manchmal sie küssen, manchmal aber gar nichts von beidem. Ob das normal sei, will er vom Kleinen Li wissen.

»Vielleicht hat sie strenge Eltern, die ihr eingeschärft haben, sich nicht mit jedem gleich einzulassen«, vermutet der Freund. »Es gibt noch viele, auch junge Chinesen, die sich erst vergewissern wollen, dass der Ausgesuchte auch wirklich was fürs Leben ist.«

Huch! Das wisse Peter doch auch nicht. Und hatte, ehrlich gesagt, auch gar nicht darüber nachgedacht.

»Wenn sie so traditionell ist, wie es scheint«, mutmaßt der Kleine Li, »dann legt sie Wert darauf, ihren Ruf zu schützen.« Das bedeute, dass sie, wie es früher üblich war, nicht mit ihm in aller Öffentlichkeit Zärtlichkeiten austauschen wird. Peter brauche Geduld.

Ein harter Test. Denn selbst nach Wochen, in denen sie erst einmal bei ihm war und auch nur verkrampft auf dem Küchenstuhl sitzend mit ihm geplaudert hatte*, er sie ins Kino oder zum Essen ausführte oder ihr sagte, wie hübsch sie sei**, hat sich kein signifikanter Fortschritt gezeigt.

Es ginge ihm ja nicht um Sex, beklagt sich Peter beim Kleinen Li, aber so langsam müsse sie doch merken, dass er sie wirklich mag. Sie rufe ihn nie an, immer melde er sich bei ihr.

»Versuch es mit einfacheren Treffen, geh mit ihr wieder in einen Park«, rät der Kleine Li. Und fügt dann hinzu: »Sie scheint echt altmodisch zu sein.«

Neidisch betrachtet Peter die anderen Paare, wo die Mädchen keine Scheu haben, ihre Gefühle öffentlich zu zeigen. Im Gegenteil! Ganz kokett lassen sie sich hofieren und genießen neidische Blicke – wie den von Peter.

»Heutzutage ist es nicht mehr verpönt, die Liebe zur Schau zu stellen«, sagt der Kleine Li. »Außer man ist konservativ.«

Peter seufzt.

Der Rat vom Kleinen Li ist allerdings Gold wert. Feifei taut allmählich wieder auf und geht plötzlich ganz selbstbewusst mit ihm um. Nicht unbedingt zu Peters Freude. Wie selbstverständlich lässt sie ihn ihre rosafarbene Tasche mit den Hello Kitty Anhängern tragen (und auch wenn das irgendwie jeder zweite Chinese für seine Freundin tut, ist es Peter höchst peinlich, damit

---

* Auch wenn das Nachbarschaftskomitee nicht mehr wie ein bissiger Wachhund allgegenwärtig ist, bekommen doch genug Leute mit, wer bei dem Ausländer ein und aus geht. Es kann durchaus vorkommen, dass Feifei für eine Prostituierte gehalten wird. Sie verlöre nicht nur ihr Gesicht, sondern brächte auch Scham über ihre ganze Familie. Deswegen ist Feifei sehr vorsichtig.
** Was in Deutschland ganz normale Praktiken sind, kann in China ungeahnten Druck erzeugen. Wie soll Feifei die Mühe Peters »zurückzahlen«? Sie glaubt, mit Sex, den sie (noch) nicht bereit zu geben ist. Dabei will Peter ihr nur etwas Gutes tun und sie kennenlernen. In China wäscht eine Hand die andere, kaum etwas wird ohne Gegenleistung gegeben. Peter drängt Feifei unbewusst immer mehr in die Enge.

gesehen zu werden), meckert plötzlich an allem rum (mal ist das Restaurant zu dreckig, dann der Spaziergang im Park zu anstrengend), schmollt sofort, wenn Peter seinen Blick eine Sekunde zu lange an eine andere Frau heftet (wobei es egal ist, wie diese aussieht), verlangt auf einmal nur noch das Beste vom Besten (obwohl es doch früher scheinbar so viel Druck auf sie ausgeübt hatte), ignoriert seine Anrufe oder versetzt ihn.

»Sie erzieht und testet dich«, lacht der Kleine Li. »Am besten lässt du dir nicht alles gefallen.«

Guter Ratschlag, aber nicht einfach, wenn man, wie Peter, bis über beide Ohren verliebt ist. Doch wieder einmal erweist sich der Tipp vom Kleinen Li als Volltreffer. Kaum zieht sich Peter zurück, schnurrt Feifei wie ein kleines Kätzchen. Mehr noch: Sie hat Peter sogar nach Hause eingeladen.

Bewaffnet mit gelben Tulpen für die Mutter und einer Flasche Wein für den Vater, erscheint er zur verabredeten Zeit an ihrer Haustür. Den erschrockenen Blick der Mutter kann er nicht deuten, versucht aber, sich nicht davon beeinflussen zu lassen. Noch mit den Blumen in der Hand drückt er sie vorsichtig zur Begrüßung an sich. Irritiert bittet ihn die Mutter, einzutreten. Ihr Blick aber wird noch strenger.

Peter geht in den Flur und begrüßt den Vater mit herzhaftem Handschlag. Auch Feifei schaut ihn bestürzt an. Dann aber setzt sie ihn schnell an den Tisch, und als alle versammelt sind, herrscht Schweigen. Peinliches Schweigen.

Die Blumen und der Wein liegen achtlos in einer Ecke.

Feifei serviert Tee, und endlich unterbricht der Vater die Stille. Eine Frage nach der anderen muss Peter beantworten, nicht nur die üblichen, die er schon auswendig kennt, auch Fragen über seine Zukunftsabsichten, ob er mal in China leben wolle, was er sich für eine Arbeit suchen will und, und, und.

»Ich schaue mal, was sich nach dem Studium ergibt«, antwortet er wahrheitsgemäß. Konkrete Vorstellungen habe er noch keine.

Ob er sich denn so eine lockere Ansicht leisten könne, will Feifeis Vater wissen. Und bevor sich Peter versieht, wird er über seine finanzielle Situation und seine Altersvorsorge ausgequetscht. Da ist der Schritt zum nächsten Punkt auf des Vaters mentaler Liste nicht mehr weit: Wie es denn mit Peters Familie aussehe, will der Vater wissen. Gibt es Geschwister? Was machen die Eltern? Wann gedenke er, seine eigene zu gründen? Wie viele Kinder wünsche er sich?

Peter wird schwindelig. Ist das ein Verhör? Kurz überlegt er, wie er antworten soll, entscheidet sich dann aber für Ehrlichkeit. Auch in dem Punkt habe er noch keinen Fünf-Jahres-Plan*.

Abrupt steht der Vater auf und deutet damit an, dass das Gespräch beendet ist.

Peter ist unschlüssig, ob er jetzt gehen soll. Da es aber kein zweites Zimmer gibt, in das entweder er oder der Vater sich zurückziehen könnte, folgert er, dass es Zeit für den Abschied ist. Die Blumen in der Ecke beginnen schon zu welken.

Feifei begleitet ihn schweigend nach unten in den Hof, und dann bricht es aus ihr heraus: »Du hast alles kaputt gemacht! Erst bringst du Todesblumen ins Haus, dann ruinierst du mit einer Umarmung eine gute Beziehung zu meiner Mutter**, und zu allem Überfluss hast du deine Schuhe angelassen.«

Ah, daher der strenge Blick.

* Peters Witz, sich auf die Haushaltspläne der chinesischen Regierung, die beim Volkskongress vorgelegt und verabschiedet werden, zu beziehen, kommt bei Feifeis Familie gar nicht an. Aber vielleicht ahnen Sie es schon, so richtig geglänzt hat Peter nicht. Ehrlichkeit ist zwar ein Muss aus chinesischer Sicht, doch täte ein Schuss mehr Ernsthaftigkeit bezüglich seiner Absichten sehr gut. Ein Vater möchte seine Tochter in guten Händen wissen. Ein planloser Ausländer passt da überhaupt nicht in seine Vorstellung eines guten Schwiegersohns in spe.

** Umarmungen sind in China unüblich, sie kommen, wenn überhaupt, nur innerhalb der Familie oder unter guten Freunden vor. Die Mutter der Freundin zu umarmen, das auch noch beim ersten Treffen, bedeutet für sie, dass der Freund ihrer Tochter ein sehr leidenschaftlicher Mensch ist. Im Grunde ja keine schlechte Eigenschaft, aber sie wird es sexuell auslegen und ihre Tochter in den Händen eines Wüstlings vermuten. Das kann sie natürlich nicht gutheißen.

»Meinen Vater hast du respektlos behandelt«, sprudelt es weiter aus Feifei hervor. »Kein Kompliment über die Wohnung, mich oder irgendwas ist dir über die Lippen gekommen, und hast ihn damit auf einen unwürdigen Vater degradiert. Und mir sind deine Absichten jetzt auch klar geworden: Du wolltest nur jemanden fürs Bett, du hast es nie ernst mit mir gemeint. Dabei habe ich dir so viel Liebe geschenkt, für nichts und wieder nichts.«

Peters Mund klappt auf und wieder zu. Er ist völlig überrascht von diesem Ausbruch. Außerdem stimmt das doch alles gar nicht!

»Ich will dich nie wieder sehen«, keift Feifei. »Nie wieder, hörst du?« Bevor ihr die Tränen die Wangen hinunter kullern, dreht sie sich um und läuft die Treppe nach oben.

Wie ein begossener Pudel schaut Peter ihr nach.

Er solle froh sein, ist der kurze Kommentar des Kleinen Li. »Wahrscheinlich wärst du schneller verheiratet worden, als dir lieb gewesen wäre.« Eine Einladung nach Hause komme bei einem traditionellen Mädchen wie Feifei einer Verlobung schon sehr nahe. »Und nimm dem Vater die vielen Fragen nicht übel«, fügt er hinzu. »Seine einzige Tochter kommt mit einem Ausländer daher, der noch keinen Plan hat, wie seine Zukunft aussehen wird. Er muss doch prüfen, ob du sein Kind vernünftig versorgen kannst. Ist doch klar, dass er dich mit so einer Antwort nicht als Schwiegersohn haben will.«

Gut, so einen Schwiegervater wünscht sich Peter auch nicht. Mal ganz davon abgesehen, dass ihm der Gedanke der Ehe noch nicht einmal in den Sinn gekommen war. Es stimmt schon, manchmal war es schwierig mit Feifei, aber er mochte sie sehr gerne. Irgendwie hätten sie es bestimmt geschafft. Und er hätte ihre Eltern von seinen ehrenhaften Absichten überzeugen können, da ist er sich ganz sicher. Klar, ein Problem wäre schon die Entfernung gewesen, die zwischen ihnen nach seiner Abreise gelegen hätte. Aber deswegen muss man doch nicht die Flinte ins Korn werfen!

Peter unterbricht seine Gedanken. Er muss sich daran erinnern, dass Feifei sich von ihm getrennt hat. Sie war zwar nicht seine erste Liebe, aber immerhin seine erste chinesische. Die muss er jetzt erst einmal überwinden. Ob es je eine zweite geben wird, steht wohl in den chinesischen Sternen.

Gute Gaben öffnen Herzen

Um chinesische Eltern für sich zu gewinnen, bedarf es großer Vorsicht. Weder sollte der Verehrer zu schüchtern, noch zu selbstbewusst auftreten. Wie immer ist ein gesundes Mittelmaß das Beste. Der erste Eindruck ist in China immer der wichtigste, und auch das Gastgeschenk. Das gilt sowohl für Ehekandidaten als auch für Geschäftsleute oder neue Bekanntschaften. Die Symbolik, der Geschenke in China unterliegen, ist dabei allerdings nicht zu unterschätzen.

Der Wert eines Geschenkes oder der Versuch, den Geschmack des Beschenkten zu treffen, sind zweitrangig. Wichtig ist, dass Glück damit verschenkt wird. Peters Wahl der Blumen, gelbe Tulpen, war sehr kontraproduktiv. Im Gegensatz zu Deutschland wurden in China Blumen bislang nur zu Beerdigungen mitgebracht, meist in den Farben gelb oder weiß. Das ändert sich zwar, und vor allem am Valentinstag stürmen die Chinesen die Blumenläden, aber ein bunter Strauß oder ein Arrangement ist die bessere Wahl.

Der Wein dagegen passt schon besser, hoffentlich ist er nicht zu trocken. Die Chinesen lieben süßen Wein.

Dass auch er achtlos neben den Blumen in einer Ecke liegt, hängt damit zusammen, dass Chinesen ihre Geschenke erst auspacken oder gebührend begutachten, wenn alle Gäste wieder weg sind. Es gilt als unhöflich, sie sofort neugierig aufzureißen. Und, nebenbei bemerkt, bleibt den Beschenkten dadurch erspart, eventuell falsche Freude vorspielen zu müssen. Einige Dinge darf man in China unter keinen Umständen verschenken. Dazu gehören Uhren, Messer, Schirme und Schuhe. Uhren machen dem Beschenkten deutlich, dass seine Lebenszeit unweigerlich abläuft, Vergänglichkeit und Tod werden symbolisiert.* Messer und sonstige scharfe Gegenstände signalisieren Trennung, genau wie Schirme. Schuhe verheißen ebenfalls das Verlassen einer Person oder rufen sogar Katastrophen hervor. Aber, Hand aufs Herz, wie oft wollten Sie schon mal Ihren Gastgebern Schuhe schenken?

Aufpassen sollten Sie ebenfalls auf die Menge. Überreichen Sie zum Beispiel einen Obstkorb, eines der beliebtesten Mitbringsel in China, achten Sie darauf, eine gerade Zahl an Früchten einzupacken. Zwei, sechs oder am besten acht Früchte sind perfekt. Acht ist die Glückszahl schlechthin. Vier dagegen wieder ein Tabu.** Die Aussprache von vier, *sì*, deckt sich mit der von Sterben, *sǐ*, auch wenn es unterschiedliche Töne sind. In Ihrem Obstkorb sollten übrigens auch keine Birnen oder Pflaumen sein. Die Aussprache der Birne klingt wie das Wort für Verlassen, *lí*, die der Pflaume wie kinderlos, *méi zi*.

Möchten Sie einen Gastgeber oder Geschäftspartner erfreuen, bringen Sie Kleinigkeiten von zu Hause mit: Musik, Fotos, Bildbände oder T-Shirts mit dem Stadtemblem. Einpacken sollten Sie es entweder gar nicht oder in Glück verheißendes, rotes Papier. Blau oder schwarz stehen für Trauer.***

* Wollen Sie Ihren Gastgeber trotzdem mit der schönen, typischen Kuckucksuhr erfreuen, kann dieser Ihnen einen *yuán* geben, dann ist es kein Geschenk mehr, sondern ein Verkauf. Auf diese Art können Sie alle Unheil bringenden Geschenke übrigens neutralisieren. Besser sind aber dennoch Geschenke, die schon von Natur aus eine positive Symbolik haben.
** Die 4 ist vergleichbar mit unserer 13. Deswegen gibt es auch ganz oft keinen 4. oder 14. Stock in Hochhäusern, der wurde einfach weglassen und 5 bzw. 15 genannt.
*** Hat ein Chinese einen nahen Verwandten verloren, kleidet er sich im Gegensatz zu uns nicht in Schwarz, sondern trägt eine weiße oder schwarze Armbinde. Somit ist auch die Farbe Weiß immer mit Vorsicht zu genießen.

Je bunter das Papier, desto fröhlicher das Geschenk.

Wenn Ihr chinesischer Gastgeber vehement die Annahme des Präsents verweigert, versuchen Sie es weiter! Kein Chinese nimmt etwas an, was er nicht vorher mindestens zweimal abgelehnt hat. Spielen Sie einfach mit. Zusammen mit dem passenden Geschenk sind Sie schon auf dem guten Weg, eine neue Freundschaft aufzubauen.

34 Mó Dǐng Fàng Zhǒng*

Sklave eines anderen sein

Schon seit Tagen spürt Peter die Verspannung in seinem Rücken. Der Kleine Li bringt ihn auf die Idee, doch mal eine chinesische Massage auszuprobieren. Sehr bekannt und beliebt seien die Blindenmassagen, sagt er und kann seinem Freund auch gleich eine Adresse anbieten.

Als Peter dort ankommt, ist er ein bisschen enttäuscht. Von außen sieht das Haus fast noch besser aus als von innen. Ein grauer Plastikschreibtisch ist die Rezeption, an der ehemals weißen Wand hängt ein kitschiges Stillleben, ein Wasserspender und eine abgewetzte Couch schließen die Möblierung ab.

Außen hui, innen pfui?

So kann man das nicht sagen, auch wenn es viele Gebäude in den moderner werdenden Städten gibt, die von außen mehr versprechen, als sie innen zu bieten haben. Das ganze Konzept des Innendesigns ist aber im Wandel. Zwar gibt es immer noch viele private Wohnungen, Restaurants, Hotels oder auch Museen, die nicht nur eine neue Tapete vertragen könnten, dennoch geht der Trend ganz klar zu schickem Innendekor. Es gibt noch Überbleibsel von den unbeholfenen Anfängen, die auf wuchtigen Möbeln, glitzernden Kronleuchtern und barocken Gemälden basieren, doch in vielen neuen Läden, Bars und Hotels wird wert auf ein harmonisches Design gelegt. Während der traditionelle Chinese lieber sein Geld spart und den blanken Beton in seiner Wohnung bevorzugt, macht es der jüngeren Generation Spaß, sich kreativ auszutoben und innovative Ideen zu entwickeln. In China

* Wörtlich: Kopf und Hacken massieren.

»Ganzkörpermassage?«, fragt ein Mann, der planlos herumzustehen scheint.

Peter nickt.

Der Mann brüllt etwas in den hinteren Raum und sogleich erscheint eine Frau, die ebenso unzugehörig aussieht. Sie deutet Peter an, ihr zu folgen, und führt ihn in einen kahlen Raum. Zwei Pritschen mit Löchern für das Gesicht, ein Hocker, eine Klimaanlage und ein dreckiger roter Teppich, das ist alles, was sich in dem kleinen Raum befindet. Reicht ja auch, Peter will ohnehin mit geschlossenen Augen entspannen, da ist das Innendesign ja nicht von Bedeutung.

Er beginnt, sich das Hemd aufzuknöpfen, doch die Frau winkt ab. Sie deutet auf seine Schuhe. Warum sagt sie bloß nichts?

»Nur Schuhe ausziehen?«, fragt Peter auf Chinesisch.

Sie zeigt wieder auf seine Schuhe, bringt aber keinen Ton heraus. Na ja, vielleicht gibt es hier nicht nur Blinde, sondern auch Stumme?!

Die Frau verschwindet kurz und kommt mit einem jungen Mann an der Hand zurück. Peter legt sich hin, vorsichtig tastet sich der Mann an ihn heran, breitet dann ein Laken über ihn aus und beginnt, den Rücken zu massieren.* Mit kräftigen Fingern drückt er auf einzelne Punkte, walkt mit Fäusten die Wirbelsäule rauf und runter und knetet die Schultern. Peter entspannt, stöhnt ab und zu und genießt. Schon nach fünf Minuten hat Peter allerdings das Gefühl, blaue Flecke zu haben. Warum quält der Masseur bloß immer die gleichen Stellen?

---

* Bei chinesischen Akupressurmassagen behält der Kunde seine Kleidung immer an, selbst im Winter, wenn er zusätzlich noch die dicke Unterhose und insgesamt drei Pullover trägt. Der Druck, den gute Masseure auf die einzelnen Punkte ausüben, ist stark genug, um auch durch die ganzen Lagen spürbar und wirksam zu sein.

Die Hände als auch das Tuch wandern die Beine hinunter. Peters Kopf liegt in den Raum hinein, die Pritsche steht direkt an der Wand. Ganz ausstrecken kann er sich gar nicht, die Einrichtung ist für die kleineren Chinesen konzipiert. Mit gleich bleibendem Druck bearbeitet der Blinde den linken Oberschenkel und die Wade. Dann knickt er das Bein nach hinten und drückt es so weit, bis der Fuß Peters Po berührt. Ein schmerzhaftes Ziehen durchläuft das gesamte Bein. Nach dem dritten Mal Drücken hebt der Masseur das Bein und schüttelt es zur Entspannung. Dann zieht er es kräftig nach hinten. Dummerweise mitten in die Wand hinein.

Wie sollte der blinde Masseur auch wissen, dass Peter schon wegen seiner Körperlänge auf Tuchfühlung lag?

Peter schreit auf. Vom Knall angelockt, stürzt der Mann von der Rezeption ins Zimmer. Er entschuldigt sich bei Peter, der sich mit schmerzverzerrtem Gesicht die Zehen reibt, bittet ihn dann, aufzustehen, zieht die Liege einen halben Meter von der Wand ab, und schon ist der rechte Fuß, den noch die gleiche Prozedur erwartet, in Sicherheit.

Der Masseur steht wie ein begossener Pudel mit hängendem Kopf daneben und wartet auf Instruktionen. Ihm ist anzusehen, wie peinlich ihm das alles ist.

Peter versichert mehrmals, dass alles in Ordnung sei, kein Grund zur Sorge! Der Schmerz lässt zwar langsam nach, aber die Entspannung hat sich in dieser Schrecksekunde völlig verflüchtigt.

Die letzte halbe Stunde liegt Peter etwas ängstlich da. Der Masseur ist ebenfalls in seinen Handgriffen vorsichtiger geworden und vergewissert sich, dass diesmal genug Platz zwischen Fuß und Wand ist. Auch die vorher so selbstbewussten und festen Hände sind zarter geworden, was Peter etwas schade findet. Es tat zwar weh, aber auch gut. Doch er möchte den armen Mann jetzt nicht auch noch durch eine Beschwerde verunsichern. Der hatte jetzt schon genug unter dem langen Ausländer gelitten.

Der Preis für die einstündige Massage, vierzig *yuán*, versöhnt Peter wieder, und abgesehen von seinem linken Fuß geht es ihm auch schon viel besser.

Zwar glaubt Peter nicht, dass sich dieses Malheur wiederholen könnte, entscheidet sich jedoch bei der nächsten Massage für ein exklusives, thailändisches Etablissement. Schon als er den Massagetempel betritt, spürt er, wie sich die Entspannung wie ein warmes Tuch um ihn legt. Kerzen verströmen einen zarten Lavendelduft, dicke Teppiche verschlucken jeden Schritt, gedimmte Gänge und das Flüstern der Angestellten erzeugen eine sinnliche Ruhe.

Peter wird in einen Raum geführt, bekommt einen Pyjama aus Baumwolle sowie ein Getränk seiner Wahl serviert und legt sich dann erwartungsvoll auf die Liege. Unter dem Loch für sein Gesicht schwimmt eine Lotusblüte in einem Holzschälchen. Ein kräftiges Mädchen erscheint und beginnt mit dem Ausstreichen des Rückens. An ihrer Art der Massage fällt Peter auf, dass alle wohl die gleiche Schule besucht haben. Sie unterscheidet sich kaum von der des Blinden, ist aber wegen des Ambientes eine völlig andere Erfahrung.

Mit einem wohlig entspannten Gefühl schwebt er nach neunzig Minuten zur Kasse. Als Peter den Preis hört, verspannt sich sein Rücken wieder etwas. Er beschließt allerdings, dass sich der zehnfache Preis durchaus gelohnt hat.

Da die Qualität der Massage an sich wohl nicht vom Preis abhängt, probiert Peter beim dritten Mal, ja, er ist süchtig nach Massagen geworden, der Einfachheit halber den Friseursalon*

---

* Ganz oft findet man in China die Kombination von Haareschneiden und Massagen. Für Kopf und Nacken bleibt man gleich in dem Stuhl vor dem Spiegel sitzen, für Ganzkörpermassagen haben viele Friseurläden kleine Hinterzimmer mit Liegen. Bevor Sie aber diese ausprobieren, lesen Sie bitte erst die Episode zu Ende.

direkt neben seiner Haustür aus. Ein wenig tut ihm die nicht mehr ganz so junge Frau auch leid. Immer, wenn er an dem Laden vorbeigeht, sitzt sie da alleine und gelangweilt vor dem Spiegel und schneidet sich Grimassen oder zupft ihre Augenbrauen.

Sie wirkt ein wenig erschrocken, als er eintritt. Peter ist ihr erster ausländischer Kunde.

»Kann ich eine Massage bekommen?«, fragt Peter.

Die Frau schaut kurz nach draußen, dann zu Peter und wieder nach draußen. Schließlich nickt sie.

Während Peter sich in dem Hinterzimmer auf die Liege setzt, schließt sie die Tür ab und zieht die Vorhänge zu. Erst wird dem Deutschen ein bisschen mulmig, dann aber findet er es logisch, dass sie abschließt. Sie ist schließlich ganz alleine hier und kann nicht auf den vorderen Raum aufpassen, während sie ihn massiert. Als sie zurückkommt, will sich Peter auf den Bauch legen. Leider gibt es in dieser Liege kein Loch, er muss den Kopf dann zur Seite drehen.

Die Friseurin-Masseurin hält ihn zurück, er soll sich auf den Rücken legen. Auch gut, dann kommt der Rücken wohl erst zum Schluss.

Peter legt sich, schließt die Augen und spürt, wie ihre Hände über Brust und Arme streichen. Schon nach kurzer Zeit wechselt sie zu den Beinen. Wenn das so weitergeht, dauert die gesamte Massage wohl nur zehn Minuten.

Mit beiden Händen walkt sie die Hände von den Schienbeinen langsam nach oben zu den Oberschenkeln. Sie zwickt mit den Daumen in die Innenseiten und kommt seinem Schritt bedrohlich näher. Kurz bevor Peter vor Empörung Einhalt gebieten will, streicht sie ihre Hände mit gleich bleibendem Druck zum Knie hinunter, allerdings nur, um sich sofort wieder an den Aufstieg zu machen. Diesmal etwas zügiger, und ehe Peter sich versieht, hat sie auch schon seinen Hoden durch die Jeans gepackt.

Erschrocken setzt sich Peter auf und starrt sie ungläubig mit großen Augen an. »Was, zum Teufel...«, entfährt es ihm auf Deutsch, er beendet den Satz aber nicht.

Die Friseurin-Masseurin-Masseuse ist gleichermaßen verdutzt, zieht aber ruckartig ihre Hände zurück.

»Ich, äh, wollte eine, äh, normale Massage«, stottert Peter auf Chinesisch, worauf er nur ein Kopfschütteln mit genervtem Blick erntet. Der Deutsche zupft an seiner Hose und sucht in der Tasche nach Geld.

Die Frau winkt ab und schiebt ihn Richtung Ausgang.

Mit hochrotem Kopf verlässt Peter den Laden. Ein Chinese, der gerade die Straße hinaufgeht, grinst ihn wissend an. »Nein, nein, ich habe nicht...«, will Peter erklärend rufen, lässt es aber doch bleiben. Hat ja sowieso keinen Sinn. Wahrscheinlich weiß bald jeder in der Nachbarschaft, dass Peter ins Bordell geht. Schnell flüchtet er in seinen Hauseingang und versucht, dieses komische Gefühl abzuschütteln, was ihn gerade ergriffen hat.

Sicher ist jedenfalls schon eins: Jedes Mal, wenn er an dem Friseursalon vorbei muss, wird er einen roten Kopf bekommen. Na, dann, auf gute Nachbarschaft!

Prostitution in China

Wie Peter geht es einigen Männern, die gar nicht merken, worauf sie sich eigentlich gerade einlassen. Eine ungezwungene und schmeichelnde Unterhaltung an der Hotelbar, eine zufällige Begegnung beim Flanieren durch das Kneipenviertel oder der bloße Wunsch nach einem neuen Haarschnitt, und die hübsche, nette Frau soll eine Professionelle sein?

Die Zahl der Prostituierten in China ist seit der Öffnung Anfang der 1980er Jahre rasant angestiegen. Vorsichtigen Schätzungen zufolge soll es in China zehn Millionen geben, die Dunkelziffer wird aber doppelt so hoch vermutet. Mao Zedong hatte nach seiner Machtübernahme 1949 dem ältesten Gewerbe der Welt den Kampf angesagt und ihn hoch oben auf seiner Parteiagenda platziert. Ende der 1950er Jahre verkündete er stolz, dass die Prostitution nicht mehr existiere. Mit Hilfe der Nachbarschaftskomitees, die ein sorgsames Auge auf jedes Geschehen hatten, hielt sich der Zustand konstant, obwohl mitnichten alle Damen »rehabilitiert«* waren.

Nach Maos Tod und Deng Xiaopings Wirtschaftsreformen stand die Welt in China wieder Kopf. Mit der Öffnung kamen nicht nur Fortschritt und Wachstum, sondern auch gesellschaftliche, ökonomische und demografische Probleme. Vor allem Arbeitslosigkeit und ungenügende Ausbildung resultierten in der neuerlichen Konjunktur der Prostitution. Viele der Frauen sehen für sich keinen anderen Ausweg, als mit dem horizontalen Gewerbe die Haushaltskasse aufzubessern. Zumal sie dabei auch meist mehr verdienen als in jeder Fabrik. Die Ehemänner wissen oft gar nicht, was ihre Frauen im wahrsten Sinne des Wortes so treiben, können aber jeden *yuán* gut gebrauchen und fragen nicht unbedingt nach.

Auch die Ein-Kind-Politik wird für den Anstieg der Prostitution verantwortlich gemacht. Durch sie boomt der Frauenhandel, um die nach Gemahlinnen suchenden Männer zu bedienen. Viele der gekidnappten Frauen landen dann jedoch nicht am Herd, sondern im Bordell. Jedes Jahr meldet die chinesische Polizei Erfolge bei der Verfolgung und Überführung von Menschenhändlern. Sie stehen aber in keinem Verhältnis zu den noch offenen Fällen. Jährlich verschwinden bis zu 20.000 Menschen in China, 90 % davon sind Frauen und Kinder.

* Die sogenannte *Rehabilitierung* fand in speziell eingerichteten Frauenarbeitslagern statt, in denen die Frauen »umerzogen« wurden. Diese Umerziehung durch Arbeit, die immer noch existiert, ist gemäß der chinesischen Rechtsprechung eine Möglichkeit, außergerichtliche Inhaftierungen und Bestrafungen bei Bagatelldelikten durchzusetzen. Es erlaubt der Regierung, Personen einfach der Freiheit zu berauben, ohne ihnen rechtlichen Beistand gewähren zu müssen.

Und natürlich schlägt auch die sexuelle Revolution in China mit zu Buche. Die Generationen nach Mao haben früher und mit wechselnden Partnern Sex. Aber da es ja, wie erwähnt, an Frauen mangelt, ist die Nachfrage nach bezahltem Sex größer geworden.

Seit 1991 wird der Handel mit Sex strafrechtlich verfolgt, auch Dritte, also die Freier, können zur Verantwortung gezogen werden. Dennoch wird Prostitution noch immer nicht als ein Kapitalverbrechen betrachtet, da es ein »opferloses« Delikt sei. Es fehlen in China noch immer umfassende Gesetze, die Frauen (und auch Kinder) ausreichend schützen.

Ein Abgeordneter des Volkskongresses schlug 2006 vor, die Prostitution zu legalisieren, fand aber kein Gehör. Sein Hauptanliegen war, so die sexuell übertragenen Krankheiten eindämmen zu können. Über 55 % der HIV-Infektionen, die lange Zeit vorwiegend über kontaminierte Blutkonserven übertragen wurden, breiten sich heutzutage durch Sex aus. Schuld daran ist sowohl mangelnde Aufklärung als auch Naivität. Tatsächlich glauben noch viele, dass Geschlechtskrankheiten wie Syphilis oder auch die Krankheit AIDS mit einem hartnäckigen, aber doch einfach zu behandelnden Schnupfen vergleichbar seien. Zwar wird das Thema Kondom angesprochen, aber, für eine Handvoll *yuán* mehr, auch wieder ignoriert. Es ist oft eine Frage der Verzweiflung.

Die Damen der untersten Kategorie, vier gibt es insgesamt, müssen entweder ihrem Zuhälter Rechenschaft ablegen oder sind auf jeden *yuán* angewiesen. Sogar Wanderarbeiter, die selbst kaum Geld haben, zählen zu ihren Kunden. Gerade zwei Euro erhalten sie pro Liebesdienst. Auf dem Straßenstrich, Kategorie zwei, variieren die Preise, zwischen fünf und zehn Euro kostet das »Mal«.

Die Damen der dritten Kategorie, die auch Männer wie Peter in Bars oder Hotels ansprechen, verlangen schon zwanzig Euro und mehr. Sie nutzen während der Arbeit auch gleichzeitig die

Chance, sich einen reichen Mann zu angeln. Ausländer sind dabei oft eine gute Beute, denn bei ihnen ist der innere Retter noch stärker ausgeprägt. Nicht nur geben sie meist mehr als verlangt wurde, auch drängt sie das Bedürfnis, die Frau aus dem Sumpf herauszuholen. Um dem Ziel näher zu kommen, bieten die Damen den vielversprechenden Herren ihre Dienste auch umsonst an. Manchmal werden sie geheiratet, können ausreisen und suchen sich dann einen Mann, den sie wirklich lieben.

Die letzte Kategorie gehört den Zweitfrauen. Diese werden in schicken Appartements von reichen Männern untergebracht und hoffen darauf, irgendwann doch als deren Ehefrau zu enden. In einigen Städten, allen voran Shenzhen im Süden Chinas, gibt es ganze Viertel, die von Zweitfrauen bewohnt werden. Abgesehen von der Gefahr, wie eine heiße Kartoffel fallen gelassen zu werden, haben sie noch das beste Leben. Die gesundheitlichen Risiken sind gering, für ihren Lebensunterhalt wird ebenso gesorgt wie für ein schönes Dach über dem Kopf. Der Traum von der Familie wird aber wahrscheinlich immer ein solcher bleiben.

Übrigens: Die Prostituierten sind auch ein erheblicher wirtschaftlicher Faktor, sie steuern 5 % des chinesischen Bruttosozialproduktes bei. Ende der 1990er Jahre kam aus diesem Grund ein hochrangiger Politiker auf die Idee, die Einkünfte zu besteuern. Dies wurde aber mit dem Argument abgelehnt, dass das Einkommen aus illegalen Geschäften nicht besteuert werden könne. Da eine Legalisierung noch in weiter Ferne liegt, wird sich an der Freistellung so schnell auch nichts ändern. In Anbetracht der vielen Nachteile, die der Beruf mit sich bringt, ist das allerdings kein echter Bonus.

35 Huà Lóng Diǎn Jīng*

Das Tüpfelchen auf dem I

Professor Xu hat eine Überraschung für Peter: drei Eintrittskarten für die Peking-Oper. Natürlich fragt Peter den Kleinen Li, ob er auch mitkommen möchte, und am nächsten Abend treffen sich die Drei vor dem Chang An Opernhaus. Draußen stehen Reisebusse, und tatsächlich ist die Hälfte der Gäste ausländische Touristen. »Es gibt hier Übersetzungen auf Englisch«, erklärt Professor Xu. »Deswegen ist es auch bei Ausländern so beliebt.«

Keiner der Gäste sieht besonders festlich aus, Peter fühlt sich ein wenig unwohl in seinem Anzug. Als sie in den Saal treten, ist er regelrecht enttäuscht: Statt einer großen ehrfürchtigen Halle mit Reihen von Sitzen stehen dort Stühle und Tische wie in einem Restaurant.

»Das ist doch praktisch«, freut sich der Kleine Li, »dann können wir nebenbei essen und trinken!«

Für Peter eine komische Kombination, aber gut!

An der Seite steht das Orchester und bereitet sich auf den großen Auftritt vor. Das Stimmen der Instrumente klingt grauenvoll. Zwischen den quietschenden Tönen der zweisaitigen *jinghú*, einem typischen Streichinstrument der Peking-Oper, erschallen die hellen Klänge einer Zimbel.

»Ah, es geht schon los«, ruft Professor Xu.

Wie bitte? Das ist schon das erste Lied?

---

* Wörtlich: Dem Bild des Drachen Augen malen.

Tatsächlich, der Vorhang geht auf. Auf der Bühne gibt es keine Requisiten, nur ein mit Hand gemaltes Bild im Hintergrund deutet Möbel an. Die ausländischen Gäste schauen gebannt auf das Podium, die Chinesen sind damit beschäftigt, ihre Gerichte zu bestellen oder sich über drei Tische mit einem Freund zu unterhalten. Ein Gong ertönt und die erste Person erscheint auf den Brettern, die die Welt bedeuten. Sie ist in einer bunten, langen Tracht gekleidet, weite Ärmel umschwirren sie und das Gesicht ist tiefrot geschminkt, mit schwarzen Augen und kurvigen weißen Linien.

»Das ist der Held«, flüstert der Kleine Li.

»Kennst du die Oper schon?«

»Nein, aber man kann an den Masken erkennen, um wen es sich handelt.«

Zeige mir dein Gesicht...

...und ich sage dir, wer du bist. Sowohl an den Farben als auch der Art zu schminken können Kenner die darzustellenden Personen erkennen. Die Rolle ist einem im wahrsten Sinne des Wortes ins Gesicht geschrieben. Dies gilt vor allem für die Darsteller der »bemalten Gesichter«. Sie sind neben den männlichen und weiblichen Rollen sowie dem Clown eine der vier Hauptcharaktere der Peking-Oper. Die Charakterzüge unterscheiden sich farblich, zum Beispiel symbolisiert Rot Loyalität, Violett Klugheit, Blau Tapferkeit, Grün Jähzorn, Weiß Hinterlist und Schwarz Ehrlichkeit. Unsterbliche, das können sowohl Götter als auch Ungeheuer sein, sind in Gold oder Silber geschminkt.

Mit dröhnendem Timbre stimmt der Held eine Art Sprechgesang an, woraufhin eine Frau* auf der Bühne erscheint und in seinen Gesang mit einsteigt. Ihre schrille Stimme lässt Peter zusammenzucken. Dazu noch die disharmonisch klingende

---

* Übrigens durften lange Zeit, um genau zu sein bis zur Gründung der Volksrepublik 1949, die Frauenrollen nur von Männern gespielt werden. Viele Peking-Oper Sänger, wie der berühmte Mei Lanfang, haben sich auf Frauenrollen spezialisiert. In dem Film »Lebe wohl, meine Konkubine« wird das Leben als Darsteller der Peking-Oper sehr eindrucksvoll dargestellt, mit allen Höhen und Tiefen.

Musik, Peter ist nicht sicher, wie lange er das aushalten wird. Es sind erst fünf Minuten vergangen! Zwei Stunden* liegen noch vor ihm...

Auf der Bühne entsteht Tumult. Ein schwarz geschminkter Mann hüpft daher, gefolgt von weiteren ebenfalls hüpfenden Männern. Sie alle haben Peitschen mit einer Bommel dran in der Hand, zwei davon sind schwarz, eine weiß und die vierte braun. Erst als sie pantomimisch vom Pferd steigen, begreift Peter, dass die Peitschen, auch farblich, Pferde darstellen sollen. In der Übersetzung liest er den Ruf des Helden: »Da kommt die Armee!«

»Na ja, eine Armee sieht aber anders aus«, flüstert er kichernd dem Kleinen Li zu.

»Vier Generäle und vier Soldaten symbolisieren eine Armee«, flüstert der Kleine Li zurück. »Und der da, mit dem Ruder«, er zeigt auf einen Statisten am Bühnenrand, »ist der Fährmann mit einem Boot.« Alles werde mit Gestik angedeutet, damit der Zuschauer weiß, worum es gehe.

»Das geht bis ins kleinste Detail«, bekräftigt Professor Xu. »Jede Bewegung, ein Zupfen am Bart, das Zurechtrücken eines Hutes oder Heben der Arme hat symbolischen Charakter und unterstreicht die Emotionen.«

Auf die Feinheiten hatte Peter gar nicht geachtet. Seine Gedanken beschäftigen sich vor allem mit den Überlegungen, aus welchem der vorhandenen Materialien er sich Ohrstöpsel zaubern könnte. Er schämt sich fast, als er die Begeisterung in Professor Xus Augen sieht, mit der er Peter die Peking-Oper näher bringen will.

Die Bühne wird immer voller, die Musik lauter und die ersten (ausländischen!) Gäste schleichen sich in dem abgedunkelten

---

* Normalerweise dauert eine Oper drei bis vier Stunden. Aber da sie vor allem für Ausländer eine gewisse Anstrengung mit sich bringt, sind viele Stücke gekürzt worden. Insofern hat Peter ja Glück gehabt.

Raum davon. Der Held mit seiner Armee späht in die andere Bühnenecke, passend zum Gongschlag springt er mit seinen Tausend Mann auf und will die gerade erschienenen Angreifer bekämpfen.

Zum ersten Mal konzentriert sich Peter auf das Geschehen. In akrobatischen Sprüngen vollführen die Darsteller Kampfszenen mit Kungfu-Einlagen. Die Musik wird immer wirrer, die schrillen Töne der Zimbeln reißen gar nicht mehr ab. Eine weitere Gruppe Ausländer erhebt sich schüchtern von ihren Plätzen und huscht hinaus. Peter hält durch. Jetzt hat es ihn doch gepackt.

Als die Kontrahenten alle am Boden liegen, ziehen die Sieger, auch sie haben Verluste einstecken müssen, langsam einen Kreis auf der Bühne. Währenddessen kriechen die Toten von der Bühne.* Begleitet wird der Gang von einer Musik, die immer schräger klingt. Der Wunsch nach Ohrstöpseln nimmt in Peters Kopf wieder ungeahnte Ausmaße an.

Professor Xu schaut mit ergriffenem Gesichtsausdruck dem Treiben auf der Bühne zu, der Kleine Li sucht in den Essensresten nach vergessenen Fleischstückchen. Ein Gong ertönt.

»Pause«, ruft der Kleine Li.

Peter sucht in seiner Stimme nach Erleichterung, findet aber keine. Ein Blick auf die Uhr verrät, dass noch eine geschlagene Stunde vor ihm liegt. Peter nutzt die Pause und geht zur Toilette.

Die zweite Halbzeit verbringt er viel entspannter, achtet auf jede Gestik und übt sich darin, die jeweilige Wetterlage auf der Bühne an der Pantomime zu erkennen. Der Kleine Li, dem Peters Zusammenzucken während einiger Musikeinlagen nicht entgangen war, wundert sich, warum der Deutsche plötzlich so beherrscht ist. Er beugt sich zu ihm, um Peter zu fragen, woher der Sinneswandel käme.

---

* Achtung: Symbolik! Im Kreis gehen soll andeuten, dass die Helden einen weiten Weg zurücklegen. Deswegen müssen auch die Toten von der Bühne kriechen, es wäre ja unlogisch, wenn die Armee wieder über sie stolpert. Oder es würde bedeuten, dass sie sich verlaufen haben.

Die Antwort sieht er sofort: In Peters Ohren steckt zusammengeknülltes Klopapier.

Der Untergang der Peking-Oper

Nein, der Untergang hat nicht nur damit zu tun, dass die Musik so schräg klingt, das ist ja ein Markenzeichen der Peking-Oper, und Liebhaber wissen sie zu schätzen. Nur werden *diese* immer weniger. Jährlich sinkt die Anhängerschaft um 5 %. Berühmte Theater in Peking, wie das Hugang Theater, die täglich Aufführungen hatten, schließen oder reduzieren die Vorstellungen auf einmal die Woche. Und dann sind es oft nur die gekürzten Versionen für Touristen, denn so viele Pekinger besuchen das Spektakel auch nicht mehr. Selbst wenn sie Freikarten bekommen. Bei einer Umfrage war die Hälfte aller Befragten der Meinung, dass eine Wiederbelebung des Interesses für Peking-Oper durch Investitionen des Ministeriums für Bildung reine Geldverschwendung wäre.

Die Peking-Oper hat auch eine große Konkurrenz aus dem modernen Leben: Kino, Fernsehen, Karaoke, Diskotheken und andere beliebte Zeitvertreibe genießen heutzutage die Sympathien der Chinesen. Experten befürchten, dass die Peking-Oper innerhalb der nächsten Generation aussterben könnte. Zurück blieben dann nur Vorführungen in Teehäusern oder auf Dorfbühnen. Um das zu verhindern, werden Darbietungen mit Spezialeffekten aufgepeppt und modernisiert. Für die alten Verfechter der Peking-Oper der reinste Frevel. Ursprünglich umfasst das Repertoire ungefähr 1.000 Stücke, die aus historischen Romanen oder Überlieferungen entstanden sind.* Jetzt sollen auch zeitge-

---

* Während der Kulturrevolution verbot Maos Ehefrau Jiang Qing viele der traditionellen Inhalte und ließ nur insgesamt acht Modellopern zu, die von Klassenkampf und Vernichtung der Imperialisten handelten. Die Darsteller durften auch die Kostüme nicht mehr tragen, sondern traten in Arbeiteruniformen, den sogenannten Mao-Anzügen, auf. Wem das nicht gefiel, wurde kurzerhand von der Bühne verstoßen und fand als Beleuchter eine neue Aufgabe.

mäße Inhalte für mehr Interesse sorgen.

Schulen, in denen Schauspieler ausschließlich die Kunst der Peking-Oper lernen können, gibt es ebenfalls kaum noch. Sie kombinieren mittlerweile Akrobatik, Kampfsportarten und Tanz. Lukrativ ist der Beruf des Darstellers, nebenbei gesagt, auch nicht. Um die 300 Euro verdient ein Schauspieler, und um dorthin zu kommen, geht er durch die Hölle.

Meistens beginnen Kinder im Alter von acht bis zehn Jahren ihre Karriere zum Tänzer oder Akrobaten. Eltern entdecken das Talent ihrer biegsamen Kinder und stecken sie für sechs Jahre in Internate für darstellende Kunst. Die Trainingsmethoden sind äußerst umstritten. Schläge für schlechte Leistungen sind an der Tagesordnung, klappt der Spagat nicht auf Anhieb, drückt der Trainer das Kind hinunter. 30 Minuten Handstand, eine Stunde verharren in einer zusammengekauerten oder überdehnten Stellung, das soll die Kinder hart machen. Wer weint, muss das Ganze wiederholen. Viele der Eltern sind ehrgeizig, ihr Trost für die Kinder beschränkt sich auf ein Motto: Halte durch!

In China sind es meistens die Eltern, die ihr Kind zu Großem anspornen, ob es das selbst will oder gar kann, ist egal. Und erneut landen wir bei den Folgen der Ein-Kind-Politik, die jedem Elternpaar nur eine Chance gibt, ihrem Nachwuchs den Weg in ein erfolgreiches Leben zu ebnen. Diese lassen sie sich, wenn möglich, nicht entgehen. Leider allzu oft zulasten des Kindes.

36 Wù Yǐ Lèi Jù

Gleich und Gleich gesellt sich gern

Nach dem Unterricht bei Professor Xu geht Peter zu seinem Lehrer. »Morgens, auf dem Weg zu Schule sehe ich immer so viele Menschen, die zusammen auf der Straße tanzen, warum machen die das?«, fragt er ihn.

»Die nutzen ihre Zeit vor der Arbeit, um sich zu vergnügen«, antwortet Professor Xu. »Aber du solltest mal morgens in einen Park gehen, da kannst du noch viel mehr sehen!«

Und weil auch Professor Xu ein Anhänger des Parklebens ist, verabreden sie sich für den nächsten Morgen. Sechs Uhr dreißig. Na, ob da schon jemand auf den Beinen ist?

Gähnend steht Peter am nächsten Morgen am Tor des Parks und wartet auf Professor Xu. Das Verbotsschild am Eingang erregt seine Aufmerksamkeit. In roten, durchgestrichenen Kreisen sind alle Tätigkeiten bildlich dargestellt, die nicht erlaubt sind: Blumen pflücken, Müll auf den Boden werfen, Hunde ausführen oder auf dem Rasen sitzen. Außerdem Verbote, die für Peter weniger Sinn machen: Im Park Motorrad oder Taxi fahren, schießen, Feuer anzünden oder Pagoden in die Luft sprengen. Jedenfalls interpretiert Peter den schraffierten Turm mit Rauchwolken darunter so. Insgesamt gibt es sechsunddreißig Verbote. Bevor Peter allerdings alle entziffern kann, kommt Professor Xu um die Ecke.

Von morgendlicher Ruhe kann im Park keine Rede sein. Gleich hinterm Eingang treffen sie auf eine Gruppe Tänzer, die zu schrillen Tangoklängen über die Betonplatten schwofen. Männer sind Mangelware, aber die Frauen stören sich nicht an gleichgeschlechtlichen Partnern.

Ein paar Schritte weiter üben in Reih und Glied formiert ein paar Rentner *tàijíquán**, gleich daneben lehrt ein jüngerer Mann den rüstigen Alten *wǔshù***. Dazwischen sitzen alte Herren, die Vogelkäfige in den Baum gehängt haben und mit Gleichgesinnten über ihre Haustiere fachsimpeln. Oder auch einfach ganz banal die neuesten Zipperlein austauschen. Einige sitzen nur stumm da und genießen das Trällern der gefiederten Freunde.

Diese haben in einer kleinen Pagode Konkurrenz, denn dort unterhält eine Vierergruppe mit Instrumenten und einem Sänger mit Stücken aus der Peking-Oper die Umstehenden. Nicht weit entfernt musiziert ein anderes Grüppchen. Ihr Repertoire ist ähnlich, und das Durcheinander klingt sehr schräg in Peters Ohren.

Es sind regelrechte Menschenmassen, die sich im Park tummeln. Peter weiß gar nicht, wo er zuerst hinschauen soll. Niemand steht still, alle sind mit irgendetwas beschäftigt. Entweder kicken sie sich kleine Federbälle mit den Füßen zu, einige haben sich dafür noch nicht mal die Mühe gemacht, ihren Schlafanzug gegen Straßenkleidung einzutauschen, oder sie spielen *xiàngqí*, chinesisches Schach, joggen, machen Gymnastik oder gehen zusammen spazieren. Wie die beiden älteren Damen, die ihnen entgegenkommen. Aber Moment mal, rückwärts? Gemächlichen Schrittes nähern sich die Frauen, ohne darauf zu achten,

---

* *Tàijíquán*, im Ausland Tai Chi oder Schattenboxen genannt, hat kaum eine Erklärung nötig. Auch in Deutschland sind die Übungen bekannt und beliebt. Die gymnastischen Bewegungen stammen aus einer traditionellen Kampfsportart und halten nicht nur jung, sondern wirken durch die meditativen Abläufe auch entspannend.
** *Wǔshù* ist ebenfalls eine alte chinesische Kampfkunst, im Deutschen nennt man sie auch Schwerttanz. Mit langen, ungefährlichen Säbeln werden ähnliche Bewegungen wie beim *tàijíquán* gemacht. *Wǔshù* ist allerdings ein bisschen aktiver und dynamischer.

wo sie hintreten. Und darauf vertrauend, dass ihnen Peter und Professor Xu aus dem Weg gehen.

»Rückwärtsgehen ist sehr gesund«, erklärt Professor Xu. »Zum einen trainiert es Muskeln, die beim Vorwärtsgehen nicht beansprucht werden, und zum anderen wird die Wahrnehmung, also das Gehirn, geschärft, weil die Bewegungen nicht so in Fleisch und Blut übergegangen sind wie beim normalen Gehen. Es ist eine ganz simple, aber effiziente Qigong Übung.«

Qigong

Schon seit fast 5000 Jahren schwören die Chinesen auf diese Atemübungen, die die Lebensenergie, das qi, nähren sollen. Sie beugen Krankheiten vor, heilen sie und bringen bzw. bewahren die »Harmonie des Körpers«, schützen also das Immunsystem. Schon 600 v. Chr. gab es erste Aufzeichnungen, in denen die Erfolge dieser Therapie beschrieben wurden. Kombiniert mit leichten Bewegungen, es gibt übrigens 1.600 verschiedene Übungen, beruhigt und entspannt Qigong. Blockaden im Körper, die zu Krankheiten führen können, werden beseitigt. Viele Kampfsportarten, wie *tàijíquán*, *wǔshù* und auch Kungfu haben ihren Ursprung im Qigong.

Nachdem sie ohne Kollision an den beiden Frauen vorbeigekommen sind, entdeckt Peter die nächste merkwürdige Ansammlung: Ungefähr zwanzig Chinesen stehen im Kreis und klatschen in die Hände. Nur ist da niemand, der den Applaus verdient hätte. Dann schlagen sie sich alle selbst auf die Arme und schließlich auch auf die Oberschenkel. Vielleicht ist ihnen kalt?

»Das ist ebenfalls eine Qigong Übung«, berichtet Professor Xu. »Sie setzt Energien frei und hält gesund.« Mit solch einfachen Methoden bliebe man agil. »Ist dir schon aufgefallen, dass, abgesehen von den Tangotänzern, kaum ein jugendliches Gesicht im Park ist?«

Stimmt! Fast ausschließlich Rentner kreisen ihre Hüften und bekämpfen imaginäre Feinde. Peter muss unwillkürlich an seine Oma denken, die Tag ein, Tag aus in ihrem Sessel sitzt und strickt. Ein bisschen Bewegung täte ihr auch gut!

Für die ganz Aktiven stehen im Park sogar Fitnessgeräte bereit.* Die blau gestrichenen Eisengerüste entsprechen zwar keinem Sicherheitsstandard, werden aber fleißig genutzt. Fußschaukeln, Massageröllchen, Armtrainer oder Liegen für die Bauchmuskulatur, an allen Geräten stehen die Siebzigjährigen und kurbeln, stemmen oder drücken die jeweiligen Hebel und Stangen. Ungehemmt stoßen die Sportler Ächzer aus, die klingen, als ob jemand gerade Hundert Kilo hebt.

Ganz still ist es dagegen in einer anderen Parkecke. Weit ab vom Gewusel sieht Peter eine Frau innig einen Baum umarmen. Lange verharrt sie so, bis sie sich wieder löst, die Arme vor und zurück schlenkert, um sie dann erneut um den Baum zu schlingen.

»Das ist ebenfalls Qigong, und diese Übung heißt tatsächlich so: ›Den Baum umarmen‹«, sagt Professor Xu. »Aber ich glaube, im Westen machen das die Menschen ohne Baum.« Der Sinn sei allerdings der gleiche: Eine Verbindung zur Natur aufzubauen, die Energien von Himmel und Erde aufzunehmen.

Peter hat schon längst begriffen, dass Sport in China nicht nur der Fitness dient, sondern auch den Geist wachhalten soll. Nur, warum muss man dafür in den Park gehen? Das kann doch jeder auch zu Hause machen.

»Die Chinesen sind gesellige Menschen, sie lieben es, etwas gemeinschaftlich zu tun«, erklärt Professor Xu. »Und außerdem«, fügt er geheimnisvoll hinzu, »gibt es noch andere

---

* Und nicht nur im Park. Im Zuge der Olympischen Spiele wollte die Regierung ihren Rentnern ebenfalls den Sport schmackhaft machen und stellte überall diese Fitnesstrainer auf, die auf große Begeisterung gestoßen sind. Obwohl man von morgens bis abends die Rentner daran turnen sieht, malt die Statistik ein anderes Bild. Der gemeine Chinese ist eher faul. Nur 20 % der Bevölkerung treibt regelmäßig Sport. Interessant ist dabei, dass die, die bei uns in Deutschland mehrheitlich Sport treiben, hier in China zu den Faulsten gehören: junge, unverheiratete Frauen. Vielleicht liegt das ja am chinesischen Männerüberschuss und der Gewissheit der Frauen, die Wahl zu haben. Übrigens: Während der Kulturrevolution war Sport verpönt. Er galt als vulgär und wurde verbannt. Kaum vorstellbar bei einem Volk, das seit Jahrtausenden die Harmonie von Körper und Geist verehrt.

Gründe, in den Park zu gehen. Viele hier sind verwitwet oder geschieden. Wo kann man besser einen neuen Partner finden?«

Peter schaut sich um. Auf den ersten Blick ist es nicht erkennbar, aber als er genauer hinsieht, stellt er fest, dass viele Grüppchen aus nur Frauen oder nur Männern bestehen. Ob die alle in ihrem betagten Alter noch eine neue Liebe suchen? Und was treibt dann Professor Xu hierher, er ist doch verheiratet?

Naja, so genau möchte Peter das eigentlich gar nicht wissen. Er geht lieber rückwärts zum nächsten Baum, um ihn spontan zu umarmen.

Mit 66 Jahren…

Nicht jeder Rentner, der sich im Park aufhält, sucht einen neuen Lebensgefährten. Aber diejenigen, die eine neue Liebe suchen, sind dort bestens aufgehoben. Sie wüssten im Zweifel auch gar nicht, wo sie sonst suchen sollten. Nur wenige kennen sich mit dem Internet aus, welches mittlerweile die Partnerbörse Nummer eins ist.[*] Einige versuchen es mit der altbewährten Vermittlungsagentur, die ihnen damals schon einen Ehepartner eingebracht hat. Die Erfahrungen waren aber nicht immer die besten. Der frühere Partner wurde eher nach ökonomischen Aspekten ausgewählt, Gefühle waren Nebensache.[**] So ist der Park ein entspannter Ort, an dem man zwei Fliegen mit einer Klappe schlagen kann: Der Gesundheit etwas Gutes tun und eventuell dem Traumprinzen, der Traumprinzessin begegnen.

Die Suchenden im Park sind jedoch mitnichten nur Witwen und Witwer. Es gibt immer mehr ältere Leute, die sich scheiden lassen, um wieder zu heiraten. Und um endlich das zu erleben,

---

[*] Aber natürlich gibt es auch hier Ausnahmen von der Regel: Ein 82-jähriger machte Schlagzeilen, weil er so seine um 23 Jahre jüngere Frau kennenlernte. Das Liebesglück war anfangs überschattet, denn die Eltern der Braut, beide 86 Jahre alt, fanden den neuen Mann ihrer Tochter viel zu alt!
[**] Vergleiche auch Kapitel 32 »*Fú Róng Bìng Dì*«

was ihnen die Jugend heutzutage vormacht: eine gefühlvolle Partnerschaft.

Vor allem, wenn die Ehepartner Rentner werden, zeigen sich verstärkt die Unstimmigkeiten. Vorher gab es noch die Kinder im Haus oder die geregelte Arbeit, die für Abwechslung sorgten. Doch plötzlich sitzen sie sich auf der Pelle und denken: Warum bin ich bloß so lange bei ihm/ihr geblieben? Mit der Freizeit kommen auch die Gedanken über das eigene Leben, Dinge, die man nie getan hat oder Ideen zur Selbstverwirklichung. Manchmal gehört da auch die Entdeckung der Liebe dazu.

Heutzutage stellt eine Scheidung keinen gesellschaftlichen Makel mehr dar. Blieben früher Frauen (wohlgemerkt, nur die Frauen) ihren Männern bis über den Tod hinaus treu, weil es sich nicht schickte, einen neuen Partner zu suchen, können sie heute die einfach zu erledigenden Scheidungsformalitäten ohne Scheu ins Rollen bringen.

Und die neue Freizügigkeit wird eifrig genutzt. Die Scheidungsrate aller (nicht nur der Rentner!) hat sich zwischen 2001 und heute verfünffacht. Ließen sich damals 300.000 Paare scheiden, sind es jetzt schon über 1,7 Millionen. Die Rentner fallen den Behörden dabei besonders ins Auge. Ein Shanghaier Gericht verzeichnete 2009 einen Anstieg der Scheidungen um 68 % bei Paaren über 60.

Im ganzen Land heiraten übrigens 8 % der Rentner innerhalb von fünf Jahren ein zweites Mal. Studien belegen, dass dabei keine Unterschiede zwischen Gesellschaftsschichten bestehen, ob jemand arm oder reich, studiert oder ohne Abschluss ist, spielt keine große Rolle. Lediglich die Motivationen zeigen Differenzen: Für die Ärmeren ist die Versorgung ein Hauptgrund, wieder zu heiraten. Die finanziell abgesicherte Gruppe sucht in dem neuen Eheglück vor allem eines: Liebe!

37 Běi Jīng Kǎo Yā*

Peking-Ente

Alle möglichen regionalen Küchen hat Peter schon probiert, was noch fehlt, ist die legendäre Peking-Ente. Findet jedenfalls der Kleine Li. Peter weiß ja gar nicht, was er bis jetzt verpasst hat.

Die beiden treffen sich also in einem der besten Peking-Enten Häuser der Stadt, gleich bei Peter um die Ecke. Schon die Eingangshalle ist wirklich faszinierend: Hinter einer Glaswand stehen die Köche und hängen die backfertigen Enten in die Öfen mit offenem Holzfeuer.

Kulinarisches China

Die chinesische Küche ist geografisch nach Himmelsrichtungen aufgeteilt, wobei noch provinzielle Unterschiede gemacht werden. Die geschmacklichen Übergänge sind oft fließend, jedoch gibt es einige unverkennbare Attribute. In Kanton (Süden) sind frischer Fisch und gefüllte Teigtäschchen (Dim Sum*) sehr typisch, der Nordwesten ist von Hammelfleisch und Fladenbrot geprägt, aus dem Nordosten kommt die Hausmannskost, *jiāchángcài*, u. a. mit verschiedenartigen Nudeln, in Shanghai (Osten) verwenden die Köche mehr Zucker und Alkohol als andernorts, und in der Mitte Chinas sind die Gerichte auf Chilischoten

---

* Auf Chinesisch heißen die Teigtaschen *diǎnxin*, was auch mit »das Herz berühren« übersetzt werden kann. Diese Teigtaschen dürfen aber nicht mit *jiǎozi* verwechselt werden, den gefüllten Maultaschen aus Nordchina.

---

* Was wie ein Sprichwort aussieht, ist diesmal tatsächlich nur der Name dieser beliebten Pekinger Spezialität. Wie viele Aspekte in China Ausnahmen von der Regel haben, soll dieser Titel die Abweichung der üblichen Überschriftenregel sein.

Peter schießt ein Foto nach dem anderen. Dazu laben sie sich an den bereitstehenden Freigetränken wie Wein, Cola, Sprite oder Wasser. Das ist ein besonderer Service des Restaurants, da die Wartezeit bis zu einer Stunde beträgt, wenn man, wie Peter und der Kleine Li, nicht reserviert hat.* Schneller als sie dachten, wird aber ein Tisch frei. Mit dem vollen Weinglas in der Hand folgt Peter der Kellnerin. Als sie ihm das Glas aus der Hand nehmen will, umklammert er es wie sein höchstes Gut. Es wäre doch Verschwendung!

»Du darfst es nicht mit hineinnehmen«, bestätigt der Kleine Li. »Sonst würden doch alle nochmal kräftig nachfüllen und dann am Tisch keine Getränke mehr bestellen.«

Das leuchtet ein, ist aber trotzdem Verschwendung.

Die Speisekarte gleicht einem Katalog, kunstvolle Fotos stellen die Gerichte dar, der Kleine Li blättert allerdings erst gar nicht, sondern bestellt für beide: eine Ente, ein Teller Spargel mit Knoblauch und zwei kalte Vorspeisen.

»Ist das nicht ein bisschen viel, eine ganze Ente?«, fragt Peter.

»Nein«, erwidert der Kleine Li, »im Endeffekt bekommen wir nur zwei Tellerchen mit Fleisch.«

Was wohl mit dem Rest der Ente passiert?

Es dauert nicht lange, da erscheint schon ein Koch mit gestärkter weißer Mütze, in der Hand ein Tablett mit der dampfenden

---

* In vielen Restaurants, auch in diesem Entenhaus, kann man zwar Tische reservieren. Oft aber nur bis 18.30 Uhr. Dann beginnt die Hauptessenszeit. Das Restaurant kann nicht einschätzen, wie lange die Gäste an einem Tisch bleiben werden und weigert sich, den Tisch für andere zu blockieren. Denn sollten die Gäste früher als erwartet fertig sein, der angekündigte Nachfolger aber erst in einer halben Stunde ankommen, stünde der Tisch leer und bringt kein Geld. Das geht natürlich nicht!

Ente, die er auf einen Beistelltisch platziert und zu tranchieren beginnt. Die Kellnerin stellt kleine Schälchen mit einer braunen Soße, Frühlingszwiebeln, eingelegtem Gemüse, Gurken, Knoblauch und Zucker neben die Teller, dazu ein hölzernes Dämpfkörbchen mit dünnen Fladen. Als das erste Tellerchen Ente gereicht wird, kunstvoll hat der Koch die krosse Haut vom Rücken über den Fleischstreifen drapiert, will Peter herzhaft zugreifen.

»Halt, halt«, ruft der Kleine Li. »Weißt du denn, wie du die jetzt essen musst?«

»In den Mund stecken und kauen?«, witzelt Peter.

Etwas pikiert grinst der chinesische Freund. Wie kann jemand diese kulinarische Köstlichkeit nicht gebührend würdigen? Die Kellnerin bietet an, eine Vorführung zu geben, der Kleine Li aber winkt ab. Er weiht Peter, trotz der Fopperei, gerne selber in die Kunst des Peking-Enten Essens ein.

»Es gibt drei Arten, die Ente zu essen«, beginnt er. Dazu nimmt er mit den Stäbchen ein Stück der knusprigen Haut und dippt sie in den Zucker.

Peter macht es ihm nach, obwohl er nicht überzeugt ist, eine süße Ente essen zu wollen. Doch es schmeckt wider Erwarten köstlich!

»Es wird immer gesagt, dass diese Art den Frauen vorbehalten sei. Ist aber Quatsch, jeder kann natürlich so essen, wie er will.«, belehrt ihn der Kleine Li und greift als Nächstes mit seinen Stäbchen einen der dünnen Pfannkuchen und breitet ihn auf seinem Teller aus.

Peter will es ihm gleichtun, doch die dünnen Fladen kleben aneinander. Ihm bleibt nichts anderes übrig, als die Hände zur Hilfe zu nehmen. Unter missbilligendem Blick des Kleinen Li.* Peter

* Nichts Ungewöhnliches, auch bei uns reicht man eine Scheibe Brot mitsamt des Korbs weiter und nicht mit den Fingern. Für einige ist es vielleicht auch schon unhygienisch, wenn jeder mit seinen angeleckten Stäbchen in dem Gemeinschaftsessen herumstochert. Deswegen gibt es in besseren Restaurants oft Löffel oder Stäbchen in den Gerichten, mit denen sich die Gäste bedienen, damit genau das vermieden werden kann. Mit den Fingern wird in China aber äußerst selten gegessen. Schon gar nicht in einem Restaurant.

nimmt lieber gleich beide Pfannkuchen zu sich auf den Teller, zieht sie auseinander und wartet auf die nächsten Anweisungen.

»Die zweite und häufigste Weise, Peking-Ente zu essen, ist mit Frühlingszwiebeln, Gurken und der süßen Soße«, fährt der Kleine Li fort. Dabei bestreicht er den Fladen mit der braunen Tunke, legt ein paar Scheiben Ente dazu und oben drauf das Gemüse.

Um mehr Soße zu erwischen, stippt Peter die Ente einfach in die Tunke und versichert sich mit einem Seitenblick, dass der Kleine Li nicht empört aufschreien will. Da dem nicht so ist, bedeckt er großzügig den Pfannkuchen mit der Füllung.

»Dann«, betont der Kleine Li mit eindringlicher Stimme, »faltest du den Pfannkuchen.« Geschickt legt er mit den Stäbchen den unteren Teil des Fladens über die Füllung, das gleiche rechts und links, schon liegt vor ihm ein nach oben offenes Täschchen, aus dem ein Stück Ente und Gurke herauslugen.

Bestürzt schaut Peter auf seinen Teller. Kreuz und quer auf seinem Fladen liegen Ente, Zwiebeln und Gurken, kaum ein Stück ist unbelegt, geschweige denn faltbar.

Der Kleine Li schmunzelt.*

Peter schiebt alles ein wenig zusammen und schlägt den Fladen um. Sofort kippt der wieder zurück.

Noch dreimal versucht es Peter, da erlöst ihn der Kleine Li: »Peking-Ente darf übrigens auch mit der Hand gegessen werden.«

Was mit den Stäbchen nicht funktionierte, geht mit den Fingern wunderbar: Peter faltet sein Täschchen zusammen, was zwar

---

* Der Kleine Li weist hier einen Charakterzug auf, den die Chinesen eigentlich nicht besitzen: Hinterlist. Niemand lässt einen anderen in ein offenes Messer rennen. Bevor jemand einen Fehler machen kann, wird er darauf hingewiesen. Der Grund dafür ist mal wieder der Gesichtsverlust. Nicht nur für den, der Fehler macht, auch für den, der es ihm nicht sagt. Ihm kann dann Boshaftigkeit nachgesagt werden. Ist ein Missgeschick passiert, tun die Chinesen alles, um dies nicht aufzudecken, wie folgende Anekdote veranschaulicht: Margaret Thatcher hatte während eines Staatsbesuchs aus dem Schälchen Zitronenwasser getrunken, welches eigentlich zum Fingersäubern bereitstand. Keiner der anwesenden Chinesen wusch sich daraufhin damit die Hände, und nicht nur das: Auch sie tranken ebenfalls daraus.

recht unförmig aussieht und aus allen Ecken und Nähten platzt, aber dem Genuss keinen Abbruch tut. Der Kleine Li isst sein lukullisches Kunstwerk ganz elegant mit Stäbchen. Mit soßenverschmierten Fingern wartet Peter auf die dritte Version.

»Die ist ähnlich wie die zweite«, beendet der Kleine Li seine Einweisung, »nur, dass diesmal statt Gurken und Zwiebeln, Knoblauch, Rettich und eingelegtes Gemüse mit eingerollt werden.«

Peter ist diesmal etwas sparsamer. Er bettet nur wenige Enten- und Gemüsestückchen auf dem Fladen. Und siehe da, er kann genauso geschickt wie sein Freund das Täschchen bauen und das Ganze sogar mit Stäbchen essen. Er kann sich gar nicht entscheiden, welche Variante am besten schmeckt. Deswegen erfindet er eine vierte: mit allen Zutaten.

»Du kannst die Ente natürlich essen, wie du lustig bist«, schmollt der Kleine Li. »Ich wollte dir ja nur die übliche Art und Weise zeigen.«

Für einen Moment ist Peter unsicher, ob sein Freund wirklich böse ist. Doch als er sieht, wie der sogar grinsend Spargel auf seinen Pfannkuchen legt, ist er wieder beruhigt. Sie stoßen mit einem Schnaps an, der nach der fetten Ente richtig gut tut, wenngleich er auch den Geschmack der exquisiten Ente ruiniert. Danach übt Peter sich erneut im Fladenfalten. Überrascht stellt er kurze Zeit später fest, dass sie tatsächlich beide Tellerchen leergeputzt haben. An so einer Ente ist scheinbar nicht viel dran.

»Normalerweise wiegen alle Enten gleich viel«, weiß der Kleine Li. Fünf Pfund angeblich. Da sind aber die Knochen mitgezählt. »Alles von der Ente wird verarbeitet: Die Leber gekocht, das Herz frittiert, die Füße abgeknabbert und die Flügel geschreddert. Aus ihnen entstehen andere Gerichte. Auch aus den Knochen.«

Knochen? Was kann man denn daraus machen?

Bevor Peter eine Antwort bekommt, steht die Kellnerin mit der Frage am Tisch: »Möchten Sie Suppe oder die Knochen mit Salz überbacken haben?«

Ah, das ist das Knochengericht! Fragend schaut Peter zum Kleinen Li.

»Die Suppe schmeckt oft sehr fad«, gibt dieser zu und bestellt die gebackenen Knochen. Eine gute Wahl, wie Peter findet.

Zum Glück sind die beiden schon satt, denn viel Fleisch ist nicht mehr dran an den Knochen, die kurze Zeit später serviert werden. Aber genau das zeichnet die Köche eines guten Peking-Enten Restaurants eben auch aus: blank tranchierte Knochen.

Wie die Ente nach Peking kam

Eigentlich ist der Name *Peking-Ente* gar nicht richtig. Denn ursprünglich wurde das Federvieh aus Nanjing* mitgebracht. Nanjing war zwischen dem 3. und 5. Jahrhundert für mehrere Dynastien die Hauptstadt des chinesischen Reiches und wurde zu Beginn der Ming-Dynastie (1368-1644) erneut zum Regierungssitz auserkoren. Anfang des 15. Jahrhunderts, genauer gesagt im Jahr 1420, beschloss der herrschende Kaiser Yongle**

* Nanjing bedeutet übersetzt Südliche Hauptstadt. Sie ist das Pendant zu Beijing (Peking), was, Sie ahnen es bestimmt schon, Nördliche Hauptstadt heißt.
** Mit bürgerlichem Namen hieß Kaiser Yongle eigentlich Zhu Di. Aber jeder kennt ihn nur unter seinem sogenannten Epochennamen. Seit der Han-Dynastie (206 v. Chr. - 220 n. Chr.) gab es diese Epochennamen, die sich die Kaiser selbst einfallen ließen und somit ihrer Ära einen Namen gaben. Meist wählten sie wörtliche Bedeutungen oder bestimmte Charakteristika des neuen Zeitalters. So hieß der erste Epochennamen z. B. Jianyuan, was so viel wie »Ersterrichtung« bedeutet. Yongle heißt übrigens »Ewige Freude«.
Bis zur Ming-Dynastie war es normal, dass ein Kaiser mehrere Epochennamen ausrief, die sozusagen das Motto der Zeit widerspiegelte. Mit der Ming-Dynastie wurde es Usus, nur noch einen für die gesamte Regierungszeit zu wählen, nach dem dann auch der Kaiser benannt wurde. Gab es zu einer Zeit zwei Äranamen, konnte man davon ausgehen, dass die politische Lage instabil war und ein neuer Herrscher um den Thron kämpfte.
Anhand der Epochennamen kann man auch auf Jahreszahlen zurückrechnen, da die Kaiser bei jeder neuen Regentschaft mit dem Jahr 1 anfingen. Es ist ein sehr kompliziertes System, und man muss wissen, welche Epoche von wann bis wann ging. Das 3. Jahr im Jianyuan wäre demzufolge das Jahr 138 v. Chr., da im Jahr 140 v. Chr. das erste Mal ein Zeitalter benannt wurde. Es ist allerdings schon schwer genug, alle Dynastien chronologisch einzuordnen. Kommen dann noch diverse Kaiser einer Dynastie mit jeweils mehreren Epochennamen dazu, artet es in hohe Mathematik aus.

zur Sicherung der nördlichen Grenzen, die Hauptstadt nach Peking zu verlegen. Die Ente war irgendwo in seinem Umzugsgut.

Bekannt war sie aber schon lange vorher. Angeblich gab es sie in abgewandelter Form bereits im 5. Jahrhundert. Das erste Rezept hielt Hu Sihui, ein Inspektor der imperialen Küche, aber erst im Jahr 1330 schriftlich fest. Damals wurde die Ente mit Schafsfleisch gefüllt und über einem Kohlefeuer gegrillt. Erst viel später wurde sie in einen Ofen zum Backen gehängt. Dabei wurden die Wände des Ofens mit Sorghum vorgeheizt und die Ente nur durch die abstrahlende Hitze gegart. Immer wieder probierten Köche neue Zubereitungsformen an ihr aus, zum Ende der Ming-Dynastie hatte sie sich zu der Speise entwickelt, wie sie auch heute noch serviert wird.

Ihre exklusiven Tage am Hofe des Kaisers liefen Ende des 18. Jahrhunderts aus, als die chinesische Oberschicht diesen Gaumenschmaus für sich entdeckte. Die ersten Restaurants, die sich auf Peking-Ente spezialisierten, öffneten ihre Türen, und mittlerweile gibt es unzählige, die das Gericht zu unterschiedlichsten Preisen anbieten. Weltweit. Die Peking-Ente gehört somit zu den Exportschlagern der Volksrepublik.

Die Aufzucht der Enten ist immer noch umstritten und ruft so manchen Tierschützer auf den Plan. Innerhalb von 40 bis 60 Tagen wird das Tier auf zwei Kilo gemästet und in den letzten zwei Wochen vor der Schlachtung mit einer speziellen Futtermischung aus Weizen, Hirse und Mungobohnen viermal täglich gefüttert. Während dieser letzten Wochen darf sie auch nicht mehr herumlaufen, sondern verbringt ihre Karenzzeit sitzend. Das soll ihr Fleisch zart und die Haut dünn machen.

Ihre Beliebtheit, täglich wandern allein in Peking Tausende in die Mägen Hungriger, wird ihr somit zum Verhängnis. Zweifellos und trotz allem ist die Peking-Ente ein kulinarisches Highlight Chinas.

38 Guān Huái Bèi Zhì

Sich um jemanden aufopferungsvoll kümmern

»Hast du nicht Lust, zum Ende deines Aufenthalts hier bei uns, nochmal aufs Land rauszufahren?«, fragt der Kleine Li Peter. Er könne das Auto von einem Freund ausleihen. Das wäre doch mal eine kleine Abwechslung zum Stadtleben.

Klar! Da sagt Peter doch nicht Nein – und bereits am folgenden Wochenende geht es bepackt mit Schlafsack, Zahnbürste und Picknickkorb los auf große Tour.

Kaum gestartet dauert es dann auch nicht lange, bis die beiden in verkehrsarme Gegenden gelangen, auf Serpentinen die Berge hoch kriechen und einen Blick auf die vor ihnen liegende Landschaft werfen können. Die Große Mauer schlängelt sich über die Bergkämme, in der Ferne ragen Gebirge in den Himmel, und nur wenige Häuser säumen den Wegesrand. Imker bieten Honig an der Straße an, Bauern verkaufen ihr Obst. Hier scheint die Welt schon einen Gang zurückgeschaltet zu haben – nicht allerdings der Kleine Li. In dem kleinen PKW knattert er mit Vollgas über die Landstraße, kein Schlagloch ist vor ihm sicher.

Als sie die Provinzgrenze nach Hebei passieren – Peter dachte, sie wären schon längst aus dem Stadtkreis Pekings raus, schließlich sind sie doch schon über ein Stunde unterwegs – tauchen bereits die ersten Jurten* auf.

---

* Jurten sind die traditionellen Zeltbehausungen der west- und zentralasiatischen Nomadenvölker.

Peter hatte gehofft, bei diesem Ausflug etwas von der mongolischen Kultur mitzubekommen, er hatte sich das Szenario allerdings völlig anders vorgestellt. Romantischer. Was er hier sieht, sind große Parkplätze, Lautsprecher, aus denen Musik schrillt, sowie festgebundene Pferde und Kamele, die auf Reiter warten.

»Das ist für die Pekinger Touristen«, erklärt der Kleine Li. »Die Innere Mongolei ist noch weit weg, aber so können die Pekinger bequem einen mongolischen Tag verbringen.«

Mal wieder wird Peter klar, dass die Chinesen mit Abgeschiedenheit und Stille nichts anfangen können. Laut und wuselig muss es sein.

Er ist froh, als sie schon nach kurzer Zeit in eine unendliche Weite mit grünen Wiesen, Maisfeldern und Bergketten am Horizont eintauchen. Nur selten passieren sie kleine Ortschaften. Die Straße ist mittlerweile lediglich ein besserer Feldweg.

Als die Sonne sich neigt, beschließen sie, einen Schlafplatz aufzusuchen. Wie gerufen liegt vor ihnen ein kleines Dorf in einer Talsenke, umgeben von Feldern und hügeligen Wiesen, auf denen Kühe grasen. Das ist die Romantik, an die Peter die ganze Zeit dachte.

Als sie in das Dorf hinein rollen, werden sie neugierig beäugt. Nur selten verirrt sich ein fremdes Auto hierher. Noch seltener eins, mit einem Ausländer an Bord.

Der Kleine Li fragt, ob es eine Übernachtungsmöglichkeit gäbe, und wird von einem Bauern zum Haus des Bürgermeisters geschickt. Dort angekommen wartet die Dame des Hauses schon auf sie. Wie sie so schnell von ihnen gehört hat, ist Peter ein Rätsel. Bis er den kleinen Jungen erkennt, der gerade noch mit seinem Fahrrad neben dem Bauern gestanden hatte.

»Mein Mann ist auf Dienstreise, aber ich habe noch ein Zimmer. Da könnt ihr schlafen«, bietet die Frau des Bürgermeisters an.

Peter ist sprachlos. Ohne zu zögern, lädt die Frau einfach zwei gänzlich Fremde ein.

»Ihr könnt auch bei uns essen.«

Peter ist überwältigt von so viel Großzügigkeit.

»Hier stehen ja nur ein paar Häuser«, flüstert der Kleine Li. »Wahrscheinlich ist Kriminalität ein Fremdwort. Darum ist sie auch nicht misstrauisch.«

Für den Argwohn sind offensichtlich andere zuständig, denn kaum haben die beiden ihre Taschen in das ihnen zugewiesene Zimmer gestellt, tauchen auch schon drei Männer auf. Sie verlangen die Personalausweise und fragen barsch, was die beiden denn hier zu suchen hätten. Das halbe Dorf hat sich mittlerweile eingefunden und hört der Diskussion interessiert zu.

Der Kleine Li erzählt von dem Ausflug und kann die Männer überzeugen, dass sie keine unlauteren Absichten haben. Dazu braucht er fast zehn Minuten.

Nur widerstrebend willigen die Männer schließlich ein, dass sie bleiben dürfen.

»Wahrscheinlich wird heute Nacht ein Aufpasser postiert«, scherzt der Kleine Li. Da die Bürgermeisterin aber offensichtlich kein Problem mit ihren Gästen hat, entspannt sich Peter.*

Nachdem sich die kleine Menge vor der Tür wieder aufgelöst hat, beginnt die Gastgeberin mit den Essensvorbereitungen. Ihr siebenjähriger Sohn entfacht ein Feuer in einer großen, eisernen Kochstelle, die direkt neben der Eingangstür steht. Rechts und links davon sind zwei vollgestellte Zimmer. Weitere Räume gibt

---

* Nach der Kulturrevolution, während der alles Ausländische feindlich war, wurden Kontakte zwischen Chinesen und Ausländern weiterhin skeptisch betrachtet. Es kam auch vor, dass der betreffende Chinese beim Nachbarschaftskomitee vorstellig werden und seine Kontakte zu Ausländern erklären musste. Nur wenn die Behörden sicher waren, dass er keine Gefahr für das Land darstellte, wurde er wieder in Ruhe gelassen. Da dies aber schwer nachzuweisen war, blieb er meist im Visier der Regierung. Die einfachste Lösung war, sich gar nicht erst mit den Langnasen abzugeben. In Gegenden, wo nur selten Ausländer auftauchen, können sie noch immer mit Misstrauen betrachtet werden. Die Dorfkader denken dann meist nicht an Kriminalität, sondern eher an einen schlechten ideologischen Einfluss. Auf dem Land steckt nicht nur der Fortschritt in Kinderschuhen, auch in den Köpfen winden sich noch oft Maos sozialistische Gedanken.

es keine. Außer Schränken und Betten gibt es auch keine sonstigen Möbel. Wo und vor allem wie sie wohl essen werden?

Ein Nachbarsjunge löst das Rätsel: Hinter einem Schrank zieht er einen zusammenklappbaren Tisch hervor, den er auf dem einen Bett aufbaut. Er ist so niedrig, dass man im Schneidersitz gemütlich davon essen kann. Zwei andere Nachbarskinder decken den Tisch, jeder scheint genau zu wissen, wo alles steht. Peter möchte sich noch die Hände waschen und fragt nach dem Badezimmer. Die Bürgermeisterin reicht ihrem Sohn einen Topf mit Wasser aus einer großen Tonne neben der Feuerstelle und sagt etwas zu ihm. Dieser signalisiert daraufhin Peter, ihm zu folgen.

Hinter dem Haus, direkt am Feldrand, schüttet er etwas Wasser auf Peters Hände, reicht ihm die Seife und spült sie mit dem restlichen Wasser ab. Ein Handtuch gibt es nicht, Peter wischt sich die Hände an seiner Hose trocken.

Auf dem Tisch stehen schon Rühreier, gedünstete Tomaten, ein Salat und Fladenbrot bereit. Vier Kinder, der Kleine Li, Peter und die Bürgermeisterin hocken sich um den Tisch und beginnen zu essen. Wie erwartet, fragen alle neugierig, woher Peter denn käme, was er in China mache und so weiter. Ab und zu flaniert ein Dorfbewohner am Haus vorbei, kommt ungefragt herein und beteiligt sich an der Fragerunde. Peter macht Fotos mit seiner Digitalkamera und betrachtet amüsiert die überraschten Kindergesichter, als sie sich auf dem Display sehen. Jeder darf ein bisschen fotografieren und kann es dann kaum erwarten, die eigenen Fotos zu betrachten. Peter fühlt sich wie in einer anderen Welt.

Als sie den Tisch abräumen, fragt der Sohn unsicher: »Mama, wo soll ich denn die Reste hinstellen?«

Sie überlegt lange und deutet dann auf den Geschirrschrank. Stimmt, einen Kühlschrank gibt es gar nicht!

«Ich glaube, die haben hier nie Essensreste«, vermutet der Kleine Li. »Wahrscheinlich hat sie heute Abend die gesamte Wochenration verkocht.«

Was der Kleine Li so leicht daher sagt, ist Peter unangenehm, zumal er noch nicht einmal etwas mitgebracht hat, was er ihnen als Dank schenken könnte. Ob sie wohl auch Geld annimmt? Seine Gedanken werden von erneutem Besuch unterbrochen.

Die drei barschen Männer sind zurück, diesmal aber mit ein paar Flaschen Bier. Sie setzen sich, als wäre nichts gewesen, mit in die Runde, öffnen ihre Flaschen und beteiligen sich an der Unterhaltung. Auch wenn diese eher schleppend und vorwiegend zwischen den Dorfbewohnern stattfindet, fühlen sich Peter und der Kleine Li erstaunlich geborgen.

Als der Abend weiter voranschreitet, merkt Peter, wie die Kälte von draußen in die Wohnräume zieht – und, dass es im ganzen Haus keine Heizung zu geben scheint.

»Sie heizen nur mit der Kochstelle und dem beheizbaren Bett, dem sogenannten *kàng*«, erklärt der Kleine Li.

Nach gemütlichen Winterabenden klingt das wahrlich nicht.

Das *kàng*

Vermutlich ist das *kàng* das älteste Heizsystem Chinas, welches auch heute noch in vielen Haushalten Nordchinas benutzt wird. Das aus Ziegeln und gebranntem Ton gebaute Bett wird innen mit Stroh, Holz, getrockneten Maiskolben oder Kohle befeuert, wodurch die Steine erhitzt werden und die ganze Nacht hindurch die Wärme wieder abgeben. Es dient aber nicht nur als Bett oder Heizung, auf dem *kàng* wird gegessen, gesessen, gespielt, genäht oder, einfacher gesagt, gelebt. Obwohl noch immer über 150 Millionen Menschen das *kàng* nutzen, soll es langsam durch konventionelle Heizungssysteme ersetzt werden. Nicht nur mangelt es an ausreichender Wärmeleistung, bei schlechter Bauweise birgt es auch das Risiko der Rauchvergiftung.

Da wahrscheinlich alle mit den Hühnern aufstehen werden, beschließen der Kleine Li und Peter schließlich, das gesellige Beisammensein zu verlassen und schlafen zu gehen.

Als Peter seine Zahnbürste aus der Tasche holt, fällt ihm der Müll vom Picknick in die Hände. Den kann er ja gleich noch entsorgen. Doch genauso wie es keinen Kühlschrank, fließendes

Wasser oder eine Heizung gibt, existiert auch kein Abfalleimer. Dies entnimmt er jedenfalls dem unschlüssigen Blick des Jungen, als er ihm seine Mülltüte hinhält. Kurzerhand packt Peter sie wieder in seinen Rucksack.

»Hier wird bestimmt alles wiederverwertet, bis es auseinanderfällt«, nimmt der Kleine Li an, »oder es wird den Schweinen vorgeworfen.«

Für Peter, als Mitglied der Wegwerfgesellschaft, ein kaum vorstellbares Szenario. Für die Umwelt jedoch eine saubere Lösung.

Apropos sauber: Dass er am nächsten Tag keine Dusche bekommen wird, stört Peter nicht so sehr, aber eine Toilette bräuchte er langsam doch mal. Er seufzt nur, als ihn der Sohn des Hauses an die bekannte Stelle hinterm Haus führt. Da bekommt der Gedanke an den kalten Winter noch mal ein ganz anderes Gewicht. Peter muss zugeben, dass die ländliche Romantik für ein paar Tage (im Sommer!) durchaus wohltuend ist, er sie aber ohne sanitäre Einrichtungen nicht sehr lange durchhalten würde. Dem Kleinen Li, als verwöhntes Stadtkind, geht es ähnlich.

Am nächsten Morgen, zum Frühstück gab es die Reste des Abendessens, verabschieden sie sich überschwänglich von der gastfreundlichen Bürgermeisterin. Die Nachbarskinder erscheinen noch pünktlich zum Winken. Bleibt nur noch die unangenehme Frage nach der Bezahlung zu klären*. Wie erwartet, winkt die Frau ab – dreimal.

Der Kleine Li rettet die Situation und weiß Rat: Er schreibt sich die Adresse auf und verspricht der Frau, ihr zu schreiben.

* In der Tat ein heikles Thema. Das freundschaftliche Verhältnis kann schnell wieder ins Wanken kommen, wenn der Gastgeber fälschlicherweise denkt, ihm wird Bereicherung zugetraut. Und vor allem auf dem Land geben die Chinesen ihr letztes Hemd, ohne etwas dafür zurückbekommen zu wollen. Bei ihnen ist das materielle Denken noch nicht so präsent wie in der Stadt. Und durch die kleinen Gemeinden und das enge Zusammensein, in denen jeder alles vom Nachbarn weiß und auch seine Sorgen kennt, ist die Bereitschaft zum Teilen und Helfen noch sehr ausgeprägt.

Als die beiden wieder in Peking sind, stellen sie ein kleines Päckchen mit T-Shirts für die Kinder, Tee für die Mutter und eine kleine Flasche Schnaps für den unbekannten Bürgermeister zusammen. Ob das Päckchen je seinen Empfänger erreicht hat, erfahren die beiden nicht. Sie können sich aber sicher sein, dass, wer auch immer es bekommen hat, die Sachen bestimmt gut gebrauchen kann.

Einmal Bauer, immer Bauer?

Es ist noch gar nicht so lange her, dass China das Land der Bauern war. Sie ernährten das Volk, und ihre einfache Lebensweise stand während der Kulturrevolution Pate für die Ideologie von Maos Staat. Der Parteivorsitzende schickte reihenweise mutmaßliche Kapitalisten und Revolutionsgegner ins abgeschiedene Hinterland, um ihnen wieder die Werte der Gesellschaft beizubringen.

Mit der Wirtschaftsentwicklung unter Deng Xiaoping, der mit seinem berühmten Zitat, »Reich sein ist ehrenhaft«, plötzlich für das Gegenteil warb und die Industrialisierung in den Städten vorantrieb, gerieten die einstigen Vorbilder ins Abseits. Durch das während der Planwirtschaft eingeführte Registrierungssystem und dem damit zugeteilten *hùkŏu** wurde jeder automatisch als Land- oder Stadtmensch definiert und dazu gezwungen, an seinem Geburtsort zu bleiben. Die gesamte soziale Absicherung, Berufschancen oder auch Eheschließungen waren, beziehungsweise sind noch immer, nur dort möglich.

Durch den Aufbau der Städte brauchte das Land Arbeiter, die Wanderarbeiterkultur begann. Die dafür nötigen Reformen der Sozialversicherung fehlten jedoch, die ehemaligen Bauern fielen durch jegliches Raster. Dazu konzentrierte sich die Regierung nur auf die Entwicklung der Städte, womit die Unterschiede von

---

* Siehe dazu auch Kapitel 11 »*Qiān Wàn Măi Lín*«

Stadt und Land weiter zunahmen. Während die Städter immer reicher wurden, verarmte die Landbevölkerung mehr und mehr. Das zog eine Verschlechterung der medizinischen Versorgung, des Bildungswesens, des Arbeitsmarktes und des Konsumverhaltens nach sich. Regierungsgelder wurden in städtische Projekte gesteckt, in manchen Dörfern jedoch mussten die Bauern öffentliche Einrichtungen, wie z. B. Schulen, aus eigener Tasche finanzieren.

Auch in der Stadt, wo sie ein bisschen mehr Geld verdienen können als auf ihrem Feld daheim, leiden die Bauern weiter. An ihrer Sprache und Tradition werden sie als Zugezogene erkannt, übers Ohr gehauen und diskriminiert. Sie leben in Ghettos am Stadtrand, haben keine Versicherungen und sind auch ihrem Arbeitgeber praktisch hilflos ausgeliefert. Der Wunsch, sich selbst, der Familie und vor allem dem Nachwuchs ein besseres Leben bescheren zu wollen, lässt sie durchhalten.

Das idyllische Dorf, das Peter besucht hat, ist keine Ausnahme. Der Zusammenhalt, die Hilfsbereitschaft und die chinesische Gastfreundschaft sind in allen Provinzen gleich. Je ärmer jemand ist, desto bereitwilliger ist er, das bisschen, was er hat, zu teilen. Sogar, wie in Peters Fall, gänzlich Unbekannten gegenüber. In der Stadt findet man so etwas seltener. Es macht die Menschen dort nicht ungastlicher, aber vorsichtiger.

Der chinesischen Regierung ist schon lange klar, dass sie diese soziale Schere in den Griff bekommen muss. Schon längst sind Aufstände von Arbeitern und Bauern an der Tagesordnung. Oft werden sie mit Repressionen oder kleinen Zugeständnissen in Schach gehalten. Denn das Wirtschaftswachstum darf niemand aufhalten. Für Investitionen in den sozialen Sektor des ganzen Landes ist der Topf nicht groß (oder wichtig?) genug. Jedes Jahr, wenn der Volkskongress tagt, kommen neue Reformideen auf den Tisch. Sie werden in den nächsten Fünf-Jahres-Plan mit aufgenommen, die Umsetzung scheitert aber allzu oft an korrupten Lokalkadern, die mit dem zugeteilten Geld andere Dinge anstellen. So zieht sich die Modernisierung des Landes als auch die Angleichung der Sozialversicherungen immer wieder nach hinten, und für die Landbevölkerung vergeht ein weiteres Jahr im Ungewissen, ein nächster Sommer ohne Kühlschrank und ein nächster Winter ohne Heizung.

Trotzdem, oder vielleicht deswegen, findet man auf dem Land ein zufriedeneres Völkchen vor, das sich über das freut, was es hat, und selbst das Wenige mit anderen teilt. Ein Zustand, der keinen weiteren Fortschritt benötigt.

39 Bù Xū Cǐ Xíng

Die Reise hat sich gelohnt

Peter kann es gar nicht glauben, das halbe Jahr in Peking ist schon rum. Wie schnell die Zeit verflogen ist! Nun steht er am Flughafen, die Bordkarte in der Hand. Ihm ist ganz mulmig zumute, hat er doch eine so schöne Zeit gehabt, viel erlebt und tolle Fotos gemacht, die ihn immer wieder an seine Zeit in China erinnern werden.

Natürlich ist er nicht alleine da, der Kleine Li und Professor Xu sind mitgekommen, um ihn zu verabschieden. Sie sitzen in einem kleinen Café am Flughafen und rekapitulieren ihre gemeinsame Zeit. Gerne erinnert sich Professor Xu an Peters ersten Schultag, bei dem Kleinen Li haben sich vor allem die Erlebnisse während der Wohnungssuche und des Einzugs eingebrannt. Obwohl beide auch etwas unangenehmere Erinnerungen an Peters Besuch haben, hat doch noch kein Schüler Professor Xu jemals so direkt kritisiert oder kein Freund bei dem Kleinen Li solch einen Telefonterror veranstaltet, reden sie nur über die guten Dinge. Als ob es nie passiert wäre.*
Peter ist es recht, steigt ihm doch immer noch das Blut in den Kopf, wenn er an manche Situationen denkt. Aber er ist auch

---

* Es verwundert bestimmt niemanden, dass es auch hier wieder um Gesichtsverlust geht. Nur nicht um den der beiden Chinesen, sondern um Peters. Unter sehr guten Freunden kommt es vor, dass man sich schenkelklopfend an die Patzer des anderen erinnert und auf seine Kosten Spaß hat. Aber weder der Kleine Li noch Professor Xu bezeichnen sich nach so kurzer Zeit schon als Vertraute. Insofern wahren sie die Etikette, indem sie die kleinen Fehler Peters ignorieren und nur von den guten Zeiten reden.

durchaus dankbar, dass er so geduldige Helfer für sein Leben in Peking hatte.

Als kleines Dankeschön hat Peter für jeden ein gerahmtes Foto mitgebracht. Das eine zeigt ihn mit Professor Xu in der Kuscheltierfabrik, das andere ihn mit dem Kleinen Li im Haus der Bürgermeisterin. Beide freuen sich sehr über die kleine Gabe und holen aus ihren Taschen ebenfalls etwas für Peter hervor.

»Ich weiß, man sollte die Geschenke nicht vor den Augen der Geber öffnen*«, stellt Peter sein Gelerntes unter Beweis, »ich bin aber zu neugierig.«

Die beiden Chinesen nicken großzügig, und Peter reißt die Verpackungen auf. Professor Xu hat ihm eine chinesische Version des Klassikers »Die Reise nach Westen«** mitgebracht. Glücklicherweise ist es die Kinderausgabe mit *pīnyīn*, der chinesischen Lautschrift, und vielen bunten Bildern. Das Originalwerk wäre für Peter doch noch etwas zu schwer gewesen.

Der Kleine Li hat ihm eine englische Fassung des »Buchs der Wandlung« besorgt, dem *yì jīng****. »Damit du immer die richtige Entscheidung triffst«, wünscht ihm der Kleine Li.

---

* Vergleiche dazu auch Kapitel 33 »*Ài Wū Jí Wū*«.
** »Die Reise nach Westen« ist eines der bekanntesten Bücher aus China. Zusammen mit vier Dienern (darunter der Affenkönig) soll der Mönch Sanzang die Originalschriften des Buddhismus aus Indien holen. Der Verfasser des Werkes, Wu Cheng'en (1505-1582), hat auf den ersten Blick eine amüsante Satire erschaffen. Auf den zweiten Blick symbolisieren die Personen und Handlungen Lektionen aus dem Buddhismus, die aufzeigen sollen, dass Anhaftungen den Kreislauf der Wiedergeburt nähren. Um die versteckten Botschaften entschlüsseln zu können, ist ein Grundwissen der chinesischen Philosophie notwendig, nichtsdestotrotz ist das Lesen des Buchs ein amüsanter Zeitvertreib.
*** Im Deutschen auch »I-ching« oder »I Ging« geschrieben. Mit diesem chinesischen Orakel suchen viele Chinesen Antworten auf ihre Fragen. Normalerweise wird diese 3.000 Jahre alte Art der Weissagung mit Schafgarbenstängeln praktiziert, heutzutage nehmen die meisten drei gleiche Münzen, die sechsmal geworfen werden. Die Kombinationen aus Zahl und Kopf ergeben sechs Linien, und das entsprechende Hexagramm ist dann die Lösung des Problems. Die 64 möglichen Ratschläge bedürfen einer Interpretation, die viele Chinesen lieber einem Fachmann überlassen. Wichtig ist vor allem, dass die zu beantwortende Frage vor dem Werfen der Münzen gestellt wird.

Peter bedankt sich herzlich bei den beiden und spürt schon den Kloß in seinem Hals aufsteigen. Der Kleine Li als auch Professor Xu scheinen dagegen sehr unbeteiligt. Peter hat eher das Gefühl, dass sie ungeduldig darauf warten, dass er endlich geht, so oft, wie Professor Xu auf die Uhr schaut.*

Die Kellnerin kommt zu ihnen an den Tisch, um ihre Tees mit heißem Wasser aufzufüllen. Professor Xu klopft als Dank mit zwei Fingern auf den Tisch.

Peter beschließt, sie und auch sich selbst aus dieser Situation zu erlösen, bestellt die Rechnung und kündigt damit den Aufbruch an.

Der kleine Bruder des Kotaus

Dieses Handzeichen ist eine Abwandlung des Kotaus, *kētóu* auf Chinesisch, das zur Respektsbekundung für Kaiser Qianlong (1711-1799) erfunden wurde. Während einer Reise, die der Kaiser, um unerkannt zu bleiben, in zivil vornahm, schenkte er seinen Offizieren Tee ein. Damit sie den Kaiser nicht verrieten, konnten sie nicht, wie üblich, sich vor ihm verneigen, sondern klopften mit zwei Fingern auf den Tisch. Die Finger symbolisierten dabei die Verbeugung, die auf und ab Bewegung das wiederholte Senken des Kopfes. Der Kotau ist mit dem Umsturz des Kaiserreichs ausgestorben, dieses Zeichen hat überlebt und wird von den Chinesen in Restaurants häufig statt eines verbalen Dankes benutzt.

An der Rolltreppe, die zur Passkontrolle und den Gates führt, entsteht eine unbehagliche Atmosphäre. Der Zeitpunkt des Abschieds ist gekommen. Etwas verunsichert steht Peter da. Er weiß nicht so recht, wie er sich verabschieden soll. Handschlag? Umarmung? Ein einfaches Winken?

Der Kleine Li nimmt ihm die Entscheidung ab. Brüderlich nimmt er ihn in den Arm, jedoch mit einer gewissen Zurückhaltung. »Mach es gut, alter Freund! Vergiss uns nicht!«

* Dieses Verhalten hat weder etwas mit Gefühlskälte, noch mit Unhöflichkeit zu tun. Der Chinese ist eher praktisch veranlagt und zieht das Unvermeidliche nicht künstlich in die Länge. Er bringt es lieber schnell hinter sich, denn wo ist schon der Sinn, sich lange mit etwas zu quälen?

Peter nickt nur. Der Kloß im Hals wird noch größer. Er wendet sich Professor Xu zu, breitet schon ein wenig die Arme aus, doch der Lehrer ergreift nur seine Hand und schüttelt sie herzhaft.[*]

»Alles Gute, Peter«, wünscht er ihm. »Komm bald wieder und lerne fleißig weiter Chinesisch!«

Mit einem Winken fährt Peter die Rolltreppe hinunter, Professor Xu und der Kleine Li winken zurück. Noch bevor er aus ihrem Blickfeld verschwunden ist, drehen sich die beiden schon um und gehen.

Peter sieht, wie der Kleine Li mit der Hand über sein Gesicht fährt. Kann es sein, dass auch ihm die Tränen gekommen sind? Der Deutsche lächelt.

Eigentlich ist es egal, ob er weint oder nicht. Im Herzen weiß Peter, dass der chinesische Freund die Zeit mit ihm genauso genossen hat wie er. Und die Welt wird ja auch immer kleiner, wahrscheinlich wird es gar nicht so lange dauern, bis die beiden ein Wiedersehen feiern können.

»Konfuse« Gefühle

Dass Chinesen keine Gefühle zeigen, stimmt nicht. Sie zeigen sie anders oder versteckter. Ihnen wird zum Beispiel vorgeworfen, kein Mitleid für andere zu empfinden, weil die Bereitschaft zu

[*] Der Kleine Li, jung und dem Westen zugetan, hat diese Sitte der Abschieds-umarmung ohne Scheu übernommen. Professor Xu dagegen legt Wert auf Traditionen. Seine Vergabe von Zärtlichkeiten ist daher sparsam. Es kommt auch innerhalb der Familie noch immer vor, dass die Eltern ihre Kinder nur selten in den Arm nehmen. Der Grund für die zurückhaltenden Emotionen ist im Konfuzianismus begründet. Darin heißt es, dass Gefühle die Natur des Menschen verderben können, weshalb es ratsam sei, sie im Zaum zu halten und sich nicht von ihnen leiten zu lassen. Der Mensch dürfe kein Sklave seiner Gefühle werden. Die selbst auferlegte Beherrschung führe ihn zur in-neren Harmonie. Gefühle wie Liebe, Trauer, Schmerz oder Hass zu zeigen, wurden dadurch tabuisiert, was sich noch heute im Alltag wiederfindet. In der jungen Generation ändert sich diese Sicht, küssende und kuschelnde Paare im Park sind längst kein moralisches Vergehen mehr, und auch Streitereien werden öffentlich ausgetragen.

helfen, bei einem Unfall zum Beispiel, nicht sehr ausgeprägt sei. Es stimmt schon, dass sich die meisten dort nur versammeln, um ihrer Sensationslust zu frönen, Ausnahmen bestätigen wie immer die Regel. Dies mit fehlender Empathie zu vergleichen, wäre aber falsch. Wir im Westen werden durch das Christentum geprägt und zur Hilfe Notleidender aufgefordert, welche weder vor Grenzen noch vor Fremden haltmacht. Wer kann, gibt etwas. Wer nichts gibt, landet in der Hölle. Mal ganz simpel ausgedrückt.

In China erklärt der Konfuzianismus, dass Mitleid dem Gefühl der Nichtgleichgültigkeit entspringt. Er legt keine konkrete Maßgabe fest, was zu wenig oder zu viel ist. Jeder entscheidet selbst, wie viel Mitgefühl aufkommt. Und hat jemand gar keins, ist es auch nicht schlimm.

Große Anteilnahme herrscht bei Chinesen besonders, wenn es um die eigene Familie geht. Selbst die Cousine dritten Grades, die unsereins im Zweifel nur vom Hörensagen kennt, ist ein fester Bestandteil der Familie eines Chinesen. Und wenn es um die Familie geht, ist der Chinese sehr großherzig, übernachtet auf einer Isomatte im Krankenhaus, um ihr beizustehen, oder unterstützt die Angehörigen finanziell so gut es geht. Selbst der flippige Jungchinese, der sich die Nächte in der Disko vertreibt, ist sofort zur Stelle, wenn es seiner Oma schlecht geht.

Zur Familie zählen die Chinesen auch ihren Staat mit allen Einwohnern. Kommt zum Beispiel ein Chinese in einer Gruppe von Hundert Nichtchinesen ums Leben, konzentriert sich die Schlagzeile und der Bericht in der Zeitung auf ihn, nicht auf die Menge der Toten, wie es wahrscheinlich in den westlichen Medien sein würde. Das gilt auch bei Naturkatastrophen, von denen China regelmäßig heimgesucht wird. Bei dem Erdbeben in der Provinz Sichuan im Mai 2008 zeigten die Chinesen große Hilfs- und Spendenbereitschaft. 600 Millionen Euro kamen in Form von Geld und Hilfsgütern zusammen. Im Vergleich dazu spendeten die Chinesen »nur« neun Millionen Euro für die Opfer des Erdbebens in Haiti im Januar 2010. Die eigenen Leute stehen ihnen einfach näher.

Diese Klassifizierung hat auch ihre Risiken. Sei es für den Verletzten bei oben erwähntem Unfall, dem keiner zu Hilfe kommt, oder die Tatsache, dass die chinesische Regierung sich auf die Familienbande stützt und somit keinen Grund sieht, die Versorgung in Krankenhäusern zu verbessern. Die Familie kümmert sich ja um alles, was fehlt, ob Blutkonserven oder Essen. Das Ergebnis ist eine große Grauzone zwischen der Familie und dem Staat beziehungsweise Kollektiv, in denen die Menschen dann hilflos dastehen. Geht es um ein unbekanntes Individuum, stellen Chinesen auf Durchzug und retten ihre eigene Haut, wenn nötig. Oder stehen eben nur dabei und schauen zu.

Ein Beispiel auf Regierungsebene ist der Milchpulverskandal aus dem Jahr 2008. Die Manager der Firmen hatten kein Mitleid mit den Säuglingen, die an dem verseuchten Pulver erkrankten oder starben, ihnen waren die Profite wichtiger. Die Regierung zeigte auch wenig Mitgefühl. In dem Moment war es ihr wichtiger, die Olympischen Spiele nicht zu überschatten, als das gesichtslose Kleinkind zu schützen. Im Namen der Nation. Medien wurden zensiert, der Skandal erst viel zu spät bekannt. Die Einzelnen, in diesem Fall immerhin sechs tote und 300.000 erkrankte Kinder, befanden sich in der Grauzone, für die sich niemand verantwortlich fühlte.

Eine Verallgemeinerung ist natürlich nicht möglich, Peter hat ja auch Erfahrungen gemacht, in denen ihm die selbstlose Hilfe der Chinesen zugute kam. Die Chinesen befinden sich in einer Art Niemandsland, in dem Traditionen und Moderne aufeinanderprallen und sie sich selbst neu definieren müssen. Die städtische Jugend nimmt die westliche Verhaltensweise zum Vorbild, die älteren Chinesen (und auch die Landbevölkerung) halten an den traditionellen Werten fest. Dazwischen gibt es dann noch diejenigen, die ihre Weltvorstellung in einem kunterbunten

Durcheinander manifestieren, das von konfuzianischen, daoisti-schen*, wirtschaftlichen und modernen Einflüssen geprägt ist – und ganz flexibel nach den aktuellen Bedürfnissen variiert wird.

China ist ein Land im Umbruch, wirtschaftlich und kulturell, viele hoffen auch politisch. »Das« China gibt es nicht, stattdessen gibt es ein facettenreiches Land, welches immer wieder erstaunt und neu entdeckt werden kann. Was heute ist, kann morgen ganz anders sein. Was gestern galt, kann auch in Zukunft so bleiben. Alles ist vorstellbar, aber nichts ist vorhersehbar.

Und gerade das macht China so spannend.

* Neben dem Konfuzianismus und Buddhismus ist der Daoismus die dritte große religiöse Weltanschauung in China. Dao bedeutet Weg, und Laozi gilt als Verfasser des »Daodejing – Buch des Weges und der Kraft«, in dem die philosophischen Grundlagen des Daoismus festgehalten sind. Der Kern dieser Philosophie ist, sich dem natürlichen Fluss des Lebens anzupassen und in Harmonie zu leben. Ein Daoist wird öfter mal für gleichgültig gehalten, da er Hindernissen aus dem Weg geht und für nichts kämpft. Laut Laozi ist dies aber der Weg, um mit der Natur in Einklang zu leben. Ein Daoist strebt nicht nach materiellen Werten, die kommen und gehen, und, ähnlich wie im Buddhismus, sollte er das Unvermeidliche akzeptieren und loslassen kön-nen. Das Ziel ist die Unsterblichkeit – was allerdings spirituell zu sehen ist. Auch da sind Ähnlichkeiten mit dem Buddhismus, der bei »guter Führung« das Nirwana verspricht.

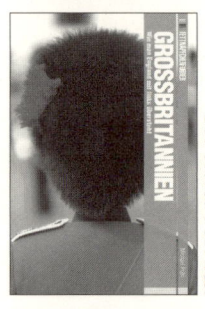